rororo

Zu diesem Buch

Nur die inneren Werte zählen? Wir bleiben uns immer treu? Eifersucht ist überflüssig? – Alles falsch. Die Wahrheit ist: Wir entscheiden in Sekundenbruchteilen, ob wir jemanden attraktiv finden oder nicht. Frauen sind genau so untreu wie Männer, und Eifersucht ist ein evolutionäres Muss. Die Sozialpsychologen Manfred Hassebrauck und Beate Küpper haben in jahrelanger Forschungsarbeit die harten Fakten über das sonderbare Paarungsverhalten von Mann und Frau zusammengetragen – wissenschaftlich fundiert und überaus unterhaltsam. In Tests können Sie sich selbst erkennen: In wen verlieben Sie sich, welcher Beziehungstyp sind Sie, sind Sie seitensprunggefährdet, werden Sie sich von Ihrem Partner trennen? Ein Buch, das Ihnen endgültig die Augen öffnen wird – bis zur nächsten Versuchung.

Die Autoren

Prof. Dr. Manfred Hassebrauck, Jahrgang 1953, und **Beate Küpper**, Jahrgang 1968, sind Sozialpsychologen an der Universität Wuppertal. Ihre Forschungsschwerpunkte: Liebe und Partnerschaft, körperliche Schönheit, die Qualität von Paarbeziehungen und die Pluralisierung von Lebensformen.

Manfred Hassebrauck
Beate Küpper

Warum wir aufeinander fliegen
Die Gesetze der Partnerwahl

Rowohlt Taschenbuch Verlag

2. Auflage September 2003

Originalausgabe
Veröffentlicht im Rowohlt Taschenbuch Verlag
GmbH, Reinbek bei Hamburg, Mai 2002
Copyright © 2002 by Rowohlt Taschenbuch Verlag
GmbH, Reinbek bei Hamburg
Alle Rechte vorbehalten
Umschlaggestaltung any.way, Barbara Hanke /
Cordula Schmidt
(Fotos: The Stock Market / Kevin Muggleton)
Grafiken Daniel Sauthoff, Hamburg
Satz Minion PostScript Quark XPress 4.11
Gesamtherstellung Clausen & Bosse, Leck
Printed in Germany
ISBN 3 499 61347 6

Die Schreibweise entspricht den Regeln
der neuen Rechtschreibung.

Inhaltsverzeichnis

Vorwort   7

Kapitel 1
Warum wir aufeinander fliegen –
Einleitung   9

Kapitel 2
Die Bedeutung des Aussehens   20

Kapitel 3
Sich verlieben   51

Kapitel 4
Ziehen sich Gegensätze an?   75

Kapitel 5
Warum gerade der?   97

Kapitel 6
Nähe und Distanz   127

Kapitel 7
Let's Talk About Sex   164

Kapitel 8
Eifersucht, Streit und Trennung   206

Epilog   243

Literatur   244

Vorwort

«Er liebt mich, er liebt mich nicht, er liebt mich …» – Liebe und Partnerschaft sind für die meisten von uns die wichtigste Sache der Welt. Wer hat nicht schon Liebesfreud und Liebesleid durchlebt, von Flugzeugen im Bauch bis zur herzzerreißenden, unerfüllten Sehnsucht nach dem anderen? Aber wer hat nicht auch schon mal kühl überlegt, passt er eigentlich zu mir, was ist mir in einer Beziehung zu ihr wirklich wichtig, und wie viel Nähe brauche ich? Wer hat sich nicht schon gefragt, welche Rolle das Aussehen, die Ähnlichkeit und der Sex spielen, was passiert, wenn man sich streitet, und schließlich: Wird unsere Liebe ein Leben lang halten?

Auch wir sind keine Ausnahme: Wir wollten es genauer wissen. Also haben wir uns entschieden, Beziehungen aus dem Blickwinkel der Sozialpsychologie wissenschaftlich zu untersuchen. Als Forscherteam an der Universität Wuppertal machen wir, Manfred Hassebrauck und Beate Küpper, zusammen mit unseren Studenten eigene Experimente und Studien zum Thema Beziehungen.

Wenn man sich wie wir nicht nur privat, sondern beruflich mit Beziehungen befasst, passiert es nicht selten, dass Freunde und Bekannte, aber auch Journalisten uns als Experten nach Rat in Sachen Liebe fragen. Sie wollen mehr über unsere Forschung wissen und sind ganz einfach gespannt darauf, was wir so alles herausgefunden haben. Gleichzeitig wundern sich aber auch etliche, ob das denn eigentlich geht, Liebe und Partnerschaften wissenschaftlich zu erforschen. Unsere Antwort darauf ist: Es geht, und es ist sogar sehr spannend. Immer mehr Wissenschaftlerinnen und Wissenschaftler der unterschiedlichsten Fachrichtungen sind der gleichen Meinung und haben sich darangemacht, den Geheimnissen von Liebe und Partnerwahl auf die Spur zu kommen.

Weil wir denken, dass ihre und unsere Ergebnisse gerade auch jenseits des Wissenschaftsbetriebs auf Interesse stoßen, haben wir uns zu diesem Buch entschlossen. Wir möchten wesentliche Ergebnisse der bisherigen Forschung über Beziehungen so darstellen, dass sie gut verständlich und unterhaltsam sind, zugleich aber strengen wissenschaftlichen Kriterien standhalten. Wir gehen darauf ein, wie wichtig das Aussehen bei der Partnerwahl ist und was überhaupt «gut aussehen» bedeutet. Wir legen neben vielem anderen dar, wie es dazu kommt, dass wir uns verlieben, wie es um die berühmten Gegensätze, die sich anziehen, bestellt ist und welche Faktoren unterschwellig unsere Sexualität mitbestimmen. Dabei entdecken wir immer auch Spuren, die die Evolution bei alldem hinterlassen hat. Aber wir fassen natürlich nicht nur den aktuellen Forschungsstand zusammen, sondern berichten auch von den Ergebnissen unserer eigenen Untersuchungen.

Damit sich beim Lesen jeder auch selbst einmal rund um das Thema Beziehungen näher erforschen kann, haben wir Tests und Übungen eingebaut. Wer zum Beispiel wissen möchte, welcher «Bindungstyp» er ist, ob er im Vergleich zu anderen besonders eifersüchtig reagiert oder wie ähnlich er seinem Partner oder seiner Partnerin ist, kann dies hier selbst herausfinden.

Zahlreiche Personen haben zum Gelingen dieses Buches beigetragen. Danken möchten wir Ursula Poet-Panter für das Tippen des Manuskripts, Alexandra Amtsberg für ihre kritischen Anmerkungen, die immer wieder eine Herausforderung für uns darstellten, und den Studierenden unseres Seminars «Liebe und Partnerschaft» im Sommer 2001, die alle Kapitel und Übungen gelesen haben und uns mit Vorschlägen zur Verbesserung oft weitergeholfen haben. Besonderer Dank gebührt Katharina Brügge vom Rowohlt Verlag, die uns während des Entstehens dieses Buches immer wieder ermutigt hat, den eingeschlagenen Weg weiter zu verfolgen.

Wuppertal im Januar 2002
Manfred Hassebrauck
Beate Küpper

Kapitel 1
WARUM WIR AUFEINANDER FLIEGEN – EINLEITUNG

Was braucht man zum Glücklichsein? Eine zufrieden stellende Paarbeziehung! Das ist zumindest das Ergebnis zahlreicher Studien weltweit. Bei den Deutschen in Ost und West rangieren Familie, Liebe und Zuneigung auf der Liste der wichtigen Dinge im Leben gleich hinter Gesundheit (Abb. 1.1).

Deutlich unwichtiger sind im Vergleich dazu etwa ein sicherer Arbeitsplatz, ein gutes Einkommen oder beruflicher Erfolg. Kein Wunder also, dass die meisten Erwachsenen eine enge Beziehung haben. Die, die ge-

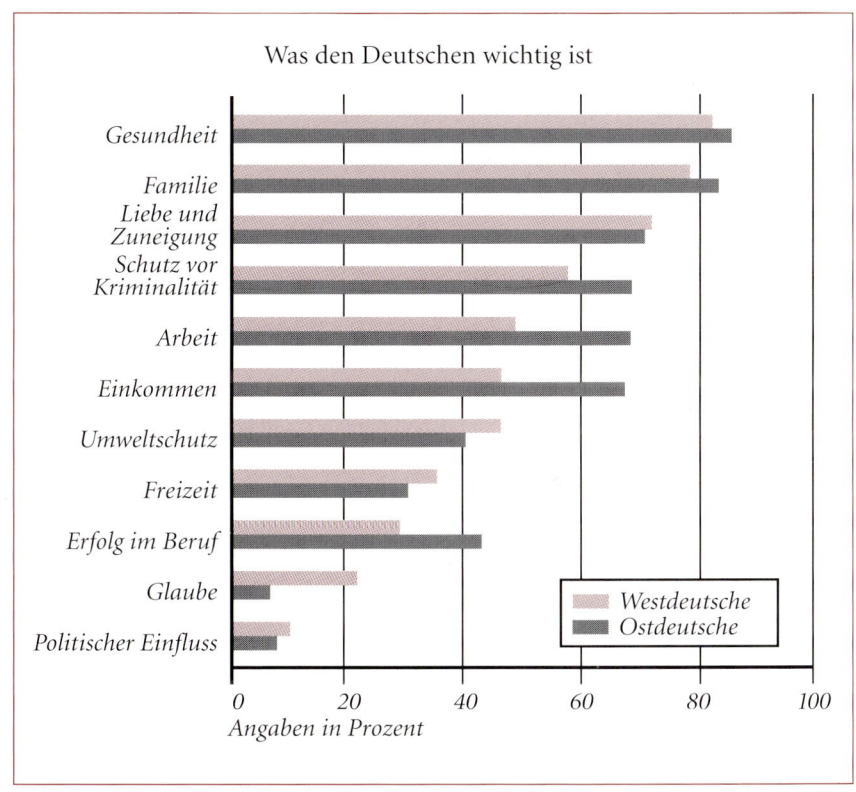

Abb. 1.1: Für Deutsche in Ost und West gehören Familie, Liebe und Zuneigung zu den wichtigsten Dingen im Leben (Quelle: Datenreport 2000).

rade Single sind, sind es meist nicht freiwillig. Mehr als 95 Prozent aller Menschen gehen mindestens einmal in ihrem Leben eine enge Beziehung ein, die auf Beständigkeit angelegt ist. Bei uns ist das in der Regel eine Ehe oder eheähnliche Beziehung. In vielen anderen Kulturen gibt es zwar die Ehe in unserem Sinne nicht, gesellschaftlich kontrollierte und sanktionierte Formen der Paarbeziehung findet man aber überall.

Leider erfüllen Beziehungen nicht immer die an sie gestellten Erwartungen. Wir sind dann enttäuscht und fragen uns, ob wir die Probleme nicht schon früher hätten erkennen und lösen können. Und immer häufiger wird der Bund, der eigentlich für das Leben geschlossen wurde, wieder gelöst – meist gefolgt von einer neuen Beziehung, die dann mit noch größerer Wahrscheinlichkeit erneut vor dem Scheidungsrichter endet. Serielle Monogamie scheint die lebenslange Einehe abgelöst zu haben. Angesichts der steigenden Scheidungsraten liest und hört man denn auch allenthalben, die Ehe sei tot. Das trifft aber, wie Abb. 1.2 zeigt, so nicht zu.

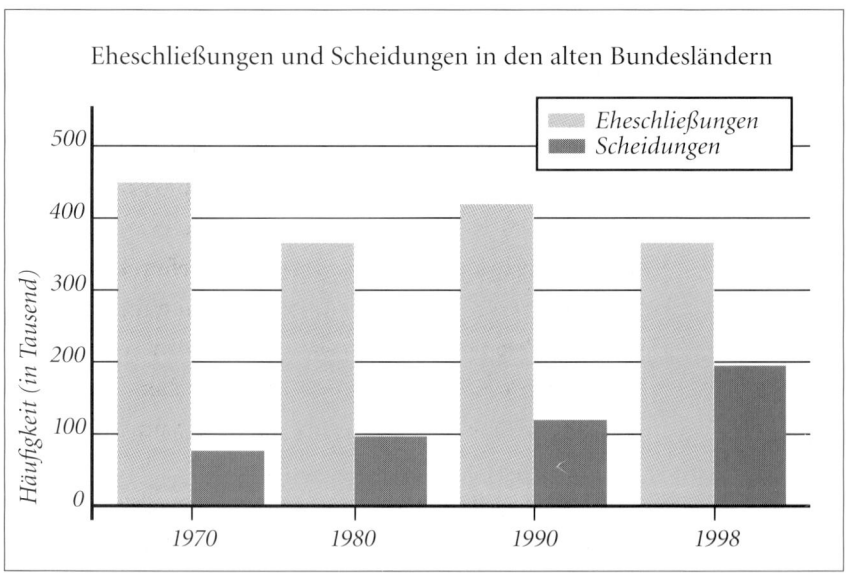

Abb. 1.2: Die Zahl der Eheschließungen ist in den letzten 30 Jahren fast unverändert geblieben, die Zahl der Scheidungen hat sich mehr als verdoppelt (Statistisches Jahrbuch 2002).

Geheiratet wird wie eh und je: In den vergangenen 30 Jahren ist die Zahl der jährlich geschlossenen Ehen weitestgehend unverändert geblieben. Was sich geändert hat, ist die Zahl der Scheidungen – von 76 711 im Jahr 1970 auf 192 954 im Jahr 1998. Die Gründe dafür sind vielfältig. Die verbesserte finanzielle Absicherung der Ehepartner – vor allem der Frauen – im Falle einer Scheidung macht es leichter, eine schlechte Beziehung zu beenden. Erhöhte Ansprüche und manchmal unrealistische Beziehungsideale tun das Ihrige.

Ratgeber, wie man einen Partner findet, mit ihm zusammenbleibt oder sich von ihm trennt, gibt es zuhauf, neuerdings auch anonym (gegen Bares) im Internet. Der Grund: Partnerschaftsprobleme nehmen zu. Ungefähr ein Drittel derer, die professionelle psychologische Hilfe in Anspruch nehmen, tun das, weil ihre Beziehung nicht so läuft, wie sie sich das vorstellen.

Bei diesen Zahlen ist es nur allzu verständlich, dass sich auch Wissenschafter mit dieser Thematik befassen und versuchen, den Geheimnissen von Partnerwahl und Partnerschaft auf den Grund zu gehen. Sie wenden sich damit einem Thema zu, das die Menschen schon seit Jahrhunderten beschäftigt. Auch unsere Tante Ida macht sich ihren Reim darauf, warum es bei manchen funkt, bei anderen nicht, und formuliert auch schnell die entsprechenden Gesetzmäßigkeiten: Gleich und Gleich gesellt sich eben gern, oder ziehen sich doch eher Gegensätze an?

Wenn sich eine Wissenschaft einem Bereich des Alltagslebens zuwendet, läuft sie leicht Gefahr, dass ihre Befunde entweder trivial wirken, wenn sie etwas bestätigen, was man ohnehin schon vermutet hatte, oder dass ihre Ergebnisse angezweifelt werden, wenn ihre Befunde dem «gesunden Menschenverstand» widersprechen. Und schließlich fragt man sich, ob Liebe und Partnerschaft überhaupt wissenschaftlich definierbaren Gesetzmäßigkeiten unterliegen.

Als William Proxmire, Senator des US-Bundesstaates Wisconsin, Anfang der 70er Jahre erfuhr, dass die National Science Foundation, eine mit öffentlichen Geldern geförderte Stiftung zur Unterstützung von Wissenschaft und Forschung, 84 000 US-Dollar an zwei Psychologinnen zur Erforschung von Liebe bewilligt hatte, ließ er sich in einer öffentlichen Anhörung zu folgenden Aussagen hinreißen:

«Ich bin dagegen, und zwar nicht nur, weil niemand – nicht einmal die National Science Foundation – behaupten kann, dass die Liebe eine Wissenschaft sei, oder weil ich genau weiß, dass die Stiftung auch für 84 Millionen oder 84 Milliarden Dollar keine Antwort bekommen könnte, die irgendjemand glauben würde. Nein – ich bin dagegen, weil ich die Antwort gar nicht wissen will. Ich glaube, dass 200 Millionen Amerikaner meinen Wunsch teilen, dass einige Geheimnisse des menschlichen Lebens nicht gelüftet werden sollten ... Und so fordere ich die National Science Foundation auf: Halten Sie sich aus dem Rummel um die Liebe heraus.»

Allen Bedenken und Vorbehalten zum Trotz hat die wissenschaftliche Erforschung von Liebe und Partnerschaft in den vergangenen 30 Jahren erhebliche Fortschritte gemacht, und wir wollen in diesem Buch die wesentlichen Ergebnisse – auch aus unserer eigenen Forschung – darstellen. Wir werden dabei Sarah und Paul, die sich ineinander verlieben, eine Beziehung und später auch Beziehungsprobleme haben, einen Teil des Weges begleiten und an ihnen einige Forschungsergebnisse verdeutlichen.

Sarah, 24, ist seit zwei Jahren Management-Assistentin in einer Software-Firma. Sie sieht recht hübsch aus, aber nicht perfekt, sie ist ehrgeizig, mäßig selbstsicher und hat nach einer längeren, festen Beziehung während ihrer intensiven Ausbildungszeit das Thema «Beziehung» etwas vernachlässigt.

Paul, 27, gehört zur Gründungsriege der Firma. Er ist nicht hässlich, aber auch nicht gerade ein Adonis. Er ist ein netter Kerl und recht unterhaltsam. Er hat bei Frauen ganz gute Karten, allerdings vermutlich eher wegen seines sicheren Auftretens und seines Status als wegen seines Aussehens.

Beide arbeiten gut zusammen, mögen sich und haben schon viel miteinander gelacht. Paul signalisiert Sarah, dass er gern mehr als eine

Arbeitsbeziehung mit ihr haben möchte. Sarah fragt sich, ob sie Paul einfach gerne mag oder ob das, was sie empfindet, Liebe ist. Ja, was ist eigentlich Liebe?

Was ist Liebe?

Definitionen von Liebe gibt es wie Sand am Meer, angefangen bei «Liebe heißt, niemals um Verzeihung zu bitten» bis hin zu «Liebe heißt, für den anderen da zu sein». Philosophen, Schriftsteller, Wissenschaftler unterschiedlichster Couleur – alle haben versucht, dieses Konzept zu definieren.

Die Liebe gibt es nicht, sondern es gibt verschiedene Arten von Liebe, wie der Psychologe Robert Sternberg von der renommierten Yale University meint. Nach seinen Forschungsergebnissen kann man Liebe als eine Mixtur von drei Aspekten auffassen: *emotionale Nähe* (dazu gehört «Vertrauen», «mit dem anderen reden können», «Geborgenheit

Die Typen der Liebe			
Liebes-Typ	Nähe	Leidenschaft	Bindung
Nicht-Liebe	⊖	⊖	⊖
Mögen	⊕	⊖	⊖
Verliebt sein	⊖	⊕	⊖
Leere Liebe	⊖	⊖	⊕
Romantische Liebe	⊕	⊕	⊖
Kameradschaftliche Liebe	⊕	⊖	⊕
Alberne Liebe	⊖	⊕	⊕
Erfüllte Liebe	⊕	⊕	⊕

Abb. 1.3: Robert Sternberg unterscheidet in seiner Dreieckstheorie der Liebe (1986) acht Typen der Liebe.

finden» etc.), *Leidenschaft*, die körperliche Komponente der Liebe, die sich durch «Kribbeln im Bauch», durch «körperliche Anziehung» und «sexuelles Verlangen» auszeichnet. Als dritte Komponente nennt Sternberg die *Bindung* an eine Person und die *Entscheidung*, mit dieser Person zusammen sein zu wollen. Wenn man der Einfachheit halber diese drei Komponenten entweder als vorhanden oder nicht vorhanden betrachtet, ergeben sich acht Kombinationen, die acht verschiedene Arten von Liebe charakterisieren (Abb. 1.3).

Betrachten wir zunächst den Fall, dass Sie jemandem emotional sehr nahe sind, aber weder das besagte Kribbeln verspüren noch vorhaben, mit dieser Person eine Beziehung einzugehen. *Mögen* ist der richtige Ausdruck für so ein Gefühl. Verspüren Sie Erregung, verzehren sich vor körperlichem Verlangen, aber weder Nähe noch Bindung sind vorhanden, liegt *Verliebtheit* vor. Ganz anders im nächsten Fall. Sie sind verheiratet, haben auch vor, es zu bleiben, aber weder im Bett noch sonst sind Sie sich nahe. *Leere Liebe* ist oft das, was nach vielen Jahren noch übrig bleibt. Wenn Sie hingegen jemanden heiraten, weil die Leidenschaft sehr stark ist, Nähe hingegen fehlt, nennt Sternberg das *alberne Liebe*. Die *erfüllte Liebe*, bei der jede der Komponenten stark vorhanden ist, lässt sich als ein gleichseitiges Dreieck darstellen. Je nachdem, welche Komponente wie stark ausgeprägt ist, entstehen mehr oder weniger schiefe Dreiecke (Abb. 1.4). Die Form des Dreiecks beschreibt dabei den Liebestyp, die Größe, die Intensität der Liebe. Sternberg nennt seine Überlegungen daher folgerichtig *Dreiecksthéorie der Liebe*.

Mit diesen Komponenten im Hinterkopf kann man einen nüchternen Blick auf die eigene Beziehung werfen: Ist es noch die vollendete Liebe, oder ist die Leidenschaftskomponente (wie bei den meisten Paaren, die schon lange zusammen sind) niedriger als die anderen beiden? Ist Ihre Liebe eher kameradschaftlich als vollendet? Wenn Sie es ganz genau wissen wollen, füllen Sie Test 1.1 aus.

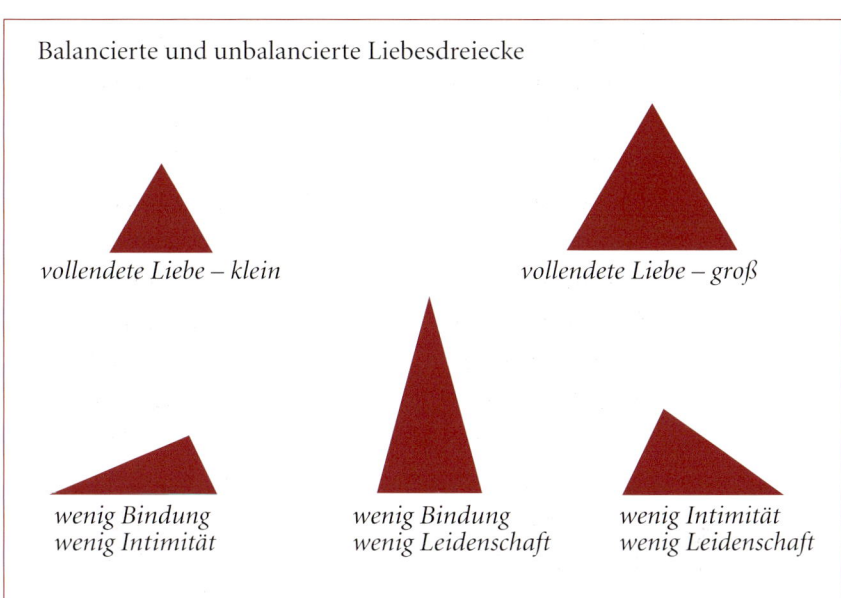

Abbildung 1.4: Die drei Komponenten der Liebe – Intimität, Leidenschaft und Entscheidung/Bindung – formen die Liebesdreiecke. Die Größe des Dreiecks beschreibt die Größe der Liebe, die Form die Art der Liebe.

> **TEST 1.1 WELCHE ART VON LIEBE EMPFINDEN SIE?**
>
> Denken Sie jetzt an Ihre/en Partner/in und versuchen Sie, mit den folgenden Aussagen die Gefühle Ihrem Partner bzw. Ihrer Partnerin gegenüber zu beschreiben. Bei jeder der folgenden Aussagen können Sie das Ausmaß Ihrer Zustimmung oder Ablehnung in sieben Stufen ausdrücken. Dabei bedeutet 1 «trifft überhaupt nicht zu» und 7 «trifft völlig zu». Alle dazwischen liegenden Abstufungen sind ebenfalls möglich.

	trifft gar nicht zu				trifft völlig zu		
1. Ich unterstütze _____s Wohlergehen	1	2	3	4	5	6	7
2. Ich habe eine herzliche Beziehung zu _____	1	2	3	4	5	6	7
3. Wenn ich _____ brauche, kann ich auf sie/ihn zählen	1	2	3	4	5	6	7
4. Ich bin bereit, alles mit _____ zu teilen	1	2	3	4	5	6	7
5. _____ gibt mir große emotionale Unterstützung	1	2	3	4	5	6	7
6. Ich bin aufgeregt, wenn ich _____ nur sehe	1	2	3	4	5	6	7
7. Während des Tages denke ich häufig an _____	1	2	3	4	5	6	7
8. Meine Beziehung zu _____ ist sehr romantisch	1	2	3	4	5	6	7
9. Ich mag ganz besonders den Körperkontakt mit _____	1	2	3	4	5	6	7
10. Meine Beziehung zu _____ ist leidenschaftlich	1	2	3	4	5	6	7
11. Ich werde immer große Verantwortung für _____ empfinden	1	2	3	4	5	6	7
12. Ich sehe meine Verbindung zu _____ als sehr beständig	1	2	3	4	5	6	7
13. Ich sehe meine Beziehung zu _____ als dauerhaft	1	2	3	4	5	6	7
14. Ich betrachte meine Beziehung zu _____ als eine sehr gute Entscheidung	1	2	3	4	5	6	7
15. Ich habe vor, die Beziehung mit _____ fortzusetzen	1	2	3	4	5	6	7

AUSWERTUNG

Addieren Sie die Werte der Fragen 1–5 und tragen Sie die Summe hier ein _____
Summe 1–5 (Intimität),

Addieren Sie die Werte der Fragen 6–10 und tragen Sie die Summe hier ein _____
Summe 6–10 (Leidenschaft),

Addieren Sie die Werte der Fragen 11–15 und tragen Sie die Summe hier ein _____
Summe 11–15 (Entscheidung/Bindung).

Nun markieren Sie im folgenden Koordinatensystem (Abb. 1.5) auf den Achsen die Werte, die Sie für Intimität, Leidenschaft und Entscheidung/Bindung berechnet haben, und verbinden Sie die drei Punkte mit Linien. Betrachten Sie nun das Dreieck, das sich ergeben hat. Seine Größe sagt etwas über das Ausmaß der Liebe aus, die Sie zu Ihrem Partner oder Ihrer Partnerin empfinden: Je größer, desto mehr

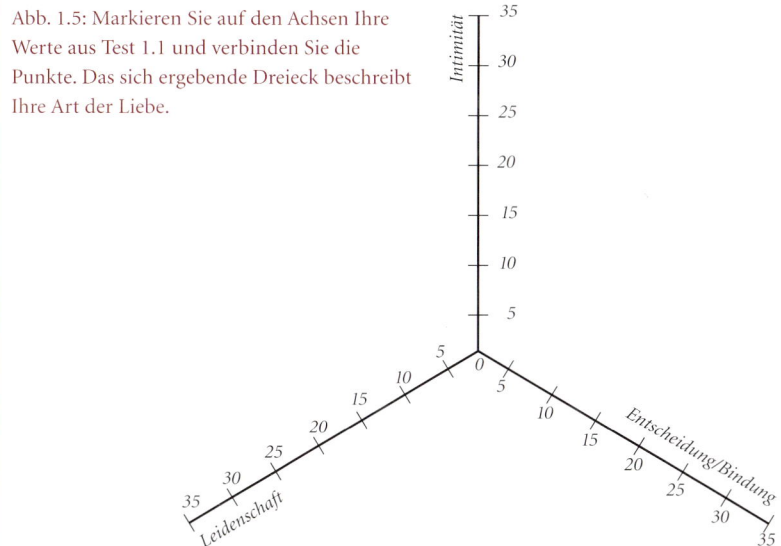

Abb. 1.5: Markieren Sie auf den Achsen Ihre Werte aus Test 1.1 und verbinden Sie die Punkte. Das sich ergebende Dreieck beschreibt Ihre Art der Liebe.

> Liebe. Die Form des Dreiecks sagt etwas über die Art der Liebe aus. Ist es ein annähernd gleichseitiges Dreieck, kommt Ihre Liebe der idealen Liebe nahe. Ist das Dreieck schief, sind die einzelnen Komponenten sehr unterschiedlich ausgeprägt. Wenn die Leidenschaftskomponente schwächer ist als die beiden anderen, empfinden Sie eher kameradschaftliche Liebe. Welche Form von Liebe in Ihrer Beziehung vorliegt, sagen Ihnen die in Abbildung 1.3 dargestellten Liebestypen.

Dieser Test gibt Ihnen einen kleinen Einblick, wie Beziehungsforscher zu ihren Erkenntnissen kommen. Die Forscher setzen die Größen wie Nähe, Leidenschaft oder Bindung in Beziehung zu anderen Merkmalen der Befragten, wie dem Geschlecht oder der Dauer der Beziehung, und können dann mit Hilfe statistischer Verfahren etwa zu dem Schluss kommen, dass Frauen mehr Nähe in ihrer Beziehung haben wollen als Männer oder dass Erfahrungen in der Kindheit Konsequenzen für die Bindungsbereitschaft als Erwachsener haben.

«Bei mir ist es aber ganz anders» oder «Ich kenne jemanden, bei dem ist das nicht so», werden Sie jetzt vielleicht denken. Das mag im Einzelfall durchaus so sein, schmälert aber nicht die Aussagekraft der wissenschaftlichen Befunde, bei denen es nicht um Unterschiede oder auch Gemeinsamkeiten zwischen einzelnen Personen, sondern im Durchschnitt geht. Wenn etwa festgestellt wird, dass in Deutschland bei der Eheschließung der Mann durchschnittlich 3,5 Jahre älter ist als die Frau, schließt das nicht aus, dass auch mal eine 30-Jährige einen 25-Jährigen heiratet, oder ein 60-Jähriger eine 40-Jährige. Es geht hier um die Entdeckung von Regelmäßigkeiten. Im Einzelfall kann es natürlich auch mal anders sein.

Beziehungsforscher fragen aber nicht nur Leute direkt oder lassen sie Fragebögen ausfüllen, sie beobachten sie auch, manchmal in ganz alltäglichen Situationen, in Bars oder im Schwimmbad, um Informationen über Flirtverhalten oder den ersten Kontakt beim Kennenlernen zu bekommen. Sie führen auch Experimente durch, in denen sie systematisch bestimmte Bedingungen manipulieren und variieren, um dann die

Wirkung dieser Veränderungen zu beobachten. Wenn es etwa darum geht, zu prüfen, ob sich die Ähnlichkeit von Wertvorstellungen und Interessen förderlich auf das Entstehen von Sympathie und Zuneigung auswirkt oder eher nicht, dann könnte man systematisch ähnliche oder unähnliche Menschen zusammenbringen und dann verfolgen, wie sie miteinander umgehen, ob sie sich mögen, gut zusammen arbeiten können usw. Alle Fakten, von denen wir in diesem Buch berichten, beruhen auf ähnlichen wissenschaftlichen Befragungen und Experimenten.

ÜBERBLICK

Wir zeigen in Kapitel 2 zunächst, wie wichtig das Aussehen bei der Partnerwahl ist und was «gut aussehen» überhaupt bedeutet. Wir befassen uns im 3. Kapitel mit der Verliebtheit und zeigen, was dabei im Körper passiert, wie sie unsere Sicht des anderen beeinflusst und auch wie vielfältige, teilweise ganz banale Ereignisse des Alltagslebens leidenschaftliche Liebe intensivieren können. Ob sich Gleich und Gleich wirklich gern gesellen, zeigt Kapitel 4. In Kapitel 5 stellen wir dar, worauf Männer und Frauen bei der Wahl eines Partners achten, worin sich die Geschlechter unterscheiden und warum das so ist. Wenn Sie wissen wollen, wo die Stärken oder vielleicht auch Schwächen Ihrer Beziehung liegen, sind Sie in Kapitel 6 an der richtigen Stelle. Hier können Sie auch testen, inwiefern Sie bereit sind, sich an eine(n) andere(n) zu binden. Keine Liebe ohne Sex? Sexualität und ihre Bedeutung für Beziehungen beschreiben wir im 7. Kapitel. Und schließlich befassen wir uns im 8. Kapitel mit den Schattenseiten der Liebe, mit Eifersucht, Konflikten und Trennungen.

All dies soll helfen, die Frage «*Warum wir aufeinander fliegen*» zu beantworten. Einiges werden Sie selbst schon an sich bemerkt haben und finden nun Ihre Vermutungen wissenschaftlich bestätigt. Anderes wird Sie vielleicht überraschen. Und wie so oft, wenn es um die Erklärung menschlichen Verhaltens geht, werden Sie feststellen, dass auch die genetischen Anlagen, Umwelt, Biologie und Kultur ihre Rollen spielen. Manchmal mehr, manchmal weniger.

Kapitel 2
Die Bedeutung des Aussehens

Mit Sarah und Paul hat es bislang noch nicht geklappt. Aber auf einer Betriebsfeier lernt Sarah Marc kennen, den neuen PR-Manager. Er sieht einfach umwerfend aus, findet sie, ein richtiger Mann eben. Sarah steht mit dieser Meinung nicht allein – alle Frauen fliegen auf Marc. Heute Abend hat sie sich besonders schick gemacht – das kleine Schwarze ist eigentlich etwas zu gewagt für diesen Anlass, steht ihr aber hervorragend. Und so wirft auch Marc sofort ein Auge auf sie, als sie den zum Partyraum umfunktionierten Konferenzraum betritt, und fast automatisch denkt er: «Die ist bestimmt gut im Bett.» Mit zwei frisch gemixten Cocktails in der Hand und einem strahlenden Lächeln tritt er ihr entgegen.

So wie es Sarah und Marc an diesem besagten Abend ergeht, ergeht es Tausenden von Menschen Tag für Tag. Wir treffen auf einen uns völlig Unbekannten, und schon ein kurzer Blick (genauer: 100 Millisekunden) genügt, ihn als schön oder auch weniger schön zu klassifizieren. Die Forschung spricht in diesem Zusammenhang von «physisch attraktiv». «So weit, so gut», mag man denken, «Aussehen ist aber doch nur schöner Schein, und die inneren Werte sind doch erheblich wichtiger.» Tatsächlich stimmt das nur bedingt, denn der Prozess des gegenseitigen Kennenlernens durchläuft bestimmte Stufen. Zunächst haben wir schlicht keine andere Information über den anderen als das Aussehen. Diejenigen, die diesen ersten «Screening-Test» nicht bestehen, haben oft wenig Chancen, uns ihre anderen, vielleicht sehr guten Eigenschaften zu offenbaren. Wenn wir die Wahl haben, nehmen wir die Schönsten. Überzeugend demonstriert das eine mittlerweile klassische Studie, die die weltweit erfolgreichste Beziehungsforscherin Elaine Hatfield schon 1966 an der University of Minnesota durchführte.

Aussehen und Partnerwahl

Wie an den meisten amerikanischen Colleges und Universitäten werden auch an der University of Minnesota zu Beginn jedes Semesters Einführungswochen veranstaltet, die den Studenten die Orientierung und das gegenseitige Kennenlernen erleichtern sollen. Üblicherweise enden sie mit einem kleinen Fest. Diese Gelegenheit nutzte Elaine Hatfield, um zu testen, welche Bedeutung das Aussehen und die Persönlichkeit bei der Partnerwahl haben. Mehr als 800 Studenten, die an dieser Tanzveranstaltung teilnahmen, wohl unter der Annahme, es sei eine gute Gelegenheit, andere Leute kennen zu lernen, erhielten eine für die damalige Zeit fast revolutionäre Offerte. Hatfield und ihre Kollegen sagten ihnen, dass sie die Gelegenheit hätten, in einen Computer einige persönliche Daten wie Hobbys, Interessen und Ähnliches einzugeben, und der Computer würde dann den passenden Partner für sie finden (zur Erinnerung: Der erste IBM-PC kam in Deutschland erst 1981 auf den Markt!). Einzige Bedingung für die Teilnahme an dieser kostenlosen Aktion: Sie mussten bereit sein, einige Fragen zu beantworten. Ein für viele Teilnehmer äußerst verlockendes Angebot, das viele frustrierende Flirtversuche zu vermeiden schien! Was sie jedoch nicht wussten, war, dass sie bereits bei der Ausgabe der Partytickets von den Ticketverkäufern dahingehend beurteilt worden waren, wie gut oder auch wie schlecht sie aussahen.

Unsere Alltagserfahrung lässt uns vermuten, dass unser Anspruch an einen Partner – also wer unserer Meinung nach für uns als Partner infrage kommt und wer nicht – maßgeblich von Aspekten wie unserem Selbstvertrauen und unserem Erfolg beim anderen Geschlecht bestimmt wird. Doch ist das wirklich so? Sehen wir uns die Ergebnisse der Studie von Elaine Hatfield dazu genauer an. Der Clou dabei war, dass keineswegs der Computer die Paare zusammenstellte, sondern sie vollkommen zufällig zusammengewürfelt wurden (mit der kleinen Ausnahme, dass die Männer immer größer waren als ihre Partnerinnen).

Während einer Tanzpause wurden die Gäste befragt, wie begehrt sie beim anderen Geschlecht seien, welche Ansprüche sie an potenzielle Partner oder Partnerinnen stellten, wie groß ihr Selbstvertrauen sei, wie sehr ihnen ihre neue Errungenschaft gefalle, ob sie meinten, auch umgekehrt von dieser gemocht zu werden, als wie attraktiv man ihn oder sie bewerte und – ganz wichtig – ob sie diese Person wieder sehen wollten. Es wurde natürlich sorgfältig darauf geachtet, diese Fragen nicht etwa in Gegenwart der jeweiligen frisch erworbenen Tanzpartner zu stellen.

Die Ergebnisse waren für alle ziemlich überraschend. Im Gegensatz zu der Vermutung der Forscher, dass Menschen bei der Partnerwahl durchaus auch ihr eigenes Aussehen berücksichtigen und weniger Attraktive auch einen weniger attraktiven Partner präferieren oder dass es auf Persönlichkeit und Ähnliches ankomme, war der einzige Faktor, der überhaupt einen Einfluss im Hinblick auf die Sympathie und die Bereitschaft, sich noch einmal mit dem Tanzpartner zu treffen, hatte, dessen Aussehen. Personen waren umso beliebter und wurden umso mehr gemocht, je besser sie aussahen. Alle anderen Aspekte – das eigene Aussehen, das Bild, das die Tänzer von sich selbst hatten, und Ähnliches – hatten überhaupt keinen Einfluss auf die Sympathie für den Partner.

Dass es auf dem Partnermarkt stark auf das Aussehen ankommt, wissen alle Menschen schon seit Urzeiten und weltweit. Versuche, das eigene Aussehen zu verbessern, sind aus allen Epochen der Geschichte bekannt. Aus dem alten China kennen wir den Brauch, die Füße von Mädchen zu bandagieren, um deren Wachstum zu stoppen. Bei einigen indianischen Stämmen, die eine Vorliebe für Frauen mit dicken Waden hatten, war es üblich, den Mädchen schon in der frühen Kindheit feste Ringe unterhalb der Knie umzulegen, die die Durchblutung und das Wachstum der Unterschenkel verhinderten. Andere Völker bandagierten den Kopf eines Babys so, dass der Hinterkopf eine unnatürlich ovale Form erhielt.

Gemessen an solchen Eingriffen wirken die heutigen kosmetischen Operationen geradezu harmlos. Weltweit wird jährlich- heutzutage mehr Geld in Kosmetika und Modeartikel investiert als in Nahrungsmittel, und neueste Zahlen aus den USA zeigen, dass dort pro Jahr eine größere Summe für Diäten als für das gesamte Bildungssystem ausgegeben wird. All das nur um der Ästhetik willen, oder geht es um mehr als das pure Aussehen? Schauen wir, wie es bei Sarah und Marc weitergeht.

Sarah, von Marcs Charme hingerissen, findet ihn nicht nur gut aussehend, sie fragt sich auch, was sich dahinter verbirgt. So richtig warmherzig und aufrichtig sieht er ja nicht gerade aus, eher wie ein Draufgänger, der nichts anbrennen lässt. Aber beruflich scheint er sehr erfolgreich zu sein, immerhin trägt er ein teures Jackett und lächelt wie ein Sieger. Ähnliche Gedanken laufen auch in Marcs Kopf ab, nur dass er – typisch Mann – sich sofort fragt, wie Sarah wohl nackt aussieht und wie sie im Bett ist.

Wie wir vom Aussehen auf den Charakter schliessen

Offenbar leitet Sarah aus Marcs Äußerem unbewusst Informationen über seinen Charakter ab. Das ist nicht ungewöhnlich: Schon in der Antike war bekannt, dass die äußere Erscheinung wichtig für unser Bild vom anderen ist. Sappho, die berühmte griechische Dichterin, fasste es vor mehr als 2600 Jahren treffend mit den Worten «Wer schön ist, ist auch gut» zusammen. Mit dem ersten Eindruck gehen vielfältige Annahmen über die wahrgenommene Person einher. Hier können Sie selbst testen, wie das Äußere die Beurteilung der Persönlichkeit beeinflusst.

Test 2.1 Wie das Aussehen die Beurteilung beeinflusst

Betrachten Sie kurz die Fotos dieser beiden Frauen und geben Sie an, welche Eigenschaften Sie ihnen zuschreiben. Markieren Sie Ihre Beurteilung durch ein Kreuz in dem jeweiligen Kästchen.

interessant	☐	☐
warm	☐	☐
selbstsicher	☐	☐
entgegenkommend	☐	☐
erfolgreich	☐	☐
locker	☐	☐
offen	☐	☐
aufregend	☐	☐
gefühlvoll	☐	☐
intelligent	☐	☐
standhaft	☐	☐

> Zählen Sie jetzt die Anzahl der Kreuze unter jedem Foto. Wenn Sie mehr Kreuze unter dem rechten als unter dem linken Foto gemacht haben, dann haben Sie sich – wie viele tausend Testpersonen vor Ihnen – bei Ihrer Beurteilung vom Stereotyp der physischen Attraktivität leiten lassen.

Vielleicht haben Sie bei diesem kleinen Test gemerkt, wie leicht es fällt, ohne weitere Informationen lediglich auf der Basis des Aussehens Rückschlüsse auf «innere Werte» zu ziehen. Wir nutzen das Aussehen als Informationsquelle und schreiben Schönen im Allgemeinen bessere Eigenschaften zu als Hässlichen. Die Forschung spricht vom «Stereotyp der physischen Attraktivität». Die Bewertungen passieren dabei quasi automatisch innerhalb von Sekundenbruchteilen, und das nicht nur bei der Partnerwahl.

Bei der Erforschung des Stereotyps der physischen Attraktivität wählen Wissenschaftler in einem ersten Schritt aus einem Pool von Fotos hübsche und hässliche Personen aus, über deren Attraktivität sich die Beurteiler weitgehend einig sind. Die auf den Fotos dargestellten Personen werden dann in einem zweiten Schritt von wiederum anderen Personen in ihrer Attraktivität mit Beurteilungsskalen eingeschätzt, die denen in Test 2.1. ähnlich sind.

Alan Feingold, Psychologieprofessor an der renommierten Yale University, hat die Ergebnisse von 35 solcher Studien zusammengefasst. Schöne kommen demnach fast immer besser weg. Ihnen werden positivere soziale Fertigkeiten (wie Ausgeglichenheit, soziale Kompetenz usw.), mehr Sexappeal, höhere Intelligenz und eine bessere psychische Gesundheit zugeschrieben. Lediglich bei der Beurteilung ihrer Bescheidenheit schneiden die Schönen schlechter ab. Sie werden als eitler und arroganter eingeschätzt.

Selbst bei der Bewertung von Leistungen in Schule und Beruf haben Schöne einen Vorteil. Und auch Justitia scheint nicht so blind zu sein, wie sie eigentlich sein sollte. Wissenschaftler der University of Houston haben insgesamt 2235 Gerichtsurteile analysiert und festgestellt, dass attraktive Angeklagte, zumindest bei kleineren Straftaten, mildere Strafen bekommen. Schönheit ist – wie es Aristoteles vor mehr als 2000 Jahren formulierte – besser als jeder Empfehlungsbrief.

Wie kommt es, dass wir gut Aussehenden so übereinstimmend positive Eigenschaften zuschreiben? Schon in unserer Kindheit erfahren wir, dass Charakter und Aussehen Hand in Hand gehen. Schneewittchen und Aschenputtel sind schön und gut, die Hexe und die Stiefmutter sind hässlich und böse. Das gute Mädchen, das bei Frau Holle geduldig seinen Dienst tut, wird mit Gold überschüttet – und ist schön, die faule Stiefschwester mit Pech übergossen – und ist hässlich. Diese Beispiele aus der Märchenwelt ließen sich beliebig fortsetzen, und es ist nicht verwunderlich, wenn ein kleines Mädchen folgendermaßen versucht zu erklären, was es bedeutet, hübsch zu sein: «Es ist, wie wenn man eine Prinzessin ist. Alle lieben dich.»

Dieses Muster, Schönheit mit positiven Eigenschaften zu paaren, findet sich ebenso im modernen Film. Amerikanische Wissenschaftler haben Hollywood-Filme der letzten 50 Jahre analysiert und festgestellt, dass – wie im Märchen – positive Charaktere meist auch von attraktiven Personen repräsentiert wurden. Die Wissenschaftler gingen allerdings noch einen Schritt weiter: Sie zeigten ihren Studenten Filme, wobei die eine Gruppe einen Film sah, in dem das «Wer schön ist, ist auch gut»-Stereotyp sehr deutlich zutage trat. Die andere Gruppe sah einen Film mit einer eher schwachen Beziehung zwischen Schönheit und Charakter der dargestellten Figuren. Später wurden diese Studenten um ihre Unterstützung in einer ganz anderen Angelegenheit gebeten. Eine benachbarte Universität habe – so wurde ihnen gesagt – darum gebeten, ihre Entscheidung bei der Einstellung von neuem Personal zu prüfen. Sie erhielten Informationen über fiktive Bewerber sowie deren Fotos. Diejenigen Studenten, die zuvor einen Film gesehen hatten, in dem schöne Darsteller positivere Eigenschaften hatten, ließen sich auch bei der Bewertung der Eignung dieser fiktiven Bewerber stärker von deren Aussehen leiten als die andere Gruppe. Sie hatten gewissermaßen durch den Film «gelernt», dass gute Eigenschaften mit Schönheit einhergehen.

Wenn wir nun unterschiedliche Erwartungen im Hinblick auf die Eigenschaften attraktiver und unattraktiver Menschen haben, besteht da nicht die Gefahr, dass wir uns diesen Erwartungen gemäß auch unterschiedlich verhalten und damit selbst zur Bestätigung unserer Erwartungen beitragen? Sind wir also zu schönen Menschen nett, zu hässlichen Menschen aber unfreundlich?

Wie wir uns unsere eigene Realität schaffen

Das fragten sich auch Forscher, die junge Männer einluden, an einer Studie über Prozesse des gegenseitigen Kennenlernens teilzunehmen. Dazu sollten sie mit einer ihnen unbekannten jungen Frau ein Telefongespräch führen. Der Hälfte von ihnen wurde ein Foto der angeblichen Gesprächspartnerin gezeigt, das diese als sehr attraktive Frau darstellte. Die andere Hälfte der Versuchsteilnehmer musste annehmen, mit einer weniger attraktiven Partnerin zu telefonieren. Die Männer, die mit einer angeblich attraktiven Frau telefonieren sollten, erwarteten eine humorvolle, ausgeglichene und gesellige Gesprächspartnerin, die anderen hingegen eher eine ernste, unausgeglichene, ungeschickte Frau. Aber das war nicht alles: Nicht nur die Erwartungen der Männer wurden durch das Foto der Gesprächspartnerin beeinflusst, sondern auch ihr Verhalten. Männer, die annahmen, ihre Gesprächspartnerin sei hübsch und lustig, machten mehr Witze. Diejenigen, die dachten, die Partnerin sei weniger attraktiv und eher ernst, sprachen mehr ernste Themen an. Zudem – und das ist noch verblüffender – entsprach das Gesprächsverhalten der Frauen, die selbst nicht wussten, ob sie von ihrem jeweiligen Gesprächspartner anhand der fiktiven Fotos als mehr oder weniger hübsch eingeschätzt wurden, nahezu völlig den Erwartungen der Männer.

Unabhängige Beobachter bewerteten das Verhalten der «attraktiven» Frauen in diesem Experiment als animierender, selbstsicherer und sympathischer als das der «weniger attraktiven» Frauen. Das heißt offenbar, dass man sich unbewusst so verhält, wie es von einem erwartet wird, und diese Erwartungen richten sich wiederum nach der Attraktivität. Das funktioniert offenbar, auch ohne dass sich die beiden Gesprächsteilnehmer überhaupt jemals von Angesicht zu Angesicht gegenübergestanden haben.

Doch auch beim direkten Kontakt ist ein solcher Effekt zu beobachten: Treffen Männer auf eine attraktive Frau, verhalten sie sich anders, als wenn sie es mit einer weniger attraktiven Frau zu tun haben. Sie nehmen eine offenere Körperhaltung ein und signalisieren durch bestätigende Mimik und Gestik, dass sie sich in ihre Gesprächspartnerin einfühlen können. Der englische Psychologieprofessor Ray Bull machte die Probe aufs Exempel und ließ eine junge Frau so schminken, dass auf einer Gesichtshälfte ein großes Feuermal zu sehen war. So verunstaltet setzte sie sich in die Londoner U-Bahn. Das Resultat: Die einsteigenden Fahrgäste setzten sich nach Möglichkeit auf ihre «schöne» Seite. Erst als der Zug voll war, setzten sich die Reisenden auch auf die weniger schöne Seite, wobei sie mitunter zwischen sich und die junge Frau eine Tasche oder ein anderes Gepäckstück stellten.

Wie schwer es weniger Schöne mitunter haben, weiß auch das amerikanische Justizministerium. In den Gefängnissen einiger amerikanischer Bundesstaaten ist es möglich, dass Inhaftierte auf Staatskosten kosmetische Operationen an sich durchführen lassen können, um Kieferdeformationen und andere Auffälligkeiten zu beheben. Der Erfolg spricht für sich. Die Rückfallquoten der operierten Straftäter sind niedriger.

Vor diesem Hintergrund ist es nicht überraschend, wenn sich Attraktive und weniger Attraktive tatsächlich auch in ihren sozialen Fertigkeiten unterscheiden. Wer möchte nicht lieber mit einem selbstsicheren, offenen Menschen zusammen sein als mit einem schüchternen, verklemmten?

Bei genauerer Betrachtung erweist sich das Muster jedoch als komplexer. Für Männer gilt, dass sie eine umso höhere soziale Kompetenz haben, je attraktiver sie sind. Für Frauen ist es genau umgekehrt. Das mag daran liegen, dass in unserer Gesellschaft immer noch weitgehend erwartet wird, dass Männer, zumindest offiziell, den ersten Schritt tun. Diese wählen dann nach Möglichkeit die attraktivsten Frauen, die dann ihrerseits keine ausgefeilten Fertigkeiten und Kompetenzen mehr entwickeln müssen. Sie können sich im Prinzip zurücklehnen und warten, bis der Passende kommt. Weniger attraktive Frauen haben es hier schwerer. Sie müssen aktiver in das Geschehen eingreifen und so mehr soziale Fertigkeiten entwickeln.

Wir haben gesehen, welche Auswirkung unser Aussehen auf das Verhalten unserer Mitmenschen haben kann und wie es sogar auf unser eigenes Verhalten zurückwirkt. Aber nehmen uns überhaupt alle als gleich attraktiv oder gleich unattraktiv wahr? Liegt Schönheit nicht eher im Auge des Betrachters? Oder gibt es doch allgemeine Kriterien?

Als Marc mit seinem Freund Frank über Sarah spricht, meint der ganz lapidar: «Was findest du denn an der, die sieht doch eher durchschnittlich aus?» Marc hingegen findet sie einfach toll, ihre Art, sich zu bewegen, zu lächeln, zu blicken. Obwohl – streng genommen gäbe es schon das eine oder andere an ihrem Aussehen auszusetzen.

Was ist Schönheit?

Die Frage, was Schönheit eigentlich ausmacht, beschäftigt die Menschen schon seit Jahrtausenden. So gibt es seit der Antike Versuche, Schönheit auf der Basis geometrischer Regelmäßigkeit formal zu bestimmen. Jahrhunderte später wurden in der Renaissance solche Überlegungen wieder aufgegriffen. Ein schönes Gesicht sollte sich in drei gleiche Teile einteilen lassen:

- vom Haaransatz bis zu den Augenbrauen
- von den Augenbrauen bis zum Nasenende
- vom Nasenende bis zum Kinn

Diese globalen Kriterien treffen auf viele Menschen zu, und dennoch gefallen sie uns nicht alle gleichermaßen gut. Wissenschaftler haben

Abb. 2.1: Ein schönes Gesicht sollte sich nach Meinung der alten Griechen in drei gleich große Teile einteilen lassen.

mit fototechnischen Verfahren unterschiedliche Einzelmerkmale – meist im Gesicht – manipuliert und die Konsequenzen dieser Manipulation überprüft. Die Ergebnisse waren erstaunlich: In dem einen Gesicht ließ beispielsweise eine große Nase das Gesicht weniger schön aussehen, in einem anderen hingegen verbesserte sie die Erscheinung. Die Redakteure des britischen Magazins «Arena» versuchten sogar, am Computer die virtuelle Idealfrau zu konstruieren: Sie nahmen den Mund von Debbie Harry, das Kinn von Sandra Bullock, Naomi Campbells Augen und so fort – nur die allerbesten Zutaten. Doch das so konstruierte Gesicht war nicht besonders ansprechend. Offenbar ist das Ganze doch mehr als die Summe seiner Teile. Die Erfolglosigkeit einer Studie der beiden amerikanischen Anthropologen Ford und Beach aus den frühen fünfziger Jahren, die Schönheitsideale in mehr als 200 verschiedenen Kulturen untersuchten und keinerlei universellen Standard fanden, führte dazu, dass der Versuch, die objektive Basis von Schönheit zu bestimmen, über lange Zeit nicht wiederholt wurde.

Die drei Säulen des Schönheitsempfindens

Also ist Schönheit doch ein subjektives Phänomen? – Wir sind in einem langjährigen Forschungsprogramm dieser Frage systematisch nachgegangen. Zunächst galt unsere Aufmerksamkeit der Frage, ob sich Schönheit überhaupt auf objektive Merkmale zurückführen lässt oder eher völlig subjektiv ist. Die Antwort unserer Forschungen: Sowohl als auch.

Woran kann es liegen, dass Sarah Marc als sehr gut aussehend empfindet?

- Sarah hat keinen besonders hohen Anspruch und empfindet die meisten Männer als gut aussehend.
- Marc sieht objektiv sehr gut aus und wird von sehr vielen Frauen (und vielleicht auch von Männern) als gut aussehend eingeschätzt.

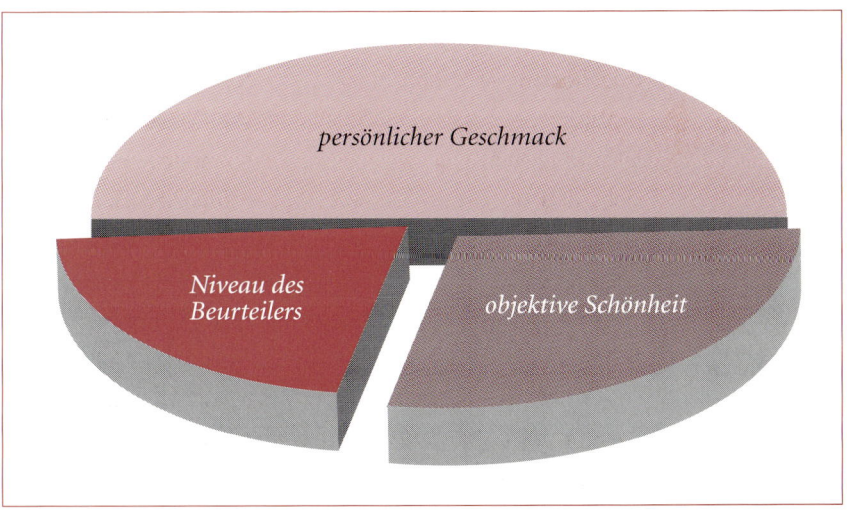

Abb. 2.2: Mit mathematischen Verfahren kann man Attraktivitätsurteile in einzelne Komponenten zerlegen. Wie man sieht, hat Schönheit sowohl eine objektive als auch eine subjektive Seite.

- Marc trifft genau Sarahs Geschmack, obwohl sie ansonsten sehr wählerisch ist und andere ihre Einschätzung in Bezug auf Marc nicht teilen.

Die Aufspaltung der Beurteilung von Attraktivität in diese drei Komponenten zeigt, dass Schönheit eine objektive und eine subjektive Seite hat – und vielleicht ist das der Grund, dass wir uns immer gern mit unseren Freunden über das Aussehen anderer unterhalten. Wir versuchen so, unseren subjektiven Eindruck zu überprüfen, und implizit hoffen wir meist, dass die anderen mit uns einer Meinung sind.

Die objektive Basis der Schönheit

Ungefähr ein Drittel unseres Urteils über die Attraktivität anderer wird durch deren objektive Merkmale bestimmt. Dennoch waren über Jahrhunderte hinweg alle Versuche erfolglos, diese objektiven Merkmale zu definieren. Noch vor ungefähr 25 Jahren mussten Elaine Hatfield und Ellen Berscheid, die das Thema Schönheit in der Wissenschaft salonfähig machten, auf die Frage, welche Merkmale denn für Schönheit verantwortlich seien, einräumen, dass die Gesamterscheinung und nicht einzelne Merkmale wichtig seien. Erst die aktuellen evolutionspsychologischen Studien haben mehr Licht in das Dunkel gebracht.

Die moderne Evolutionspsychologie geht davon aus, dass Menschen in ihrer stammesgeschichtlichen Entwicklung mit einer Reihe ganz spezifischer Probleme konfrontiert waren, die sie meistern mussten, um zu überleben. Da der Evolutionsprozess langsam voranschreitet und Veränderungen oft Tausende von Generationen benötigen, sind wir auch heute noch mit psychischen Mechanismen ausgestattet, die im Prinzip an die Lebensweise unserer Urahnen angepasst sind. Zu den Uraufgaben der Menschheit, für deren Lösung sich die Mechanismen herausgebildet haben, gehören unter anderem das Auffinden geeigneter Nahrung und die Wahl eines geeigneten Fortpflanzungspartners.

Erfolgreiche Fortpflanzung stellt aber Männer und Frauen vor ganz unterschiedliche Aufgaben. Die Investition von Frauen in ihre Nachkommen ist erheblich größer als die der Männer. Sie müssen eine Schwangerschaft von neun Monaten und eine nicht ungefährliche Geburt auf sich nehmen, an die sich die Phase des Stillens und Versorgens des noch hilflosen Neugeborenen anschließt. Für Männer beschränkt sich die minimal notwendige Investition in die Fortpflanzung auf einen kurzen sexuellen Kontakt mit einer Frau im fruchtbaren Alter.

Dieser Unterschied beeinflusst stark das Partnerwahlverhalten von Männern und Frauen. Männer finden diejenigen Frauen am attraktivsten, die ein Maximum an Fortpflanzungserfolg erwarten lassen. Das sind Frauen, die gesund und jung sind, aber dennoch sexuelle Reife zeigen.

Michael Cunningham hat diese Überlegungen aufgegriffen. Finden Männer solche Frauen attraktiv, fragte er sich, die in ihrem Gesicht Merkmale von Jugendlichkeit, Gesundheit und sexueller Reife erkennen lassen? Er ließ dazu Fotos von Frauen – darunter 27 Frauen, die nationale Schönheitswettbewerbe gewonnen hatten – im Hinblick auf ihre physische Attraktivität beurteilen und anschließend präzise vermessen. Es wurden so unterschiedliche Maße wie der Augen- und Pupillendurchmesser, die Länge der Nase, die Wangenbreite und vieles mehr genommen. Aus diesen Maßzahlen ermittelte Cunningham Indikatoren für Jugendlichkeit, Reife und Gesundheit.

Jugendlichkeit wird demnach durch zur Gesichtsfläche relativ große Augen, ein schmales Kinn und eine kleine Nase ausgedrückt (z. B. Jennifer Lopez), sexuelle Reife durch volle Lippen, hohe Wangenknochen, schmale Wangen, ein tendenziell eher ovales als rundes Gesicht (z. B. Cher). Gesundheit schließlich durch symmetrisch angeordnete Augen, reine Haut und glänzendes, fülliges Haar (z. B. Cindy Crawford). Auf der Basis dieser objektiv messbaren Indikatoren waren Vorhersagen des Attraktivitätsurteils gut möglich.

Und wie sieht es mit der Schönheit der Männer aus? Frauen, so die evolutionäre Argumentation, müssen nicht nur einen gesunden und fortpflanzungsfähigen Partner finden, sie müssen wegen ihrer größeren

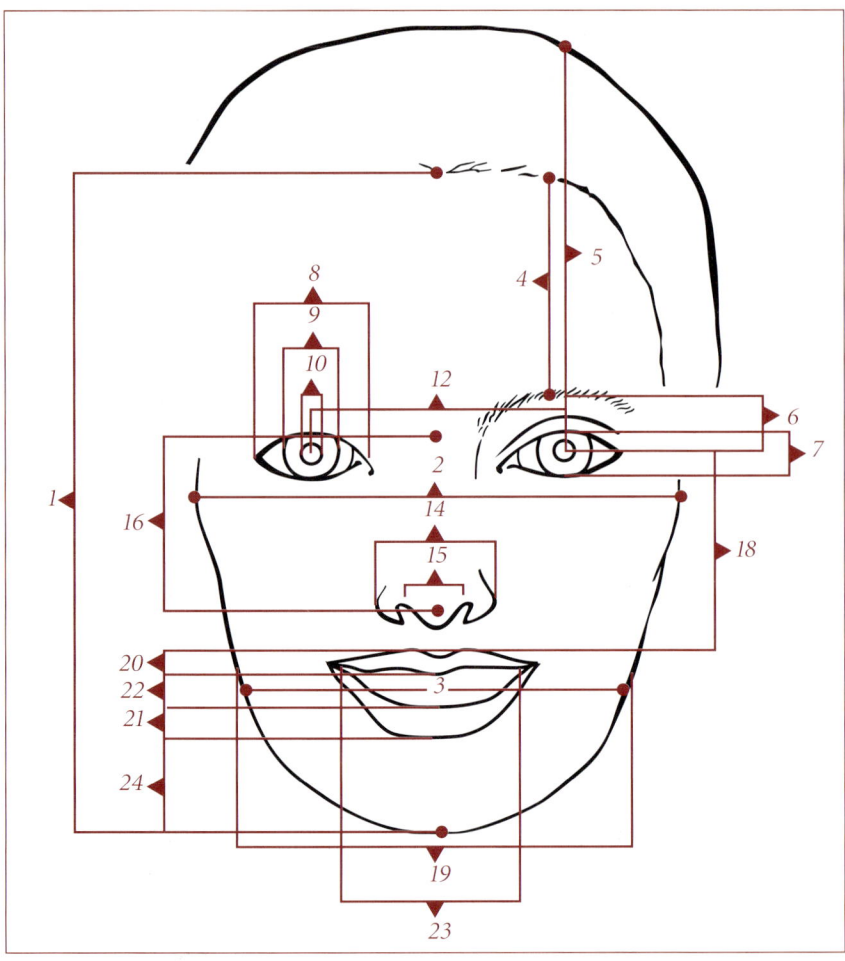

Abb. 2.3: Der amerikanische Wissenschaftler Michael Cunningham hat Gesichtsfotos präzise vermessen und so objektive Maßzahlen für Gesundheit, Jugendlichkeit und sexuelle Reife ermittelt. Die dargestellten Linien verweisen auf Cunninghams Messungen. Nr. 23 beispielsweise ist die Mundbreite.

elterlichen Investitionen auch darauf achten, dass der potenzielle Partner fähig und willens ist, sie und ihre Nachkommen zu versorgen. Frauen sollten demnach bei Männern solche Merkmale attraktiv finden, die Hinweise liefern auf Dominanz, Verlässlichkeit und die Bereitschaft, sich langfristig zu binden. Diese Merkmale schlagen sich jedoch nicht alle im Aussehen nieder. Das ist ein Grund dafür, warum Frauen im Vergleich zu Männern weniger auf das Aussehen ihrer potenziellen Partner achten.

Dominanz erweist sich als vorteilhaft im Wettstreit der Männer untereinander. Zuverlässigkeit signalisiert der Frau, dass sie während der Schwangerschaft und auch in den Jahren danach nicht auf sich allein gestellt ist. Ein Mann mit diesen Eigenschaften kann seiner «Beschützer- und Versorgerfunktion» besser gerecht werden als ein weniger dominanter und weniger zuverlässiger. Ein Partner sollte allerdings nicht nur Beschützer und Versorger sein, er muss auch die emotionalen Bedürfnisse seiner Partnerin befriedigen können und über die notwendige Wärme und Sensibilität verfügen. Ein nur dominanter Mann würde diesen Ansprüchen nicht gerecht. Der optimale Partner sollte daher neben Dominanz und Stärke auch Merkmale von Kindlichkeit aufweisen, so die Argumentation der so genannten Multiplen-Motiv-Hypothese Cunninghams. Sein Fazit: Bei Männern hängen die objektiv messbaren Merkmale von Maskulinität (ein markantes Kinn), Dominanz und Kindlichkeit (große Augen) mit dem subjektiven Attraktivitätseindruck zusammen.

Merkmale wie Jugendlichkeit oder Gesundheit können aber höchstens als rudimentäre Grundbedingungen physischer Attraktivität betrachtet werden, denn viele Frauen sind sowohl jugendlich als auch gesund (wie Britney Spears), und ebenso viele Männer verfügen über Merkmale von Maskulinität und Kindlichkeit (wie Brad Pitt). Dennoch sind all diese Personen durchaus unterschiedlich attraktiv. Zudem kann sich die Vorstellung von gesundem Aussehen kulturbedingt ändern. Während ein sonnengebräunter Körper in den letzten Jahrzehnten als erstrebenswert und gebräunte Haut als attraktiv galt, ist in neuester Zeit eine Abkehr von diesem Ideal zu beobachten. Besonders in Australien, das zu den Ländern gehört, die am stärksten unter dem Hautkrebs fördernden Ozonloch über der Antarktis zu leiden haben, wird dies deutlich. Die australische Werbung zeigt keine gebräunten Personen mehr. Im Gegenteil: Eine helle Haut wird jetzt als gesund und schön dargestellt (oder als schön, weil gesund?). Ähnlich verhält es sich mit der kulturell und zeitlich bedingten Vorliebe für eher dicke oder eher dünne Menschen. In Zeiten, in denen Nahrungsmittelknappheit herrschte, galten eher wohlbeleibte Menschen als schön. Heutzutage, wo Nahrung in der westlichen Welt im Überfluss vorhanden ist, präferieren wir eher Schlanke.

Trotz all der Unterschiede zwischen verschiedenen Kulturen und der Veränderung der Vorlieben im Laufe der Zeit scheint es doch eine wichtige Konstante zu geben: das Taille-zu-Hüfte-Verhältnis. Nach Forschungsergebnissen des amerikanischen Psychologen Devendra Singh von der University of Texas, die wir in unseren Studien hier in Deutschland erfolgreich wiederholen konnten, werden diejenigen Frauen als besonders attraktiv empfunden, bei denen der Taillenumfang dividiert durch den Hüftumfang dem Wert 0,7 möglichst nahe kommt (vgl. Abb. 2.4). Das klassische Maß 90–60–90 drückt genau das aus. Warum aber finden Männer wie Frauen die Körper von Frauen mit diesen Maßen so attraktiv?

Auch hier hilft die Evolutionspsychologie. Während Jungen und Mädchen in der Kindheit eine ziemlich ähnliche Figur mit einem Taille-zu-Hüfte-Verhältnis von ungefähr 0,9 haben, führt die mit dem Einsetzen der Pubertät beginnende Östrogenproduktion des weiblichen Körpers zu einer Fettablagerung an Oberschenkel und Gesäß. Östrogen hemmt zugleich Fettablagerungen in der Taillenregion. Insofern ist das Verhältnis des Taillen- zum Hüftumfang ein guter Indikator für die auf die weiblichen Sexualhormone zurückgehende Fettverteilung, und diese wiederum ein Indikator für den Reproduktionserfolg.

Das typische Taille-zu-Hüfte-Verhältnis von Frauen nach der Pubertät, aber vor der Menopause liegt zwischen 0,67 und 0,80 und ist weitgehend unabhängig vom Gewicht. Mit höherem Alter steigt der Wert an. Insofern haben vermutlich diejenigen unserer Urahnen den größten Fortpflanzungserfolg gehabt, die sich mit Frauen mit einem Taille-zu-Hüfte-Verhältnis von ungefähr 0,7 gepaart haben. So wurden weder zu junge noch zu alte gewählt noch schwangere, noch solche, deren Hormonproduktion gestört war.

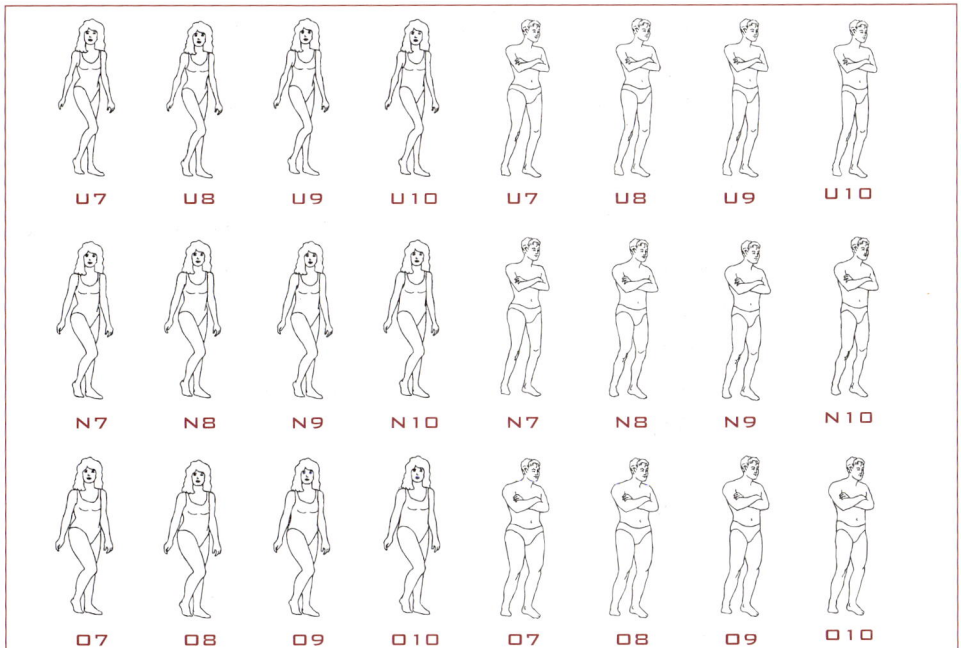

Abb. 2.4: Mit Zeichnungen wie diesen überprüfte Devendra Singh die Bedeutung von Körpergewicht und Taille-zu-Hüfte-Verhältnis für Attraktivitätsbeurteilungen. Von oben nach unten nimmt das Gewicht, von links nach rechts das Taille-zu-Hüfte-Verhältnis zu. Präferiert werden meist die weiblichen Zeichnungen N7 und U7 mit einem THV von 0.7; bei den Männern sind es N9 und N10 mit einem THV von 0.9 bzw. 1.0.

Ganz anders sieht es bei Männern aus. Testosteron, das männliche Sexualhormon, begünstigt Fettablagerungen in der Taillenregion und erhöht somit das Taille-zu-Hüfte-Verhältnis. Männer, deren Taille-zu-Hüfte-Verhältnis zwischen 0,9 und 1,0 liegt, haben einen höheren Testosteronspiegel als solche mit deutlich niedrigeren Werten. Das männliche Keimdrüsenhormon Testosteron ist aber nicht nur die Grundlage für ein erfülltes Sexualleben und ein Indikator für Maskulinität schlechthin, sondern darüber hinaus ein Hormon, das die Antriebsstärke und Aktivität positiv beeinflusst und ein gut funktionierendes Immunsystem signalisiert. Dementsprechend sind Frauen gut beraten, wenn sie Männer mit einem Taille-zu-Hüfte-Verhältnis von 0,9 solchen mit einem Wert von beispielsweise 0,7 vorziehen.

Um all diese aus der Evolutionsforschung stammenden Vermutun-

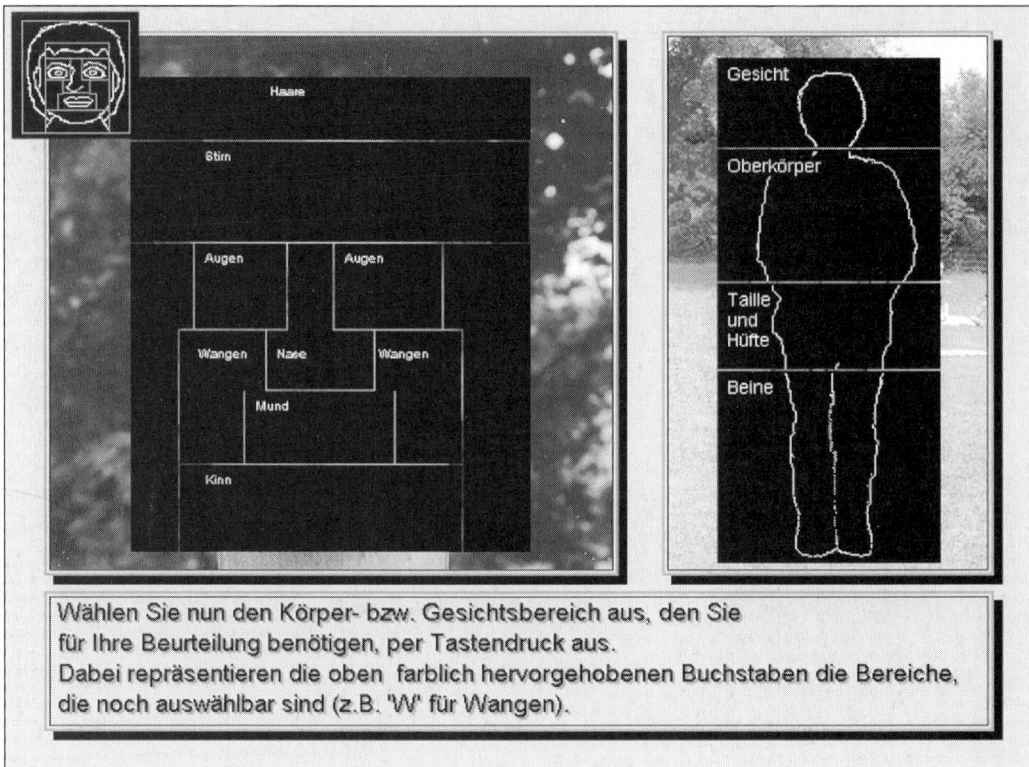

Abb. 2.5: So startet die Visual-Process-Methode

gen auf eine solide empirische Basis zu stellen, haben wir eine neue Methode, die Visual-Process-Methode (VPM), entwickelt, die es ermöglicht, den Prozess der Suche nach Informationen über das Aussehen von Menschen detailliert abzubilden. VPM benutzt digitalisierte Bilder von Gesichtern und Ganzkörperaufnahmen und zeigt sie auf einem Computerbildschirm. Es wird genau registriert, welche Gesichts- und Körperteile in welcher Reihenfolge betrachtet werden, wie viel Zeit der Betrachter den einzelnen Merkmalen widmet und wie bedeutsam diese Merkmale für den Gesamteindruck der physischen Attraktivität sind. Das Programm startet mit einem fast schwarzen Bildschirm (vgl. Abb. 2.5), auf dem lediglich die Konturen eines Gesichtes und eines Körpers

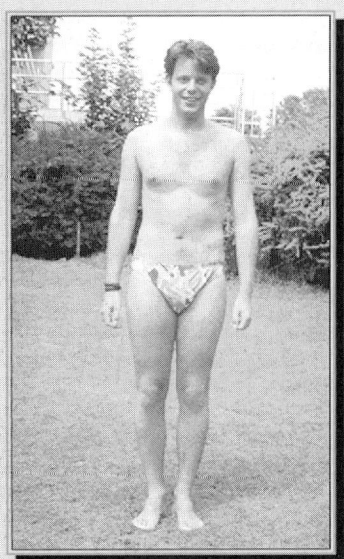

Beurteilen Sie nun die Attraktivität der abgebildeten Person aufgrund der aufgedeckten Bereiche. Dabei sind folgende Werte möglich: 'sieht sehr schlecht aus' 1 2 3 4 5 6 7 8 9 'sieht sehr gut aus'

Abb. 2.6: – und so endet sie.

zu sehen sind. Die Testpersonen sind angewiesen, die Attraktivität der zunächst noch verdeckten Person zu beurteilen; sie können dazu in beliebiger Reihenfolge einzelne Elemente auswählen und aufdecken. Nach jedem Aufdecken werden sie gebeten, die Schönheit der betreffenden Person zu beurteilen und anzugeben, ob sie noch mehr Informationen benötigen, um zu einem endgültigen Urteil zu kommen. Diese Prozedur wird so lange wiederholt, bis entweder die abgebildete Person völlig aufgedeckt ist (vgl. Abb. 2.6) oder aber die jeweilige Testperson meint, keine weiteren Informationen mehr zu benötigen.

So kann man feststellen, wie viele Informationen über Gesichts- und Körperteile nötig sind, um die Schönheit von Männern und Frauen zu beurteilen. In Übereinstimmung mit evolutionären Überlegungen, nach denen Männer mehr auf das Aussehen von Frauen achten als umgekehrt Frauen auf das Aussehen von Männern, konnten wir beobachten, dass sich der Informationsbedarf von männlichen und weiblichen Probanden tatsächlich unterscheidet. Männer wollen etwa 25 Prozent mehr von Gesicht und Körper einer Frau sehen als umgekehrt. Trotz der größeren Menge an Informationen – und auch das passt gut in das evolutionäre Muster – verarbeiten Männer die Informationen über das Aussehen einer Frau schneller als Frauen diejenigen über das Aussehen eines Mannes. Diese Ergebnisse deuten darauf hin, dass Männer wegen der für sie größeren Bedeutung der Attraktivität ihrer Partnerinnen spezielle Mechanismen zur Attraktivitätsbeurteilung entwickelt haben, die es ihnen ermöglichen, die körperliche Schönheit von Frauen schnell und effektiv einzuschätzen. Frauen tappen gewissermaßen eher im Dunkeln. Das Aussehen eines Mannes ist eben nur ein vager Hinweis – und vermutlich nicht der wichtigste – auf seine Eignung als Partner.

Die Visual-Process-Methode liefert auch eine Antwort auf die Frage, ob es konkrete Merkmale gibt, die Schönheit ausmachen. Betrachtet man die Häufigkeit und Reihenfolge, mit der einzelne Gesichts- und Körperteile der fotografierten Personen betrachtet werden, stellt man fest, dass Männer wie Frauen gleichermaßen zuerst auf die Augen und dann auf den Mund sehen. Auch dieses Muster hat sich vermutlich in unserer evolutionären Vergangenheit als nützlich erwiesen. Augen und Mund liefern einen ersten Eindruck von der Symmetrie des Gesichtes (Abb. 2.7). Bei einem symmetrischen Gesicht sind beide Augen gleich groß und gleichermaßen weit entfernt von einer gedachten Symmetrieachse, die durch die Mitte des Mundes verläuft.

Aber warum ist Symmetrie im Gesicht so wichtig? Ist es nicht so, wie uns viele Literaten lehren, dass gerade die Abweichung von der Regelmäßigkeit besonders schön wirkt? – Symmetrie ist deswegen so interessant und informativ, weil symmetrische Organismen gesünder sind. Zahlreiche Studien, vor allem an Insekten und Vögeln, haben gezeigt,

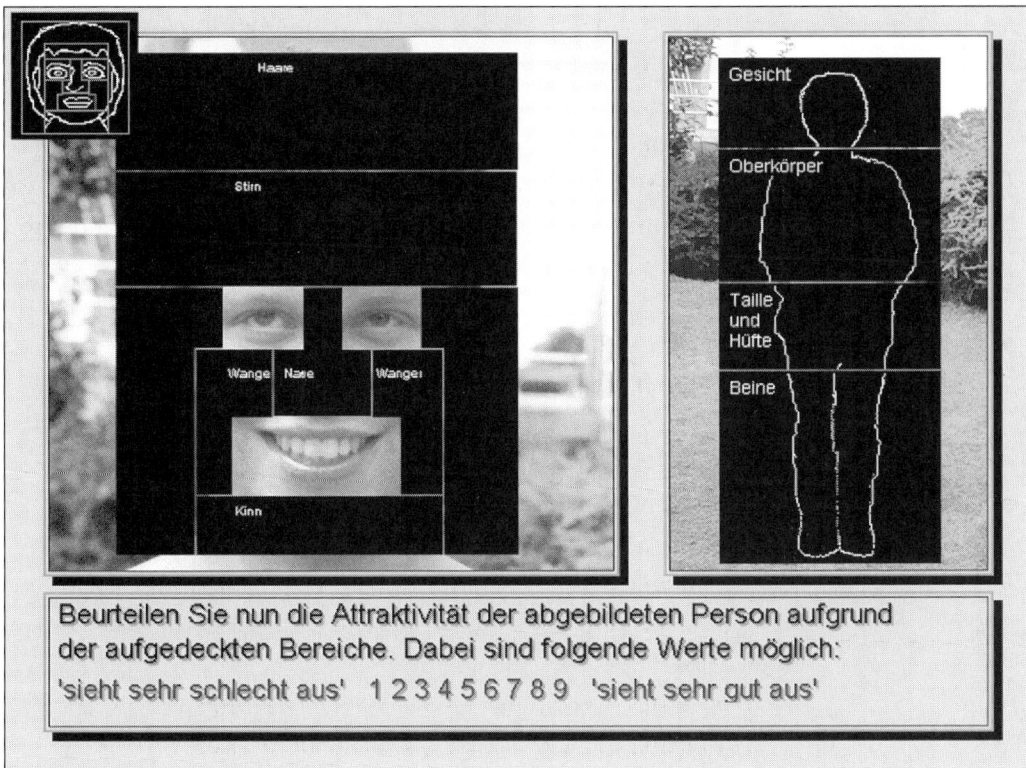

Abb. 2.7: Ein kurzer Blick auf Augen und Mund reicht, um sich über den Grad der Symmetrie eines Gesichts klar zu werden.

dass Abweichungen von der Symmetrie oft mit dem Befall durch Parasiten einhergehen, während ein symmetrischer Körperbau mit längerer Lebenserwartung, höherer Fruchtbarkeit und größerem Wachstum in Zusammenhang steht. Auch beim Menschen hängt Asymmetrie mit einer Vielzahl von Gesundheitsproblemen und erhöhter Sterblichkeit zusammen, wie Wissenschaftler der University of Michigan festgestellt haben. Symmetrie ist ein Hinweis auf die Stärke des Immunsystems, und bei Männern hängt sowohl deren Dominanz und Wettbewerbsorientierung als auch die Menge der Spermien pro Ejakulat mit ihrem Ausmaß von Symmetrie zusammen: Symmetrisch gebaute Männer sind durchsetzungsfähiger und fruchtbarer als ihre unregelmäßigen

Konkurrenten. Insofern taten unsere Ahnen gut daran, symmetrischen Männern und Frauen den Vorzug bei der Partnerwahl zu geben. Anscheinend haben wir Relikte dieses evolutionären Erbes bis heute bewahrt und empfinden daher symmetrische Gesichter als schöner. Wie subtil und für uns unbemerkt dieser Auswahl- und Beurteilungsprozess abläuft, zeigt eine kürzlich in der amerikanischen Zeitschrift «Evolution and Human Behavior» veröffentlichte Studie. Frauen reagieren nach diesen Erkenntnissen nicht immer und gleichermaßen auf den Signalreiz Symmetrie, sondern vor allem während der fruchtbaren Tage ihres Menstruationszyklus. Frauen, die die Pille nehmen und damit in dieser Zeit nicht fortpflanzungsfähig sind, beachten Symmetrie als Kriterium überhaupt nicht.

Gesundheit ist für Männer wie für Frauen ein wichtiges Kriterium bei der Partnerwahl. Den evolutionären Überlegungen zufolge sollte aber Jugendlichkeit viel wichtiger für die weibliche Attraktivität als für die männliche sein, und umgekehrt sollte Dominanz wichtiger für die männliche Attraktivität als für die weibliche sein. Auch dieses Muster können wir mit unserer Methode bestätigen. Während die ersten beiden Suchschritte von Frauen und Männern (erst die Augen, dann der Mund) identisch sind, zeigen sich im weiteren Verlauf der Informationssuche Unterschiede zwischen den Geschlechtern. Männer achten mehr auf die Wangen und auf Taille und Hüfte als Frauen. Beide Körperteile liefern Informationen über die sexuelle Reife einer Frau. Während die Größe der Augen relativ zur Gesamtgröße des Gesichtes ein Hinweis auf Jugendlichkeit ist, signalisieren eher schmale Wangen, dass die betreffende Frau die Kindheit hinter sich hat und sexuell reif ist. Die Kombination aus großen Augen bei gleichzeitig schmalen Wangen lässt die Frau jung, aber sexuell reif – und damit attraktiv – erscheinen. Umgekehrt suchen Frauen nach Hinweisen auf Dominanz und Durchsetzungsfähigkeit, indem sie auf ein ausgeprägtesKinn achten.

Insgesamt zeigt unsere neue Methode, dass Menschen nur verhältnismäßig wenige Informationen, im Durchschnitt nämlich nur über ungefähr vier Gesichts- oder Körperteile – benötigen, um zu einem Attraktivitätsurteil zu gelangen, und sie nehmen diese Beurteilung mit der erstaunlichen Geschwindigkeit von weniger als zwei Sekunden pro betrachteten Körperteil vor. Bei all dieser Regelhaftigkeit in der Informationssuche darf aber nicht übersehen werden, dass Gesundheit, Jugendlichkeit und sexuelle Reife, so wie sie durch Gesicht und Körper ausgedrückt werden, nur die generelle Leitlinie darstellen, an der wir uns orientieren, wenn wir andere Menschen im Hinblick auf ihre körperliche Schönheit beurteilen. Es gibt Abertausende von jungen Menschen, auf die diese Merkmale zutreffen, und dennoch unterscheiden sie sich durchaus auch in ihrer physischen Attraktivität. Alle Aspirantinnen für einen Miss-Wettbewerb weisen das ideale Taille-zu-Hüfte-Verhältnis auf, alle zeigen, dass sie jung und auch gesund sind, aber dennoch unterscheiden sich auch diese Schönheiten untereinander im Ausmaß ihrer physischen Attraktivität. Nur eine kann schließlich gewinnen.

Schönheit ist eben immer auch eine Sache des persönlichen Geschmacks, aber auch der Bedingungen, unter denen man auf eine andere Person trifft.

DER EINFLUSS DES BEURTEILERS

Unterscheiden sich Menschen bei der Beurteilung von Schönheit in ihrem Anspruchsniveau? Gibt es Menschen, die generell ihre Mitmenschen als weniger attraktiv beurteilen als andere? Wir haben in unserer Forschung auch diese Frage aufgegriffen und müssen feststellen: Es gibt solche. Genau genommen sogar eine ganze Gruppe, nämlich die Frauen. In unseren Studien konnten wir beobachten, dass Frauen bei Attraktivitätseinschätzungen generell niedrigere Beurteilungen abgaben als Männer. Das gilt sowohl bei der Beurteilung ihrer Geschlechtsgenossinnen als noch mehr bei der Einschätzung der Attraktivität von Männern. Eine Erklärung, die wir dafür haben, ist, dass Frauen schon sehr früh lernen, wie wichtig das Aussehen ist. Frauen lernen, dass zum «Frau-Sein» Schönheit einfach dazugehört. In der Folge kümmern sie sich eher um ihr Aussehen, als Männer das tun, entwickeln höhere

Standards und nutzen diese auch bei der Bewertung ihrer Mitmenschen als Bezugspunkt. Als ein solcher Bezugspunkt kann auch die Einschätzung des eigenen Aussehens dienen. Diejenigen, die selbst gut aussehen, beurteilen daher andere kritischer, so kann man vermuten. Das trifft, wie die Forschung zeigt, für Frauen voll zu. Je attraktiver sich eine Frau einschätzt, desto schlechter fällt ihr Urteil über andere Frauen aus. Bei Männern ist das völlig anders. Je schöner sie sich fühlen, desto wohlwollender bewerten sie auch ihre Geschlechtsgenossen.

Aber es muss nicht nur das eigene Anspruchsniveau sein, das für besonders strenge Bewertungskriterien sorgt. Mitunter ist es auch purer Selbstschutz. Der texanische Psychologe Jeffrey Simpson und seine Kollegen gehen davon aus, dass attraktive Personen des anderen Geschlechts eine starke Bedrohung für die eigene (heterosexuelle) Beziehung darstellen können. Die Versuchung wird einfach zu groß. Eine Möglichkeit, die eigene Beziehung aufrechtzuerhalten und zu stabilisieren, könnte die gezielte Abwertung anderer attraktiver Personen sein. Vor allem das Aussehen bietet sich für eine solche Abwertung an, denn es beinhaltet eben auch immer eine subjektive Komponente.

Singles und Paare nahmen 1999 an der University of Montreal an einer Studie teil, in der es vorgeblich darum ging, die Möglichkeiten moderner Computer zu testen, Paare optimal zusammenzustellen. Alle mussten zunächst einige Angaben über sich, ihre Persönlichkeit und ihre Interessen machen. Anschließend wurde ihnen das Foto einer ausgesprochen attraktiven Person – zurzeit ohne feste Beziehung – gezeigt. Die Hälfte der Teilnehmer an diesem Experiment, das John Lydon durchführte, befand sich in dem Glauben, die attraktiven Personen auf dem Foto seien vom Computer als für sie passend ausgewählt worden. Die andere Gruppe war sich in dieser Hinsicht im Unklaren. Schließlich wurden alle gebeten, die Schönheit der Person auf dem Foto zu bewerten.

Für die Singles stellt eine verfügbare Alternative keine Bedrohung dar, ganz im Gegenteil. Dementsprechend positiv war ihre Bewertung. Ganz anders als bei den gebundenen Versuchsteilnehmern: Sie bewerteten die Person auf dem Foto umso negativer, je stärker sie sich an ihren Partner gebunden fühlten. Das galt vor allem, wenn die vermeintliche Bedrohung durch die Information, der Computer hätte beide als optimal zusammenpassend ausgewählt, noch erhöht wurde.

Wenn Sarahs Freundin, mit der sie über Marc spricht, dessen Aussehen nicht so umwerfend findet wie Sarah, kann das also durchaus auch daran liegen, dass sie sich besonders stark an ihren Partner gebunden fühlt und ihre eigene Beziehung nicht dadurch gefährden will, dass sie auch andere Männer attraktiv findet: Abwertung als Selbstschutz.

DAS SOZIALE UMFELD

Bei der Auswahl unserer Kleidung richten wir uns oft nach dem, was gerade «in» ist. Sogar die Äußerungen politischer Ansichten werden durch die Reaktion des Umfelds in die eine oder andere Richtung beeinflusst. Ebenso aber auch unsere Schönheitsurteile, denn nicht nur unser evolutionäres, auch unser kulturelles Erbe bestimmt, was wir schön finden.

Wir haben die Portraits verschiedener Personen zunächst von den Versuchsteilnehmern allein, später dann in kleinen Gruppen à vier Personen im Hinblick auf ihre Schönheit bewerten lassen. Dabei mussten alle ihr Urteil laut abgeben. Diese kleinen Gruppen trafen sich über einen Zeitraum von drei Wochen regelmäßig und beurteilten immer wieder die gleiche Gruppe von Personen. Während die Schönheitsurteile anfangs noch deutlich voneinander abwichen (Abb. 2.8.) – Schönheit liegt eben auch im Auge des Betrachters –, erfolgte in den drei Wochen eine deutliche Angleichung der Urteile, die auch über die Gruppensitzungen hinaus bestehen blieb.

Als Marc Sarah an jenem Abend zum ersten Mal sieht, läuft gerade sein Lieblingssong im Hintergrund. Die Wahrscheinlichkeit, dass er in einem solchen Moment Sarah schöner findet als in neutralen Situationen, ist verhältnismäßig groß.

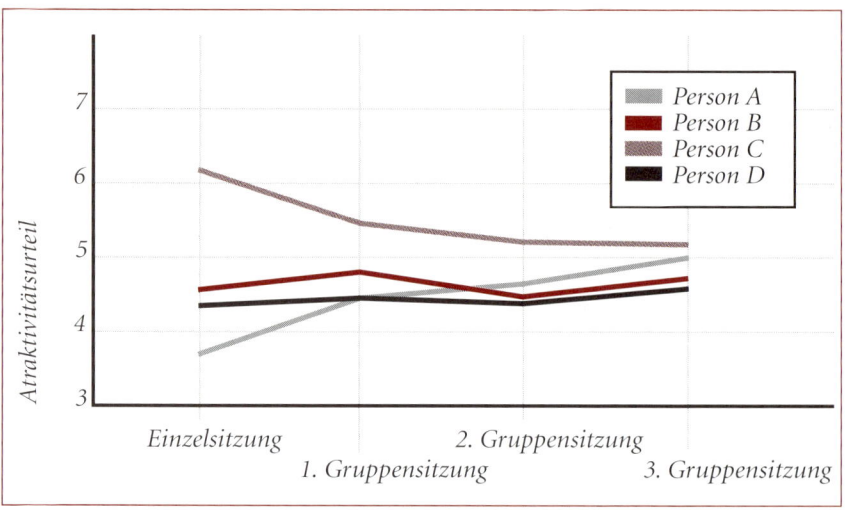

Abb. 2.8: Die Anwesenheit anderer kann sich auf Attraktivitätsbeurteilungen auswirken. Zunächst gaben die Testpersonen in Individualsitzungen (IS) Attraktivitätsbeurteilungen ab, dann in kleinen Gruppen von je vier Personen, je einmal wöchentlich (GS1 bis GS3). Deutlich ist in der Tabelle die gegenseitige Annäherung zu erkennen.

DIE BEDEUTUNG DER SITUATION

Forscher haben die Bedeutung der spezifischen Situation, in der man das Aussehen eines anderen bewertet, detaillierter untersucht. Sie ließen junge Frauen die Attraktivität von Männern beurteilen, während die eine Gruppe von ihnen angenehme Hintergrundmusik hörte, die andere hingegen Musik mit vielen Disharmonien. Wie erwartet fielen die Bewertungen bei angenehmer Musik positiver aus. Das kann daran liegen, dass wir meistens unsere momentane Stimmung als Kriterium in die Bewertung einer Sache mit einbeziehen. Die Forschung spricht vom «informativen Wert affektiver Zustände».

Wir bewerten unser Leben positiver, wenn die Sonne scheint. Wir sind mit der Politik der Bundesregierung zufriedener, wenn wir gerade einen lustigen Film gesehen haben. Und wir finden unsere Mitmenschen attraktiver, wenn wir uns wohl fühlen, etwa im Urlaub.

Umgekehrt lässt schlechte Laune auch die schönste Person eher durchschnittlich wirken.

Je später der Abend, desto schöner die Gäste?

Gerade in Kneipen und Diskos, einem Umfeld, in dem man sehr oft auf potenzielle Partner stößt, kann sich durch die Musik oder durch die Anwesenheit netter Leute die Stimmung heben und sich so auf das Schönheitsempfinden auswirken. Erstaunlicherweise gibt es jedoch noch ein weiteres Phänomen, das Auswirkung auf die Bewertung anderer hat: die Sperrstunde.

1979 schon veröffentlichten James Pennebaker und seine Kollegen eine Studie mit dem schönen Titel «Don't the girls get prettier at closing time?». Sie befassten sich systematisch mit der Frage, ob man etwa in einer Art von Torschlusspanik kurz vor Kneipenschluss die noch anwesenden anderen Gäste attraktiver einschätzt als noch wenige Stunden zuvor. Es deutet einiges darauf hin, dass es so ist, aber warum? Die naheliegendste Erklärung, dass die Gäste zu vorgerückter Stunde schon so viel Alkohol getrunken haben, dass sie wahlloser und unkritischer werden, lässt sich so nicht aufrechterhalten, denn als schöner werden nur die anwesenden Gäste des jeweils anderen Geschlechts beurteilt, nicht etwa gleichgeschlechtliche und auch nicht solche, die zwar auf Fotos zu sehen, aber nicht potenziell verfügbar sind.

Ausschlaggebend dafür kann ein Phänomen sein, das man «psychologische Reaktanz» nennt. Immer dann, wenn wir uns in unserer individuellen Freiheit, etwas zu tun oder auch zu lassen, bedroht fühlen, reagieren wir mit einem Widerstand, der sich gegen die Bedrohung richtet und dem Ziel dient, den Freiheitsraum aufrechtzuerhalten oder wiederherzustellen. Eine Möglichkeit, in solchen Situationen zu reagieren, ist die Steigerung der Attraktivität der bedrohten oder nicht verfügbaren Alternative. Die Kirschen in Nachbars Garten schmecken eben immer besser als die eigenen. Je näher die Sperrstunde rückt, desto unwahrscheinlicher wird es, sich noch mit anwesenden Gästen zu verabreden oder auf ein Gläschen Wein woandershin zu gehen. Unsere Wahlfreiheit wird damit bedroht, und wir finden die anderen dann besonders attraktiv.

Die Medien, der Sex und die Schönheit

Kaum eine Titelseite einer Zeitschrift, auf der nicht das Foto einer (meist weiblichen) attraktiven Person zu sehen ist. Wirken im Vergleich dazu die zahlreichen Menschen, mit denen wir tagtäglich zu tun haben, eher unattraktiv, oder färbt die Schönheit eines Topmodels auf den Mann oder die Frau auf der Straße ab?

Die Frage nach der Bedeutung des Kontextes auf die Attraktivitätsbeurteilung beschäftigt die Forschung schon eine Weile. Ende der siebziger Jahre ließen Douglas Kenrick und Sarah Gutierres Bewohner in einem Studentenheim die Fotos einer Studentin dahingehend beurteilen, ob sie vom Aussehen her als Freundin infrage käme. Diejenigen, die befragt wurden, kurz nachdem sie die damals so beliebte Fernsehserie «Drei Engel für Charlie» mit den drei ausgesprochen attraktiven Hauptdarstellerinnen gesehen hatten, fanden die Studentin weniger attraktiv als diejenigen, die die Sendung nicht gesehen hatten. Dabei handelt es sich um einen Kontrasteffekt, wie wir ihn beispielsweise auch im Winter empfinden, wenn wir aus der Kälte in einen Raum mit Zimmertemperatur kommen. Er erscheint uns wärmer als im Sommer, wenn wir aus der Hitze in das Haus treten. Insofern kann die permanente Präsentation von schönen Menschen dazu beitragen, dass unsere Erwartungen, wie attraktiv Menschen zu sein haben, erhöht werden. Im Vergleich mit den besonders hohen Standards etwa von Topmodels empfinden wir weder uns noch unsere nächsten Bekannten als besonders attraktiv. Man sollte nun aber keinesfalls seinen Bekanntenkreis aus Freunden und Freundinnen zusammenstellen, die alle weniger gut aussehen als man selbst, um so selbst besser zu wirken. Der Schuss kann buchstäblich nach hinten losgehen: Unattraktive Personen, die mit uns in Verbindung gebracht werden, mit denen wir sozusagen eine Art Einheit bilden, strahlen negativ auf uns ab, und umgekehrt können wir uns im Licht der schönen Menschen sonnen, die zu uns gehören.

Noch komplizierter wird es, wenn wir berücksichtigen, dass die in den Medien dargestellten Schönheiten oft auch gleichzeitig in einem erotischen Kontext zu sehen sind, etwa die berühmten Playmates des Monats im «Playboy». Dass sexuelle Erregung dazu führen kann, dass man Personen als schön empfindet, haben Walter Stephan, Ellen Berscheid und Elaine Hatfield demonstriert. Unverheiratete Männer sollten ein Gespräch mit einer jungen Frau führen. Die Forscher wollten, so lautet die Information für die Testpersonen, diese Gespräche dann genauer analysieren und die beteiligten Personen über ihre Eindrücke vom jeweils anderen befragen. Kurz vor Gesprächsbeginn betrat ein junger Student den Raum und erklärte, er plane im Rahmen seiner Abschlussarbeit eine Untersuchung über Sexualität, und er sei gerade damit beschäftigt, einige Materialien vorzubereiten. Ob sie kurz Zeit hätten, wurden die Männer gefragt, einen dieser Texte zu lesen, um ihn auf seine Verständlichkeit hin zu beurteilen. Die Hälfte der Angesprochenen las nun einen langweiligen Text über das Sexualverhalten von Möwen, die anderen aber einen Text, in dem eine Verführungsszene ziemlich plastisch geschildert wurde.

Die jungen Männer bekamen dann – angeblich als Vorbereitung auf das Gespräch mit der jungen Frau – einen Umschlag mit einem Foto und einigen persönlichen Hintergrundinformationen über ihre Gesprächspartnerin und wurden dann um ihren ersten Eindruck über diese Person gebeten. Hierbei wurde unter anderem auch die Attraktivitätseinschätzung ermittelt. Wie von den Forschern vermutet, fanden die sexuell erregten Männer die Frau auf dem Foto attraktiver als die nicht erregten, obwohl es sich in allen Fällen um dieselbe Frau handelte. Weiterführende Studien zeigen aber, dass sexuelle Erregung nicht allgemein dazu führt, dass Frauen als attraktiver empfunden werden. Es kommt dadurch eher zu einer Polarisierung: Attraktive Frauen werden von sexuell erregten Männern als noch attraktiver empfunden, und unattraktive werden als noch unattraktiver bewertet.

Für Sarah und Marc sieht es also ganz gut aus. Marc hat beste Laune. Die Stimmung auf der Betriebsfeier ist toll, und er findet Sarah daher besonders schön. Er unterstellt ihr eine Vielzahl positiver Eigenschaften, denkt, sie sei entgegenkommend und warmherzig, gesprächig und kontaktfreudig, offen und aufgeschlossen und gut im Bett. Kein Wunder, dass er sich ihr gegenüber von seinen besten Seiten zeigt, charmant ist, sie zu einem Drink einlädt, ihr im Gespräch häufig zustimmt und es ihr dadurch leicht macht, seinen ersten Eindruck von ihr zu bestätigen. Die beiden fangen eine kurze Affäre an, bis Sarah merkt, dass Marc den Kontakt zu seiner Exfreundin nie abgebrochen hat. Kurzerhand macht sie mit Marc Schluss und schwört sich, nie wieder ein Verhältnis mit einem Kollegen anzufangen – bis sie auf Paul aufmerksam wird.

Kapitel 3
SICH VERLIEBEN

Seit Sarah in Pauls Firma angefangen hat, ist Paul nicht mehr der Alte. Manchmal sitzt er einfach da und starrt zum Fenster hinaus, manchmal schäumt er fast über vor Energie und Kreativität. Beim Mittagessen ist von seinem ursprünglichen Appetit nicht mehr viel zu merken. Hat er sonst immer doppelt zugelangt, isst er jetzt wie ein Spatz. «Was er nur hat?», fragt sich sein Kollege Klaus. Aber dann bemerkt er, wie Paul Sarah ansieht. Paul ist verliebt! Und Sarah, die mit Marc eine schlimme Enttäuschung erlebt hat, scheint auch nicht abgeneigt.

Verliebt sein ist eine der stärksten Emotionen, die Menschen überhaupt verspüren können, und schon beim bloßen Gedanken an das Objekt der Begierde geraten Verliebte in einen intensiven physiologischen Erregungszustand. Kein Wunder, dass sich sowohl Literaten wie auch Wissenschaftler immer wieder mit diesem Gefühl auseinander gesetzt haben.

Unser Kollege Art Aron von der State University of New York hat Hunderte von frisch Verliebten danach gefragt, was der Auslöser für ihr Gefühl war. Liebe auf den ersten Blick war es meist nicht, denn die meisten Befragten kannten die von ihnen plötzlich so heiß begehrte Person schon länger. Wichtiger waren vielmehr manchmal ganz triviale gemeinsame Erlebnisse, oder einfach das Gefühl, dass der andere sie selbst mochte. Wenn es aber einmal passiert, scheint der Organismus verrückt zu spielen. Unsere Gedanken kreisen permanent um die geliebte Person, wir idealisieren sie, sehen alle ihre positiven Aspekte noch positiver, als sie sind, verschließen gleichzeitig die Augen vor Unzulänglichkeiten und wollen von Hinweisen auf mögliche Probleme absolut nichts wissen.

DIE CHEMIE DER LIEBE

Es sind vier kleine Hirnregionen, denen wir das schönste aller Gefühle – die große Liebe – verdanken, wie der Schweizer Neurowissenschaftler

Andreas Bartels in seiner kürzlich veröffentlichten Arbeit «Das neuronale Korrelat der romantischen Liebe» feststellt. Seine Testpersonen sahen Porträts ihrer Liebsten oder aber eines guten Freundes, während ein funktionales Kernspintomogramm von ihrem Gehirn aufgenommen wurde. Die Computeranalyse ergab, dass beim Anblick der Bilder des Liebespartners nur vier eng begrenzte Regionen des Gehirns aktiv wurden, und zwar diejenigen, die auch schon früher von anderen Wissenschaftlern mit Emotionen und Glücksgefühlen in Verbindung gebracht wurden. Sie sind für die Ausschüttung von Neurotransmittern wie Dopamin oder Endorphin verantwortlich.

Endorphin, eine dem Morphium ähnliche körpereigene Droge, löst Euphorie aus und lindert Schmerz. Gleichzeitig wird der rechte präfrontale Kortex deaktiviert, eine Gehirnregion, die bei Depressiven überaktiv ist. Der Organismus läuft auf Hochtouren, das Erregungsniveau ist erhöht, Schlafbedürfnis und Appetit sinken.

Gleichzeitig wird durch Dopamin die sexuelle Erregbarkeit erhöht und durch ebenfalls ausgeschüttetes Phenylethylamin die Stimmung verbessert. Wir sind bester Laune und sehen über Kleinigkeiten großzügig hinweg. Phenylethylamin ist eine allgemein energetisierend wirkende Substanz, die chemisch den Amphetaminen ähnlich ist und dazu führt, dass Verliebte meinen, Berge versetzen zu können. Bei so viel Chemie im Körper ist es aber gleichzeitig nicht überraschend, wenn Verliebte im wahrsten Sinne des Wortes krank werden, wenn die geliebte Person nicht da ist oder sie gar abweist. Sie sind gewissermaßen mit den gleichen Entzugserscheinungen konfrontiert, die auch Drogensüchtige verspüren.

DER EVOLUTIONÄRE SINN DES VERLIEBTSEINS

Ganz nüchtern betrachtet, besteht der Sinn unseres Lebens in der Weitergabe unserer Gene an nachfolgende Generationen. Ein Gefühl wie das des Verliebtseins, das so intensiv ist und es unmöglich macht, die vielfältigen Informationen aus der Umwelt gründlich und systematisch zu verarbeiten, weil man nur noch an die geliebte Person und an

Sex denkt, ist letztlich ebenfalls der Fortpflanzung dienlich. Kinder wollen aber nicht nur gezeugt, sondern auch großgezogen werden. Die Verliebtheit sollte daher nicht unmittelbar aufhören, nachdem ein Kind gezeugt wurde, sondern solange andauern, bis die Kinder nicht mehr auf den dauernden Schutz durch die beiden Elternteile angewiesen sind. Verliebt sein erhöht somit auch die Bindungsbereitschaft. Allein Erziehende haben es nämlich nicht nur heute schwerer als Paare. Vor Jahrtausenden, als sich diese evolutionären Mechanismen entwickelten, waren sie existenziell bedroht.

Wenn Sie selbst genau wissen wollen, wie verliebt Sie in Ihren Partner sind, bearbeiten Sie den Fragebogen zur Messung der leidenschaftlichen Liebe, den die amerikanischen Sozialpsychologinnen Susan Sprecher und Elaine Hatfield entwickelt haben (Test 3.1). Wir haben diesen Fragebogen ins Deutsche übertragen und in zahlreichen unserer Studien eingesetzt.

TEST 3.1 WIE GROSS IST IHRE LEIDENSCHAFTLICHE LIEBE?

Denken Sie jetzt an Ihre/n Partner/in und versuchen Sie, mit den folgenden Aussagen Ihre Gefühle Ihrem Partner bzw. Ihrer Partnerin gegenüber zu beschreiben. Bei jeder der folgenden Aussagen können Sie das Ausmaß Ihrer Zustimmung oder Ablehnung in sieben Stufen ausdrücken. Dabei bedeutet 1 «trifft gar nicht zu» und 7 «trifft völlig zu». Alle dazwischen liegenden Abstufungen sind ebenfalls möglich.

	trifft gar nicht zu				**trifft völlig zu**		
Ich unterstütze _____s Wohlergehen	1	2	3	4	5	6	7
Ich würde sehr verzweifeln, wenn _____ mich verlassen würde.	1	2	3	4	5	6	7

	trifft gar nicht zu						trifft völlig zu
Manchmal fühle ich, dass ich meine Gedanken nicht kontrollieren kann; der Gedanke an _____ lässt mich nicht los.	1	2	3	4	5	6	7
Ich fühle mich glücklich, wenn ich etwas tue, was _____ glücklich macht.	1	2	3	4	5	6	7
Ich möchte lieber mit _____ zusammen sein als mit irgendjemand anderem.	1	2	3	4	5	6	7
Ich werde eifersüchtig, wenn ich mir vorstelle, dass _____ sich in jemand anderen verliebt.	1	2	3	4	5	6	7
Ich möchte gern alles über _____ wissen.	1	2	3	4	5	6	7
Ich will _____ – körperlich, gefühlsmäßig und geistig.	1	2	3	4	5	6	7
Ich habe ein ungeheures Verlangen nach Zuneigung von _____.	1	2	3	4	5	6	7
Für mich ist _____ der/die perfekte Liebespartner/in.	1	2	3	4	5	6	7
Ich fühle, wie mein Körper reagiert, wenn _____ mich berührt.	1	2	3	4	5	6	7

	trifft gar nicht zu						trifft völlig zu
_____ scheint immer in meinen Gedanken zu sein.	1	2	3	4	5	6	7
Ich möchte, dass _____ mich kennt – meine Gedanken, meine Ängste, meine Hoffnungen.	1	2	3	4	5	6	7
Ich suche begierig nach Hinweisen auf _____s Verlangen nach mir.	1	2	3	4	5	6	7
Ich fühle mich zu _____ stark hingezogen.	1	2	3	4	5	6	7
Ich bin extrem deprimiert, wenn meine Beziehung mit _____ nicht gut läuft.	1	2	3	4	5	6	7

Addieren Sie die angekreuzten Zahlen. Je höher ihr Wert ist, desto mehr sind Sie in Ihren Partner verliebt. Liegt er über 80, empfinden Sie für Ihren Partner mehr Liebe als der Durchschnitt der von uns befragten Personen.

Sarah hat Paul zu einem Kunden begleitet. Irgendwo in der Nähe von Soest steht plötzlich ein Wildschwein mitten auf der Straße. Paul reißt das Lenkrad herum, weicht dem Zusammenstoß knapp aus und landet mit dem Auto im Graben. Mit zitternden Knien steigen beide aus, sagen kein Wort, gehen aufeinander zu und liegen sich wild küssend in den Armen …

ERREGUNG UND LEIDENSCHAFTLICHE LIEBE

Was sich hier wie ein Ausschnitt aus einem Groschenroman liest, ist eines der spannendsten Themen des Forschungsfeldes «leidenschaftliche Liebe»: das Auslösen und die Intensivierung von Liebe durch Erregungszustände, die alles andere als romantische Ursachen haben. Die Forschung spricht von «Erregungstransfer» und von «Fehlattribution von Erregung». Körperliche Erregung kann viele Ursachen haben: etwa den Schrecken, knapp einem Unfall entgangen zu sein, die Freude über eine mit Bravour bestandene Prüfung oder schlicht die Anstrengung, zehn Stockwerke zu Fuß gegangen zu sein, weil der Aufzug defekt war. All diese Ereignisse erhöhen unser physiologisches Erregungsniveau und damit die Ausschüttung des Hormons Adrenalin. Wir spüren, dass unser Herz wilder pocht als sonst, dass unsere Hände feucht sind, dass die Atmung beschleunigt ist, aber nicht immer wissen wir genau, warum. Und nicht immer führen wir unsere Erregung auf ihre wahren Ursachen zurück, sondern oft nur auf die subjektiv nahe liegenden. Wenn wir etwa in letzter Minute den abfahrenden Zug erreicht haben, völlig aus der Puste sind und uns dann erschöpft neben jemanden setzen, den wir sehr attraktiv finden, dann ist es wahrscheinlich, dass wir diese Person jetzt als verführerischer wahrnehmen, als wir es tun würden, wären wir nicht so körperlich erregt. Umgekehrt funktioniert es auch: Sitzt jetzt ein widerlicher Typ neben uns, der uns provoziert, reagieren wir mit stärkerer Aggression, als wir es sonst vielleicht täten.

Als Kate Winslet im Film «Titanic» voller Verzweiflung versucht, sich vom Bug des Schiffes in die Tiefe zu stürzen, erblickt sie im Augenblick der Todesangst und höchster Erregung Leonardo di Caprio – und überträgt anscheinend die Erregung, die sie in diesem Augenblick verspürt, auf ihn. Zu welch intensiven Formen des Verliebtseins dieser Erregungstransfer führt, wird an vielen Stellen des Filmes deutlich, etwa als Kate das Rettungsboot verlässt, um gemeinsam mit ihrem Geliebten unterzugehen.

Wie stark romantische Anziehung durch diese Fehlattributionen von Erregung intensiviert wird, haben Donald Dutton und Art Aron schon vor dreißig Jahren in einem mittlerweile klassischen Experiment genauer untersucht. Die Versuchspersonen waren junge Männer, die während eines Ausflugs ins Grüne eine ziemlich wacklige und instabile 137 Meter lange Hängebrücke überqueren sollten. Die Brücke, die den Capilano Canyon in North Vancouver überspannt, schwankt und wackelt, und der Blick auf den 70 Meter in der Tiefe liegenden Fluss ist höchst beunruhigend. Es ist also verständlich, dass diese jungen Männer, nachdem sie die Brücke hinter sich gelassen hatten, noch etwas aufgeregt waren. Am Ende der Brücke stand eine junge, attraktive Frau, die alle Männer nach dem Überqueren der Brücke ansprach und ihnen erklärte, sie führe im Rahmen ihres Studiums eine Befragung durch, und sie bat, ihr ein paar – in Wirklichkeit völlig belanglose – Fragen zu beantworten. Dann bot die Interviewerin an, ihnen mehr über das Projekt zu erzählen, und gab ihnen ihre Telefonnummer. Die Männer konnten sie anrufen, wenn sie wollten.

Ein Stück flussabwärts gibt es eine weitere Möglichkeit, den Fluss zu überqueren, allerdings auf einer grundsoliden festen Brücke. Am nächsten Tag empfing die junge Interviewerin andere männliche Versuchspersonen an dieser Stelle und erzählte ihnen genau die gleiche Geschichte. Auch diesmal erhielten sie die Gelegenheit, telefonisch mit ihr Kontakt aufzunehmen. 50 Prozent der Männer, die die wacklige Hängebrücke überquert hatten, riefen die Interviewerin an, während nur 12 Prozent derjenigen zum Hörer griffen, die die stabile Betonbrücke überquert hatten. Offenbar glaubten diejenigen, die über die Hängebrücke gegangen waren, die junge Frau sei der Auslöser für ihre Erregung gewesen. Also fanden sie sie plötzlich erotisch und attraktiv. Übrigens wurden einige Männer auch von einem männlichen Interviewer auf die beschriebene Art angesprochen. Hier gab es jedoch keinen Unterschied in der Reaktion der Getesteten – ein männlicher Interviewer scheint den meisten Männern, sofern sie heterosexuell sind, als Ursache für ihre Erregung offenbar wenig plausibel.

Die Fehlattribution von Erregung birgt aber auch Gefahren in sich und erhöht nicht zwangsläufig die positiven Gefühle. Personen, die man wenig attraktiv findet oder die man vielleicht nicht besonders mag, werden noch negativer bewertet, wenn sie mit Erregung aus anderen Quellen gekoppelt sind. Körperliche Erregung intensiviert also jede an sich schon vorhandene emotionale Reaktion. Daher kommt es in beengten Situationen, wie etwa in einer schwülen, engen Disco, auch leicht zu Prügeleien.

KÖRPERLICHE ANSTRENGUNG UND LEIDENSCHAFT

Körperliche Erregung ist oft schlicht das Ergebnis körperlicher Anstrengung, sei es beim Sport oder bei körperlichen Arbeiten. Der Organismus schüttet dabei unter anderem Adrenalin aus und stellt die notwendigen Energiereserven für erhöhte Leistung bereit. Das Interessante ist nun, dass wir nach all diesen Erregung auslösenden Ereignissen schon recht bald meinen, wir seien wieder ganz ruhig und auf dem Ausgangsniveau. Tatsächlich aber geht die messbare Erregung des Körpers erheblich langsamer zurück. Wir haben diese beiden Verläufe in Abb. 3.1 dargestellt. Verantwortlich für diese Diskrepanz ist der Umstand, dass wir, was die Wahrnehmung unserer eigenen physiologi-

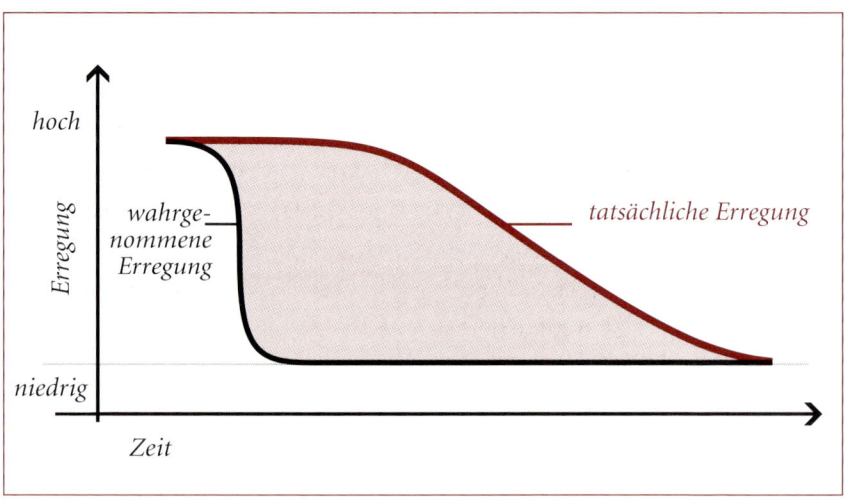

Abb. 3.1: Wahrgenommene und tatsächliche Erregung stimmen oft nicht überein.

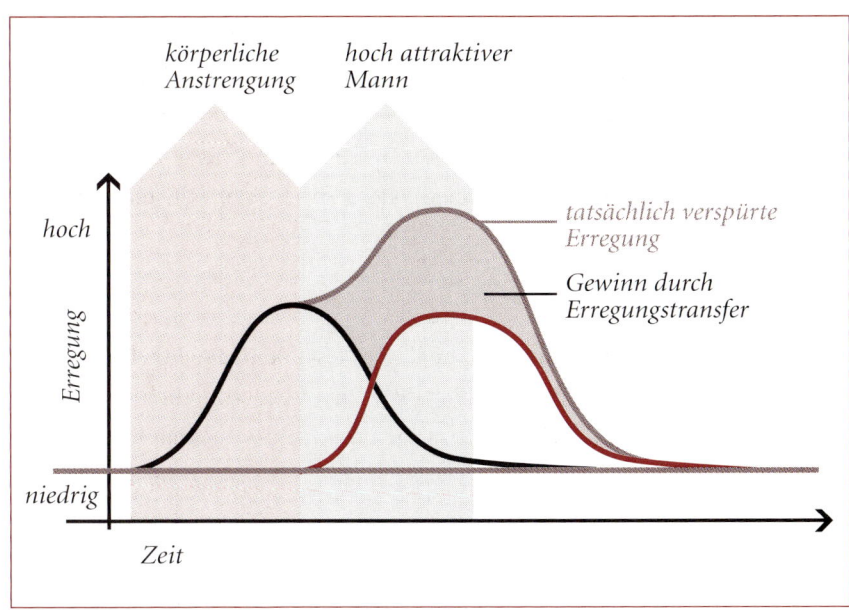

Abb. 3.2: Die Resterregung eines vorausgegangenen Ereignisses addiert sich zur später eintretenden Erregung und erhöht so die emotionale Reaktion.

schen Prozesse angeht, verhältnismäßig unsensibel sind und nur wirklich eklatante Veränderungen bemerken.

Wenn in der Phase, in der das Erregungsniveau in unserem Organismus unbemerkt noch relativ hoch ist, ein neues, ebenfalls Erregung auslösendes Ereignis eintritt – wenn etwa eine hoch attraktive Person in unserem Blickfeld auftaucht –, dann addieren sich die Resterregung und die neue Erregung, wie wir es in Abb. 3.2 dargestellt haben. Wir reagieren dann stärker, je nach Situation positiver oder negativer. Dabei kann dieser Erregungstransfer so subtil ablaufen, dass er uns nicht einmal in Ansätzen bewusst ist.

Paul und Sarah sind zusammen mit einem befreundeten Paar in den Bergen. Es ist für die Jahreszeit eigentlich erheblich zu warm. Typisches Föhnwetter, sagen die Einheimischen. Paul und Sarah turteln, wie es frisch Verliebte tun. Bei ihren Freunden ist es genau umgekehrt: Ein falsches Wort, und schon ist der schönste Streit im Gange. Typisch Föhn eben …

Es ist tatsächlich etwas dran an den Geschichten über den Föhn und das Verhalten der Menschen. Warme Winde und Gewitter spalten die Moleküle der Luft in positiv und negativ geladene Teilchen, so genannte Ionen. Das Ergebnis ist atmosphärische Elektrizität, und die hat vielerlei Konsequenzen – auch für die Liebe. Es sind vor allem die negativen Ionen in der Luft, die unser Erregungsniveau allgemein anheben. Stellen Sie sich vor, wie es sich anfühlt, nach einem heftigen Gewitter ins Freie zu gehen. Man fühlt sich angenehm befreit, fast beschwingt. Das liegt an dem Überschuss negativ geladener Teilchen in der Luft. Sie erhöhen unser Erregungsniveau und haben damit auch, wie Robert Baron eindrucksvoll demonstrierte, einen unmittelbaren Einfluss auf Sympathie und Antipathie. In seinem Laboratorium an der Purdue University in Indiana, USA, veränderte er das Klima künstlich, indem er mit einem Ionengenerator die Konzentration negativer Ionen erhöhte oder verringerte. Währenddessen sollten seine weiblichen Testpersonen angeben, wie attraktiv sie jeweils andere Personen empfinden, die ihnen entweder in vielerlei Hinsicht ähnlich oder aber völlig verschieden von ihnen waren. Die kleine Klimamanipulation hatte einen großen Effekt: Nicht nur, dass je nach Ionenkonzentration der Blutdruck der Testpersonen stieg oder sank – negative Ionen erhöhen den Blutdruck –, auch ihre Attraktivitätseinschätzungen wurden extremer. Sie fanden ihnen ähnliche Personen noch attraktiver und ihnen unähnliche noch unattraktiver. Ein Gefühl kann also auch durch negative Ionen in der Luft intensiviert werden, wie bei Paul und Sarah, die sich plötzlich bei Föhn noch mehr lieben, und wie bei ihren Freunden, die sich noch häufiger streiten als ohnehin schon.

Warum die Leidenschaft nicht von Dauer ist

Wer von uns hat nicht schon einmal sehnsüchtig an die Zeiten in der eigenen Beziehung zurückgedacht, in denen es ständig kribbelte und knisterte? Den meisten geht es im Beziehungsalltag wohl ähnlich. Nach und nach, ganz allmählich lassen die Leidenschaft und die Sehnsucht nach. Oft denkt man dann, es stimme etwas nicht mehr in der Beziehung. Manche tragen sich deswegen gar mit Trennungsgedanken oder sind Affären gegenüber offener. Häufig merken wir erst nach einer Trennung, was wir eigentlich verloren haben.

Wie kommt es zu diesem nahezu unvermeidlichen Nachlassen der Leidenschaft in einer Beziehung? Wir können dafür Erklärungen auf verschiedenen Ebenen liefern. Betrachten wir noch einmal die Chemie der Liebe. Die in der Anfangsphase ausgeschütteten Glückshormone wirken auch im Negativen ebenso wie ihre gefährlichen Pendants, die Drogen. Sie machen süchtig, führen langfristig zur Gewöhnung und verlieren damit ihre Wirkung. Diese Erklärung stellt aber nicht wirklich zufrieden, denn wir beschreiben damit den Zustand nur auf der physiologischen Ebene. Und wir sind ja nicht deswegen verliebt, weil der Körper Endorphine ausschüttet, sondern umgekehrt: Weil wir verliebt sind, produziert der Organismus diese Stoffe.

Gibt es bessere Erklärungen? Roy Baumeister und Ellen Bratslavsky, zwei amerikanische Psychologen, haben zur Beantwortung dieser Frage die Entwicklung der Intimität in einer Beziehung und den Verlauf der Leidenschaft beobachtet. Mit Intimität ist hier nicht sexuelle Intimität, sondern emotionale Nähe, die Kenntnis des anderen, Sicherheit und Vertrauen gemeint. Was sie feststellen, ist so einfach wie überzeugend: Die Intimität nimmt in den ersten Monaten einer neuen Beziehung proportional rasant zu. Vom ersten Blick bis zum ersten Kuss ist es schon ein großer Schritt, vom ersten Kuss bis zur ersten gemeinsamen Nacht ebenfalls. Wir lernen anfangs mit Riesenschritten unseren Partner mehr und mehr kennen, erfahren, wie er riecht, schmeckt, und lernen seine Vorlieben und Abneigungen kennen. In dieser Zeit ist die Leidenschaft extrem. Wir sind in Gedanken unentwegt beim anderen, denken ständig an Sex, probieren im Bett gern Neues aus. Ein großer Zuwachs an Intimität geht offensichtlich mit einem hohen Maß an Leidenschaft einher. Das Problem ist nur, dass diese Intimität nicht endlos zunehmen kann. Irgendwann kennen wir den Partner fast so gut wie uns selbst, wissen oft schon im Voraus, wie er auf bestimmte Vorschläge reagieren wird. Wir befinden uns auf einem hohen Niveau der Intimität, das aber nicht mehr steigerungsfähig ist. Das ist die Zeit, in der die Leidenschaft abklingt. Denn wenn nach dieser Theorie die Leidenschaft gleichzusetzen ist mit der Zunahme von Intimität, ist sie zwangsläufig niedrig, wenn die Intimität nicht mehr steigen kann. Wir haben diesen Zusammenhang in Abb. 3.3 dargestellt. Man sieht: Wenn die Intimitätskurve stark ansteigt, ist das Niveau der Leidenschaft hoch. Ist aber die Intimität auf einem hohen Niveau angelangt und kann nicht weiter ansteigen, ist die Leidenschaft sehr niedrig.

Diese wechselseitige Abhängigkeit von Leidenschaft und Intimität erklärt, weshalb manche Paare nach einer Krise, nach einer Trennung auf Probe oder einfach nur nach einem heftigen Streit oft wieder mehr Lust aufeinander haben. Die Intimität sinkt in Zeiten von Problemen und Krisen auf einen niedrigen Wert, von dem aus sie nach einer Versöhnung wieder steigen kann. Versöhnen wir uns, nimmt die Intimität schnell wieder zu – und die Leidenschaft auch. Wer ein hohes Maß an

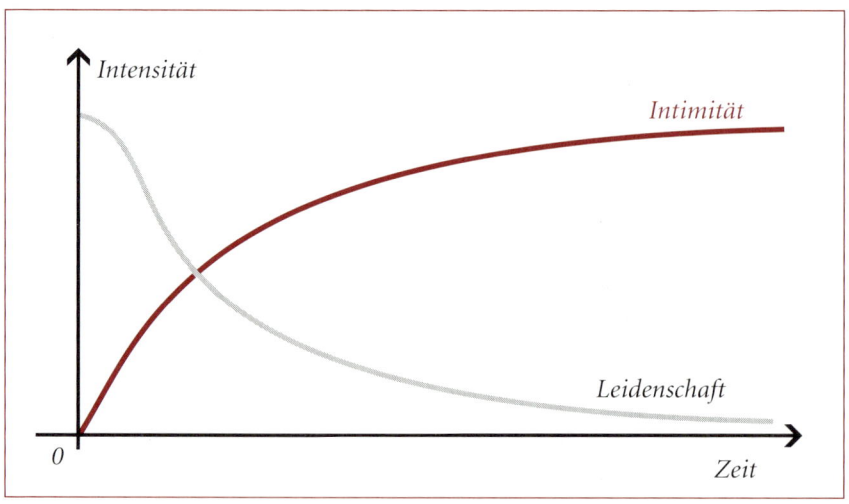

Abb. 3.3: Baumeister und Bratslavsky gehen davon aus, dass Leidenschaft eine Funktion der Veränderung der Intimität in einer Beziehung ist.

Leidenschaft auf Dauer erhalten möchte, müsste nach diesem Modell entweder eine Beziehung immer dann beenden, wenn er dem anderen emotional sehr nahe ist, oder sich immer wieder trennen und erneut zusammenkommen. Das hat allerdings den Nachteil, dass wir auf diese Weise zwar die Leidenschaft erhalten, aber um den Preis von Intimität, Nähe und Geborgenheit. Beides gemeinsam zu haben, scheint unmöglich.

Auch evolutionär gesehen erscheint es sinnvoll, die Leidenschaft nicht beliebig lang auf einem hohen Niveau zu erhalten. Sie dient der Paarbildung und der Zeugung von Nachkommen und kann spätestens dann, wenn ein Kind nicht mehr völlig von den Eltern abhängig ist, als bindende Kraft nachlassen. Und wäre es nicht auf Dauer ungeheuer anstrengend, wenn wir uns immer im Hochgefühl des Verliebtseins befinden würden? Wir wären auf Dauer nicht mehr zurechnungsfähig und könnten all die vielfältigen Informationen aus unserer Umwelt nicht mehr optimal verarbeiten.

Macht Liebe blind?

Verliebte betrachten ihre Umwelt durch die sprichwörtliche rosarote Brille. William Shakespeare prägt im «Kaufmann von Venedig» den Satz:

«Doch Liebe ist blind, Verliebte sehen nicht
das schöne Narrenspiel, das sie selbst spielen»
(II / 6. Szene)

Tatsächlich neigen Verliebte dazu, die geliebte Person zu idealisieren, ihr mehr positive Eigenschaften zuzuschreiben, als sie besitzt, dabei aber negative zu übersehen. Sie übersehen auch Unterschiede in Einstellungen und Wertvorstellungen. Verliebte Männer etwa unterschätzen systematisch das Ausmaß von Unähnlichkeit zwischen sich und einer hübschen Frau und nehmen diese als erheblich ähnlicher wahr, als sie es tatsächlich ist. Wie kommt es zu solchen Wahrnehmungsverzerrungen? Hier hilft ein kurzer Blick in die Funktionsweise des

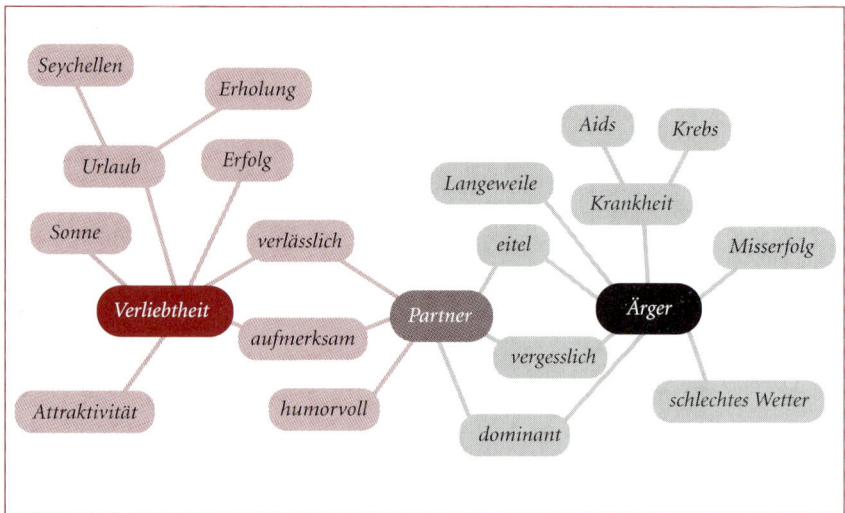

Abb. 3.4: Gordon Bower stellt sich das Gedächtnis wie ein Netzwerk vor, in das auch Gefühle integriert sind.

menschlichen Gedächtnisses. Man kann es sich wie ein Netzwerk vorstellen (vergleiche Abb. 3.4).

All unser Wissen, unsere Informationen über den Partner, unsere Erfahrungen, aber auch unsere Gefühle sind nach diesem Modell in so genannten Gedächtnisknoten gespeichert. Wird nun einer dieser Gedächtnisknoten aktiviert, zum Beispiel durch ein Gespräch, durch Musik oder dadurch, dass man jemanden wieder sieht, breitet sich von da aus Erregung auf die benachbarten Knoten aus. Die mit aktivierten Knoten verbundenen Gedächtnisinhalte sind aktuell verfügbar, an sie denken wir in diesem Moment, nicht aktivierte Knoten befinden sich gewissermaßen im Ruhezustand. Das Spannende ist nun, dass auch Gefühle wie Verliebtsein oder Ärger als «Emotionsknoten» in unserem Gedächtnis existieren. Ist ein Knoten mit positiven Emotionen aktiviert, breitet sich von dort aus Energie auf andere ebenfalls positive Gedächtnisinhalte aus, ist ein negativer Emotionsknoten aktiviert, sind eben negative Gedächtnisinhalte besser verfügbar. Daher erinnern wir uns in guter Stimmung eher an Positives, und in schlechter Stimmung fallen uns mehr negative Dinge ein.

Betrachten wir, wie eine verliebte Person an ihren Partner denkt (vergleiche Abb. 3.4). Vermutlich hat der Partner (wie die meisten von uns) positive *und* negative Eigenschaften. Die positiven Eigenschaften sind wegen ihrer größeren Nähe zum positiven Gefühl des Verliebtseins besser verfügbar und dringen so ins Bewusstsein des Verliebten. Ganz anders, wenn dieselbe Person nach einer Trennung im Zustand des Ärgers oder der Trauer an den damals geliebten Menschen denkt. Jetzt sind negative Gedächtnisinhalte besser verfügbar, und man bewertet die gleiche Person plötzlich völlig anders. Gordon Bower, der dieses Gedächtnismodell entwickelt hat, nennt so etwas stimmungskongruentes Erinnern. Die Konsequenzen des Verliebtseins gehen aber noch weiter. Nicht nur, dass uns im Zustand des Verliebtseins mehr positive als negative Aspekte des Partners in den Sinn kommen, wir zeigen auch die Tendenz, bei der Aufnahme neuer Informationen denjenigen mehr Aufmerksamkeit zu schenken, die zu unserem jeweiligen Gefühl passen. Sind wir verliebt, haben negative Informationen eine geringere Chance, überhaupt im Gedächtnis gespeichert zu werden. Auch das trägt dazu bei, dass wir ein unrealistisches Bild der geliebten Person bekommen.

Verliebtsein beeinflusst aber nicht nur, *was* wir denken, sondern auch, *wie* wir denken. Unsere Gefühle haben sich im Laufe der Jahrtausende währenden Evolution entwickelt, und sie sind notwendig, um den vielfältigen Erfordernissen unserer Umwelt gerecht zu werden. Gefühle haben gewissermaßen eine Signalfunktion für den Organismus. Sie informieren uns darüber, ob die momentane Situation eine Reaktion erforderlich macht oder nicht. Negative Gefühle zeigen uns an, dass die momentane Situation problematisch oder vielleicht gar gefährlich ist. Wir sind dann weniger risikobereit, gründlicher, sorgfältiger und verlassen uns eher auf Bewährtes.

Positive Gefühle wie Verliebtsein vermitteln uns Sicherheit, signalisieren uns, dass alles in Ordnung ist. Wir können ruhig ein wenig risikobereit sein und eher neue Lösungswege austesten. Glücklich Verliebte lassen auch schon mal fünfe gerade sein und sind bei Arbeiten, die sehr viel Sorgfalt erfordern, eher etwas oberflächlich. Andererseits sind sie kreativer und finden mitunter auch ungewöhnliche Lösungen für Probleme. Unglücklich Verliebte dagegen sind gefangen in ihren eigenen Gedanken. Bei ihnen dreht sich alles im Kreis, und im Zentrum dieses Kreises steht die geliebte Person.

Wir haben diese Überlegungen einer genaueren Prüfung unterzogen und über zweihundert frisch Verliebte über die ersten sechs Monate ihrer neuen Beziehung begleitet. In dieser Phase waren verständlicherweise alle völlig euphorisch im Hinblick auf ihre Beziehung. Allesamt waren mit ihrer Beziehung mehr als zufrieden (vgl. Abb. 3.5). Im Durchschnitt bewerteten frisch Verliebte ihre Beziehung mit 4,6 (5 war der maximal mögliche Wert).

Wir wollten aber nicht nur wissen, wie zufrieden frisch Verliebte sind, wir wollten auch genauer wissen, was sie für ihre Zufriedenheit verantwortlich machen. Sind es gemeinsame Interessen, ist es das Vertrauen, ist es der Sex? Insgesamt haben wir sie eine Liste mit zwanzig dieser Faktoren dahingehend beurteilen lassen, wie stark sie jeweils in

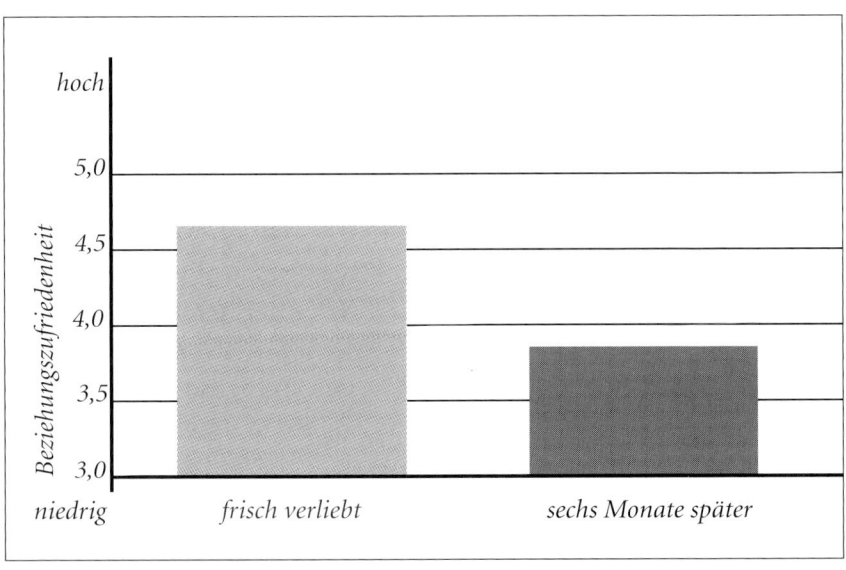

Abb. 3.5: Nach nur 6 Monaten geht die Beziehungszufriedenheit von Verliebten deutlich zurück.

ihrer Beziehung vorhanden sind. Eigentlich sollten Verliebte umso zufriedener sein, je mehr Dinge, die ihnen wichtig sind, auch in einer Beziehung vorhanden sind. Erstaunlicherweise war das aber bei den frisch Verliebten nicht ganz der Fall. Eine Vorhersage der Beziehungszufriedenheit war auf der Basis der Ausprägung der Beziehungskriterien nicht besonders gut möglich. Vielmehr scheinen sich Verliebte schlicht von ihren positiven Gefühlen leiten zu lassen, wenn sie die Zufriedenheit mit ihrer Beziehung beurteilen. Nach nur sechs Monaten sieht es dann aber ganz anders aus. Nicht nur, dass die Verliebten schon nach dieser kurzen Zeitspanne deutlich weniger mit der Beziehung zufrieden sind (vgl. Abb. 3.5), jetzt berücksichtigen die Testpersonen auch viel stärker, wie viele Gemeinsamkeiten sie mit dem Partner haben, wie gut es im Bett klappt, wie viel Verständnis und Zärtlichkeit es gibt und so weiter. Sie nehmen also in einem etwas «abgekühlteren» Zustand eine gründlichere Bewertung ihrer Beziehung vor, verarbeiten beziehungsrelevante Informationen systematischer.

Die wenig systematische Informationsverarbeitung im Zustand der akuten Verliebtheit erscheint auf den ersten Blick widersinnig: Wenn man schon gleich am Anfang mögliche Probleme wahrnehmen könnte, blieben einem vielleicht spätere Enttäuschungen erspart. Bedenkt man aber, dass in der Entwicklung der Menschheit Verliebtheit zumindest für eine vorübergehende Zeit zur Bildung einer stabilen Beziehung beitragen soll, sieht das ganz anders aus. Evolutionär betrachtet ist es gar nicht so falsch, zu Beginn einer neuen Beziehung nicht ganz so kritisch zu sein, sonst würden zu viele potenzielle Partner schon im Vorfeld ausgeschlossen. Nach zwei bis drei Jahren, wenn die Kinder nicht mehr völlig auf die Unterstützung durch ihre Eltern angewiesen sind, kann die Leidenschaft ruhig einer rationaleren Informationsverarbeitung Platz machen. Dann kann die Entscheidung, die Beziehung aufrechtzuerhalten oder sie zu beenden, auf einer soliden Basis erfolgen.

Heutzutage allerdings beginnen wir Beziehungen üblicherweise nicht mit dem Gedanken, möglichst schnell Nachwuchs zu zeugen. Wir erwarten vielmehr, dass unser Partner eine Vielzahl sozialer und emotionaler Bedürfnisse befriedigt. Vor diesem Hintergrund ist die verblendende Wirkung von Verliebtheit alles andere als funktional.

Verliebtsein aus kultureller Perspektive

Als die amerikanischen Beziehungsforscher Clyde und Susan Hendrick 1986 ihre Studierenden fragten, ob sie gerade verliebt seien, antworteten 46 Prozent der Männer und 66 Prozent der Frauen mit «ja». 89 Prozent der Studenten gaben an, schon mindestens einmal in ihrem Leben verliebt gewesen zu sein, nur 11 Prozent waren es noch nie. Aber wie ist es mit Männern und Frauen anderswo auf der Welt? Obwohl man oft hört, Verliebtsein sei eine typisch westliche «Erfindung» und hätte nur in modernen Gesellschaften eine so große Bedeutung, zeigen doch verschiedene Studien etwa in Mexiko, im Pazifik-Raum und in China, dass Verliebtsein ein universelles Phänomen zu sein scheint. Nicht nur, dass dieses Gefühl in allen untersuchten Kulturen auftritt, auch die Intensität der leidenschaftlichen Liebe ist weitestgehend gleich. Der Test zur Erfassung der leidenschaftlichen Liebe zu Beginn dieses Kapitels wurde von Amerikanern europäischer, japanischer, pazifischer oder chinesischer Abstammung ausgefüllt. Die Werte schwanken nur geringfügig. Vor dem Hintergrund der angenommenen evolutionspsychologischen Bedeutung des Verliebtseins für die Paarbildung sollte diese kulturelle Gleichförmigkeit auch nicht weiter überraschen.

Was allerdings von Kultur zu Kultur stark variiert, ist die Wichtigkeit, die dem Verliebtsein für das Heiraten beigemessen wird. Würden Sie jemanden heiraten, in den Sie nicht verliebt sind? Nein? Dann geht es Ihnen wie fast allen Menschen in westlichen Industriegesellschaften, für die Verliebtheit die wesentliche Basis einer Ehe ist. Das war aber nicht immer so. Für die alten Griechen war Liebe für eine Ehe nicht notwendig. Die Ehe war da, um Kinder in die Welt zu setzen und den Besitz zu mehren, aber die wahren Freuden der Liebe hat man in ihr weder gesucht noch gefunden. Noch im Mittelalter etwa hat man bei uns in Europa die Entscheidung, jemanden zu heiraten, von eher wirtschaftlichen Überlegungen wie der gemeinsamen Bewirtschaftung eines Hofes abhängig gemacht. Das so flüchtige Gefühl des Verliebtseins jedenfalls war fürs Heiraten nicht nötig. Liebe als Basis der Ehe geht erst ungefähr auf das 18. Jahrhundert zurück und hat seitdem zunehmend an Bedeutung gewonnen.

1967 stellte William Kephart 503 amerikanischen Studenten und 576 Studentinnen die folgende Frage:

«Wenn ein Mann (eine Frau) alle Eigenschaften hätte, die Sie wünschen, würden Sie diese Person heiraten, wenn Sie nicht in sie verliebt wären?»

64,6 Prozent der Männer, aber nur 24,3 Prozent der Frauen antworteten auf diese Frage mit Nein. Seitdem wurde diese Frage immer wieder gestellt, 1976, 1984, 1995. Immer mehr Männer und Frauen verneinen die Frage, und der noch von Kephart festgestellte Unterschied zwischen den Geschlechtern zeigt sich heute nicht mehr. Ungefähr 80 Prozent der Männer und Frauen in den USA würden niemanden heiraten, ohne verliebt zu sein. Je unabhängiger Frauen in ökonomischer Hinsicht sind, desto wichtiger wird ihnen offenbar das Verliebtsein als Basis der Ehe.

Kürzlich stellte Robert Levine mit seinen Kollegen die Frage nach der Wichtigkeit des Verliebtseins für eine Heirat Menschen aus elf verschiedenen Ländern (vgl. Abb. 3.6), darunter neben den klassischen Industrienationen wie USA oder England auch Länder wie Thailand, Brasilien und Indien.

Die Unterschiede sind frappierend. Während es nicht überrascht, dass nur 3,5 Prozent der US-Bürger eine Person heiraten würden, ohne in sie verliebt zu sein, sind es in Thailand schon 18,8 Prozent und in Pakistan sogar über 50 Prozent, für die Verliebtsein keine Voraussetzung für eine Ehe ist. Offensichtlich sind weniger kulturelle Unterschiede verantwortlich für dieses Muster, sondern vielmehr die wirtschaftlichen Bedingungen. Japan, Hongkong oder die Philippinen sind eher reiche Länder. Ihre Einwohner können sich, ebenso wie die der westlichen, den Luxus der Romantik eher leisten.

Auch Angelika Kümmerling, ein Mitglied unserer Arbeitsgruppe,

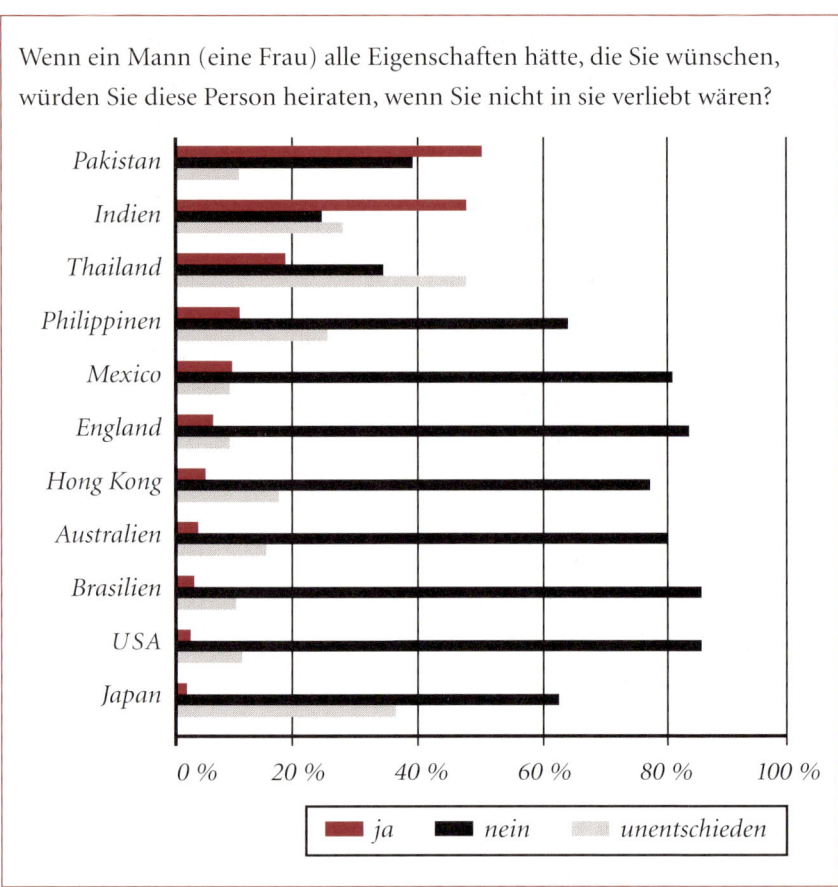

Abb. 3.6: Verliebtheit ist nicht in allen Ländern gleichermaßen für eine Heirat wichtig.

stellte 1998 die Frage nach der Wichtigkeit des Verliebtseins für die Ehe. Um die Antworten auf eine möglichst breite Basis stellen zu können, zog sie nach dem Zufallsprinzip Nummern aus deutschen Telefonbüchern und befragte die so Ausgewählten telefonisch. Das Ergebnis: Bei uns scheint das Verliebtsein noch wichtiger zu sein als anderswo: 86 Prozent der Frauen und 90 Prozent der Männer wären nicht bereit, eine Person zu heiraten, die zwar alle erwünschten Eigenschaften aufweist, in die sie aber nicht verliebt sind. Dieser Trend ist bei jüngeren Menschen noch ausgeprägter als bei älteren.

Aber können nicht diejenigen, die nicht aus Liebe geheiratet haben, dennoch mit ihrer Beziehung zufrieden sein? Oder sind sie zum Unglücklichsein verdammt? Indische Wissenschaftler haben Ehepaare befragt, von denen einige aus Liebe geheiratet hatten, während die Ehen der anderen arrangiert waren. Die Paare beantworteten Fragen, mit denen das Ausmaß ihrer Liebe gemessen werden sollte, und solche, die sich auf Sympathie für den anderen bezogen. Anfangs, während der ersten fünf Ehejahre, liebten diejenigen, die aus Liebe geheiratet hatten, ihren Partner leidenschaftlicher, und sie mochten ihn auch mehr als die Befragten der anderen Gruppe. Dann jedoch begann sich das Muster umzukehren. Bei den schon länger Verheirateten liebten Personen in arrangierten Ehen ihren Partner mehr als diejenigen, die ursprünglich aus Liebe geheiratet hatten. Das flüchtige Gefühl des Verliebtseins scheint also offenbar nicht als Basis einer langfristigen und zufrieden stellenden Beziehung zu funktionieren. Wenn es nach einigen Jahren nachlässt, muss noch etwas anderes vorhanden sein, was die Partner aneinander bindet.

Wenn andere eingreifen – der Romeo-und-Julia-Effekt

Nicht immer findet die von uns geliebte Person die einhellige Zustimmung unseres sozialen Umfeldes. Freunde und Freundinnen fragen manchmal ganz unverblümt, was man denn an dem Neuen finde, Eltern haben sich oft andere Schwiegersöhne oder -töchter gewünscht und drücken diesen Wunsch mitunter auch mehr oder weniger unverhohlen aus.

Romeo und Julia sind nicht das erste und schon gar nicht das letzte Liebespaar, das unter der ablehnenden Haltung der Familien zu leiden hatte, aber sie sind vermutlich das bekannteste. Die Versuche der Eltern, ihre junge Liebe zu unterbinden, lösen gerade das Gegenteil aus.

Die Verbindung zwischen elterlicher Intervention und gesteigerter Liebe findet sich in vielen Kulturen und Zeiten. In der römischen Mythologie ist die tragische Beziehung zwischen Pyramus und Thisbe ein typisches Beispiel dafür, wie Liebe durch die elterlichen Verbote intensiviert wird:

Nachbarkinder waren sie so und lernten sich kennen,
Lernten sich lieben; dann wuchs die Liebe und hätte zu rechter
Ehe geführt: Die Väter verwehrten's. Doch was sie nicht wehren
Konnten: Es brannten die beiden in gleicher und heftiger Liebe.
(Ovid, Metamorphosen, IV. Buch, 59–62)

Literarische und volksmundliche Weisheiten müssen nicht zwangsläufig auf realen Phänomenen beruhen, aber sie können Ideen für wissenschaftliche Forschungen liefern. Richard Driscoll, Keith Davis und Milton Lipetz befragten 140 Paare unter anderem danach, ob ihre Eltern der Beziehung negativ gegenüberstanden – und selbstverständlich berücksichtigten sie auch, wie sehr sich die Partner liebten. Und tatsächlich: Elterliche Interventionen und Verbote intensivieren offenbar die Zuneigung. Die Paare, deren Eltern der Beziehung negativ gegenüberstanden, berichteten von leidenschaftlicheren Gefühlen füreinander.

Aber warum? Ausschlaggebend ist hier wiederum das Phänomen, das wir schon in Kapitel 2 beschrieben haben, nämlich die psychologische Reaktanz, der Widerstand, der sich regt, wenn die eigene Entscheidungsfreiheit bedroht oder eingeschränkt wird. Wir wollen den anderen erst recht, wenn es die Eltern verbieten – ebenso wie unsere Vorbilder aus der Mythologie und Literatur. Aber wie ist es, wenn sich die geliebte Person selbst als schwer erreichbar herausstellt? Hat Aschenputtel nicht vielleicht gerade dadurch, dass sie um Mitternacht den Ball verlassen musste, die Leidenschaft ihres Prinzen besonders angefacht?

Das «hard to get»-Phänomen

Schon Sokrates riet Theodata, einer Prostituierten, sie solle sich möglichst zurückhalten: «Sie werden deine Begünstigungen am meisten lieben, wenn du wartest, bis sie darum bitten … Dem Hungrigen schmecken selbst schlechte Mahlzeiten … Zeige eine Scheu nachzugeben, halte dich so lange wie möglich zurück.»

Und bei Ovid finden wir in der Kunst der Liebe:

«Leichte Dinge möchte niemand. Aber was verboten ist, das ist herausfordernd.»

Soll man (oder eher sie) sich also – wie es die Großmütter schon ihren Töchtern empfahlen – rar machen, um dadurch die Liebe noch zu steigern, oder geht diese Strategie nicht auf? Denn gibt es da nicht auch noch den Fuchs, der wieder und wieder vergeblich versucht, saftige, süße Trauben an einem hoch hängenden Rebstock zu erreichen, um dann frustriert von dannen zu ziehen und zu behaupten, sie seien ohnehin zu sauer?

Elaine Hatfield führte mit ihren Kollegen ein sehr realitätsnahes Experiment durch. Zunächst warben die Forscher – vermutlich von Sokrates inspiriert – eine Prostituierte als Verbündete an und baten sie, bei einem Teil ihrer Kunden viele Termine vorzuschützen und sich so schwer erreichbar zu machen. Bei anderen wiederum sollte sie auf die Angebote ohne Umschweife eingehen. Doch im Kontext einer primär geschäftlichen Beziehung wirkte das «hard to get»-Phänomen nicht. Die Männer versuchten nicht häufiger, Kontakt mit der scheinbar schwer erreichbaren Frau aufzunehmen. Für Geld wollen die Kunden eben Ware, und zwar ohne sich besonders anstrengen zu müssen.

In weiteren Studien eröffneten Hatfield und ihre Kollegen Männern die Gelegenheit, an einer computerbasierten Partnervermittlung teilzunehmen. Sie gaben ihnen Informationen über Frauen, die der Computer angeblich als für sie passend ermittelt hatte. Eine der Frauen hatte zum Ausdruck gebracht, sie würde sich mit allen ihr vorgestellten Männern gern treffen. Eine andere gab sich dagegen für alle schwer erreichbar, und eine dritte schließlich erweckte den Anschein, im Prinzip zwar auch wählerisch zu sein – mit einer Ausnahme: Der jeweils vorgestellte männliche Versuchsteilnehmer konnte annehmen, er sei der einzige Auserwählte.

Die Ergebnisse sprechen für sich. Es nützt nichts, sich einfach als schwer zu erobern darzustellen und sich zu zieren, obwohl man eigentlich möchte. Es nützt auch nichts, den Eindruck zu vermitteln, man sei generell leicht erreichbar. Was letztlich wirkt, ist die Kombination aus beidem, das selektive Sich-rar-Machen. Es sind gerade diejenigen Frauen besonders anziehend und begehrt, die zwar für die anderen schwer zu erobern, für einen einzelnen aber leicht erreichbar sind.

Kapitel 4
ZIEHEN SICH GEGENSÄTZE AN?

Paul und Sarah haben eine Menge Gemeinsamkeiten. Nicht nur, dass sie denselben Beruf ausüben und ihre Kindheit in einer ähnlichen Reihenhaussiedlung verbracht haben, sie sind sich auch darüber einig, welche Partei sie am Sonntag wählen würden. Im Hinblick auf ihre Beziehung gibt es aber dennoch Differenzen. Sarah möchte mehr Unabhängigkeit und Selbständigkeit. Paul dagegen stellt, wenn sie über ihre unterschiedlichen Beziehungsziele diskutieren, immer sofort die ganze Beziehung infrage. Sarah versucht, ihn zu beruhigen, und argumentiert mit dem klassischen «Gegensätze ziehen sich an».

Sucht man sich lieber einen Partner, der einem selbst möglichst ähnlich ist, oder sind es gerade die Gegensätze, die sich anziehen? Die Frage, ob Ähnlichkeit oder Gegensätzlichkeit die Basis einer funktionierenden Partnerschaft ist, beschäftigt die Forschung schon seit den Arbeiten von Charles Darwin und Sir Francis Galton, dem englischen Vererbungsforscher aus dem 19. Jahrhundert. Anfang des 20. Jahrhunderts hat dann der englische Mathematiker Carl Pearson die Korrelationsrechnung entwickelt, mit der es erstmals möglich war, Ähnlichkeiten und Zusammenhänge mathematisch exakt zu bestimmen. Ganz begeistert von seiner neuen Methode, probierte er sie auch gleich an Paaren aus. Er prüfte, in welchen Aspekten sich Mann und Frau ähnlich sind. In der Tat: Große Männer haben auch größere Frauen, dünne Männer eher dünne Frauen. Allerdings erscheinen uns diese Ähnlichkeiten in Bezug auf Körpergröße und -gewicht vermutlich eher trivial.

Daher wollten es die Forscher genauer wissen. Sie ermittelten akribisch, wie ähnlich sich (Ehe-)Partner im Hinblick auf so unterschiedliche Merkmale wie familiärer Hintergrund, Religion, Bildung und Gesundheit sind – um nur einige der untersuchten Aspekte zu nennen. In all diesen Merkmalen sind sich die echten Paare ähnlicher, als man es bei einer vollkommen willkürlichen Paarbildung erwarten würde. Man spricht auch von *Homogamie*, der Tendenz, Partner auf der Basis von Ähnlichkeit zu wählen, als dem Grundprinzip der Paarbildung.

Trotz all dieser auf den ersten Blick vorhandenen Bestätigung für die volksmündliche Weisheit «Gleich und Gleich gesellt sich gern» muss man sich fragen, was das eigentlich wirklich bedeutet. Wollen wir wirklich einen Partner mit derselben Religion, wie wir sie haben, ist es uns wirklich wichtig, dass unser Lebenspartner nicht weit von unserem eigenen Geburtsort entfernt geboren ist (schließlich werden 90 Prozent aller Ehen zwischen Menschen geschlossen, die nicht mehr als 30 Kilometer voneinander entfernt geboren wurden)? Vermutlich lautet die Antwort eher nein.

Ausschlaggebend dafür, dass sich Paare dennoch in diesen Merkmalen ähnlich sind, ist sicher vor allem der Umstand, dass wir Personen aus unserem sozialen Umfeld mit größerer Wahrscheinlichkeit überhaupt begegnen und sie mehr als einmal treffen. Denn was nutzt uns der potenzielle Idealpartner, wenn wir nichts von seiner Existenz wissen? Und was bringt es, wenn wir jemanden auf den ersten Blick zwar ganz toll finden, aber keine Chance haben, ihn jemals wieder zu sehen? Räumliche Nähe erleichtert das Kennenlernen, und wir wohnen eben eher in der Nähe von Menschen, deren sozialer Hintergrund, Religion usw. dem unseren ähnlich ist.

Räumliche Nähe hat aber auch den Effekt, dass wir dieselben Leute immer wieder treffen. Der amerikanische Wissenschaftler Robert Zajonc hat sich näher damit beschäftigt, was passiert, wenn wir immer wieder mit denselben Reizen unserer Umwelt konfrontiert werden: Sie gefallen uns immer besser. Das gilt nicht nur für ursprünglich Fremde, die wir immer wieder sehen und die uns dann zunehmend vertrauter und sympathischer werden, sondern es gilt auch für Songs im Radio, für Modetrends usw. Wer hat nicht schon selbst die Erfahrung gemacht, dass ihm ein neues Lied anfangs nicht besonders gut gefällt. Später scheint der Song gar nicht mehr so übel, und schließlich wird er zum Ohrwurm. So geht es uns mit neuen Kollegen am Arbeitsplatz, und so geht es auch Paul: Einfach dadurch, dass er mit Sarah immer wieder zu tun hatte, ist sie ihm sympathischer geworden. Aber Vorsicht, Robert Zajonc hat auch die Kehrseite dieses Effektes betrachtet. Wenn wir nämlich immer wieder mit etwas konfrontiert werden, das wir eigentlich nicht mögen, wird die Abneigung nur größer.

Im Zusammenhang mit der Frage, ob sich Gleich und Gleich gern gesellen, interessieren uns jedoch vor allem Ähnlichkeiten in Überzeugungen, Meinungen und Hobbys oder gar die Ähnlichkeit unserer Persönlichkeiten.

Anfangs, als sie Paul und ihre Beziehung noch durch die rosarote Brille der frisch Verliebten betrachtete, störte es Sarah weniger, dass Paul mehr Zeit mit seinem Computer verbringt als mit ihr. Aber jetzt würde sie gern öfter mit ihm ins Theater oder in die Oper gehen. Immer, wenn sie solche Vorschläge macht, blockt Paul ab. «Das können wir doch viel bequemer zu Hause haben», ist eine seiner häufigen Reaktionen, «ich habe da eine neue interaktive Verdi-CD, da kannst du den Rigoletto nicht nur hören, sondern auch aktiv in das Geschehen eingreifen.» Dass es beim Opernbesuch nicht nur auf die Vorführung ankommt, sondern das ganze Ambiente mitzählt, versteht er nicht. So unterschiedliche Interessen und Einstellungen – kann das gut gehen? Manchmal zweifelt sie daran, dass sie sich wirklich so ähnlich sind, wie sie immer gedacht hat.

Das Ähnlichkeitsdreieck – subjektive und objektive Ähnlichkeit

Was meint eigentlich der Volksmund mit «Gleich und Gleich gesellt sich gern»? Mögen wir die, die uns objektiv ähnlich sind, oder mögen wir die, von denen wir nur glauben, sie seien uns ähnlich?

Das in Abbildung 4.1 dargestellte Ähnlichkeitsdreieck zeigt beide Seiten auf. Einmal können wir die Sicht des einen mit der Sicht des anderen vergleichen, etwa wenn Sarah für eine gerechte Aufteilung der Hausarbeit ist und Paul erwidert, Hausarbeit sei Frauensache. Hier liegt eine objektive Unähnlichkeit im Hinblick auf Ansichten über die Haus-

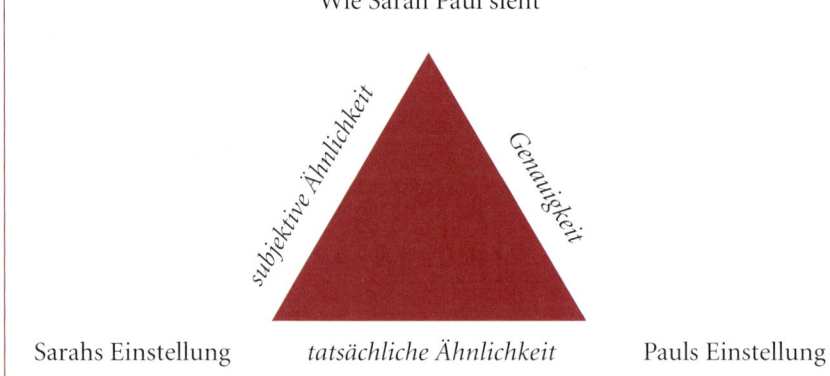

Abb. 4.1: Das Ähnlichkeitsdreieck zeigt, dass Ähnlichkeit eine objektive und eine subjektive Seite hat.

arbeitsverteilung vor. Wir können aber auch Sarah fragen, wie sie die Hausarbeit aufteilen möchte, und sie dann einschätzen lassen, wie Paul wohl antworten würde. Vergleichen wir ihre eigene Meinung mit ihrer Vermutung über Pauls Meinung, so erhalten wir Informationen über die subjektive Ähnlichkeit, d.h., was Sarah glaubt, wie ähnlich Sarah Paul ihr sei. Unsere Sicht des anderen muss nicht zwangsläufig mit dessen Sicht der Dinge übereinstimmen. Beim nächsten Test können Sie feststellen, wie ähnlich Sie Ihrem Partner sind, wie ähnlich Sie glauben, einander zu sein, und wie gut Sie sich gegenseitig einschätzen können.

TEST 4.1 WIE ÄHNLICH SIND SIE SICH?
OBJEKTIVE UND SUBJEKTIVE ÄHNLICHKEIT IN DER PARTNERSCHAFT

«Du bist so anders!» Wenn Sie so oder ähnlich manchmal über Ihren Partner oder Ihre Partnerin denken, sollten Sie den folgenden Test machen. Hier können Sie herausfinden, wie ähnlich Sie sich in Ihren Ansichten über eine gute Beziehung sind. Sie können dabei nicht nur sehen, wie ähnlich Sie beide sich tatsächlich sind, sondern auch, wie gut Sie den anderen eigentlich kennen und einschätzen können.

Geben Sie nun zunächst für die folgenden Faktoren an, wie wichtig sie Ihnen in einer Beziehung sind. Vergeben Sie dazu je nach Wichtigkeit jeweils bis zu 5 Punkte, wobei 1 Punkt bedeutet, dieser Faktor «ist mir überhaupt nicht wichtig» und 5 Punkte bedeuten, diesen Faktor «finde ich sehr wichtig». Tragen Sie die entsprechende Punktzahl Ihrer Bewertung in die Spalte A ein.

	D	C	B	A
1. Sich gegenseitig zuhören				
2. Körperkontakt				
3. Sich nach dem anderen sehnen				
4. Miteinander reden				
5. Sex				
6. Aufeinander eingehen				
7. Einfühlungsvermögen				
8. Haushalt gemeinsam machen				
9. Gleichberechtigung				
10. Geborgenheit				
11. Ähnliche Überzeugungen				
12. Zurückstecken zugunsten des Partners				

Wenn Sie mit Ihrer Bewertung fertig sind, schätzen Sie Ihren Partner ein. Was, glauben Sie, ist für Ihren Partner in der Beziehung wichtig? Wieder können Sie bis zu 5 Punkte von 1 = «ist meinem Partner überhaupt nicht wichtig» bis 5 = «ist meinem Partner sehr wichtig» vergeben. Tragen Sie in Spalte B ein, was Ihrer Meinung nach Ihrem Partner wichtig ist.

Nun ist Ihr Partner bzw. Ihre Partnerin an der Reihe. Decken Sie dazu Ihre Antworten in Spalten A und B zu und lassen Sie dann Ihren Partner einstufen, wie wichtig ihm bzw. ihr die einzelnen Faktoren sind (Spalte C). Anschließend soll auch Ihr Partner einschätzen, wie wichtig Ihnen wohl diese Faktoren sind (Spalte D), so wie Sie vorher umgekehrt Ihren Partner eingeschätzt haben.

AUSWERTUNG

Wie ähnlich sind Sie und Ihr Partner sich wirklich?

Objektive Ähnlichkeit: Ziehen Sie dafür zunächst bei jedem Faktor Ihre Bewertung aus Spalte A von der Bewertung Ihres Partners aus Spalte C ab und tragen Sie das Ergebnis ohne Minus-Vorzeichen in die Spalte 1 der Auswertungstabelle unten ein. Sie erhalten so die Differenz zwischen Ihren eigenen Beurteilungen und denen Ihres Partners (z. B. Faktor Geborgenheit: Spalte A = 3, Spalte C = 5, Differenz = 2). Zählen Sie anschließend die Beträge aller Faktoren aus Spalte 1 zusammen. Dieser Kennwert ergibt dann den Grad der objektiven Ähnlichkeit zwischen Ihnen und Ihrem Partner, also wie ähnlich Sie beide sich tatsächlich sind.

Als wie ähnlich nehmen Sie Ihren Partner wahr, wie ähnlich sieht er Sie?

Subjektive Ähnlichkeit aus Ihrer Sicht: Verfahren Sie hier genauso, nur dass Sie diesmal die Differenz zwischen den Spalten A und B berechnen, also zwischen Ihrer eigenen Beurteilung und Ihrer Einschätzung Ihres Partners. Tragen Sie das Ergebnis in Spalte 2 ein. Wenn Sie diese Werte addieren, erhalten Sie den Kennwert für die subjektiv wahrgenommene Ähnlichkeit zwischen Ihnen und Ihrem Partner, also dafür, wie ähnlich Sie sich und Ihren Partner finden.

Subjektive Ähnlichkeit aus Sicht Ihres Partners: Berechnen Sie hierfür die Differenz zwischen Spalte C und D, also zwischen den Beurteilungen Ihres Partners und seinen bzw. ihren Einschätzungen von Ihnen. Tragen Sie die Ergebnisse in Spalte 3 ein und addieren Sie anschließend alle Beträge dieser Spalte. Der Kennwert sagt Ihnen, wie ähnlich Sie beide sich aus Sicht Ihres Partners sind.

Wie gut kennen Sie Ihren Partner: Berechnen Sie hierfür die Differenz zwischen Spalte B, (also dem, was Sie glauben, wie Ihr Partner ist), und Spalte C (also den tatsächlichen Beurteilungen Ihres Partners). Tragen Sie das Ergebnis in Spalte 4 ein und addieren Sie alle Werte. Dieser Kennwert sagt Ihnen, wie gut Sie Ihren Partner kennen. Will Ihr Partner bzw. Ihre Partnerin umgekehrt auch wissen, wie gut er bzw. sie Sie kennt, berechnen Sie die Differenz von Spalte A und D und addieren Sie die Beträge.

	1 (A-C)	2 (A-B)	3 (C-D)	4 (B-C)
1. Sich gegenseitig zuhören				
2. Körperkontakt				
3. Sich nach dem anderen sehnen				
4. Miteinander reden				
5. Sex				
6. Aufeinander eingehen				
7. Einfühlungsvermögen				
8. Haushalt gemeinsam machen				
9. Gleichberechtigung				
10. Geborgenheit				
11. Ähnliche Überzeugungen				
12. Zurückstecken zugunsten des Partners				
Summe				
	= objektive Ähnlichkeit	= subjektive Ähnlichkeit aus eigener Sicht	= subjektive Ähnlichkeit aus Sicht des Partners	= wie gut Sie Ihren Partner kennen

STELLEN SIE SICH NUN IHR PERSÖNLICHES ANTWORTMUSTER ZUSAMMEN:

Maximal ähnlich sind Sie beide sich, wenn Ihr Kennwert für die objektive Ähnlichkeit (Spalte 1) 0 ist, maximal unähnlich sind Sie sich, wenn Ihr Kennwert 48 beträgt. Je niedriger der Wert, desto ähnlicher sind Sie sich tatsächlich. Dasselbe gilt für die subjektive Ähnlichkeit aus Ihrer Sicht (Spalte 2) bzw. aus Sicht Ihres Partners (Spalte 3). Je niedriger der Wert, desto ähnlicher nehmen Sie sich gegenseitig wahr. Dies gilt auch für die Frage, wie gut Sie Ihren Partner kennen; je niedriger der Summenwert von Spalte 4, desto besser kennen Sie den anderen.

Kennwerte von 0 bis 16 (Spalte 1–4): Haben Sie in Spalte 1 einen niedrigen Kennwert, dann sind Sie und Ihr Partner sich tatsächlich sehr ähnlich. Ist Ihr Kennwert aus Spalte 2 ebenfalls niedrig, dann nehmen Sie Ihren Partner auch subjektiv als sehr ähnlich wahr. Ist auch der Kennwert der Spalte 3 niedrig, dann sind Sie sich auch aus Sicht Ihres Partner sehr ähnlich. Haben Sie schließlich in Spalte 4 einen niedrigen Wert, bedeutet dies, dass Sie Ihren Partner wirklich gut kennen.

Kennwerte von 17 bis 32 (Spalte 1–4): Sie und Ihr Partner sind sich in Ihrer Meinung über eine gute Beziehung durchaus ähnlich, aber Sie stimmen nicht völlig überein (Spalte 1). Subjektiv nehmen Sie Ihren Partner (Spalte 2) und er umgekehrt Sie (Spalte 3) ebenfalls als mäßig ähnlich wahr. Sie kennen sich, aber die Meinung Ihres Partners bietet doch noch Überraschungen für Sie (Spalte 4).

Kennwerte von 33 bis 48 (Spalte 1–4): Sie und Ihr Partner sind grundverschiedener Ansicht darüber, was eine gute Beziehung ausmacht (Spalte 1). Sie schätzen den anderen völlig anders ein als sich selbst (Spalte 2), und auch Ihr Partner glaubt, dass sie gänzlich unterschiedlicher Meinung sind (Spalte 3). Haben Sie in Spalte 4 einen hohen Summenwert, bedeutet dies, dass Sie Ihren Partner nicht besonders gut kennen. Es ist viel Raum für Überraschungen da.

Wir haben vor einiger Zeit eine Studie durchgeführt, um die Bedeutung dieser Art von Ähnlichkeit oder Unähnlichkeit für die Paarbeziehung zu testen. Männer und Frauen wurden mit einer ganzen Anzahl von Fragen bombardiert, die sich auf Freizeitaktivitäten und Hobbys bezogen, auf die Einstellung der Partner zu so unterschiedlichen Themen wie die Verteilung der Hausarbeit, Gleichberechtigung, Geburtenkontrolle und Politik. Mit einem speziellen Testverfahren haben wir Aspekte der Persönlichkeit gemessen. Ähnlich wie bei dem Test oben mussten auch die Teilnehmer unserer Studie verfahren. Sie beantworteten die Fragen zunächst aus der eigenen Sicht und hatten dann die Aufgabe, sich in den Partner hineinzuversetzen und so zu antworten, wie es vermutlich der Partner tun würde. Dasselbe musste ihr Partner tun. Was zählt nun, objektive oder subjektive Ähnlichkeit? Oder sind es doch die Gegensätze, die sich anziehen?

Für die Vermutung, dass sich Gegensätze in Einstellungen und Interessen förderlich auf die Beziehung auswirken, konnten wir keinerlei Bestätigung finden, ganz im Gegenteil: Je unähnlicher sich die Partner waren, desto unzufriedener waren sie auch mit ihrer Beziehung. Also eins zu null für Sarah; Paul hat zumindest die Wissenschaft nicht auf seiner Seite. Allerdings scheint es auch nicht so wichtig zu sein, ob wir uns tatsächlich ähnlich sind. Viel wichtiger ist, dass wir *glauben*, uns ähnlich zu sein. Die Partner sind im Allgemeinen desto zufriedener mit ihrer Beziehung, je mehr Ähnlichkeiten sie an sich wahrnehmen.

Und die Ähnlichkeit in der Persönlichkeit? Passen zwei Streithähne zusammen? Offenbar ist die Ähnlichkeit der Persönlichkeit deutlich weniger wichtig als die Übereinstimmung in Einstellungen und Interessen. Doch auch hier sind Ehepartner mit ähnlichen Eigenschaften im Allgemeinen zufriedener mit ihrer Ehe als diejenigen, die sehr unterschiedlich sind. Wichtig für die Entwicklung der Beziehung ist besonders eine ähnliche Art, mit Problemen umzugehen, also ob wir eher zu sehr differenzierten Beurteilungen neigen oder eher oberflächlich sind. Die Wissenschaft nennt das die «Ähnlichkeit der kognitiven Komplexität». Ebenfalls zählt hier das, was man Lebensfreude oder im

Gegenteil eher eine gewisse verhaltene Einstellung dem Leben gegenüber nennen kann. Übereinstimmend hat die Forschung festgestellt, dass es lebensfrohe Menschen vorziehen, mit anderen lebensfrohen zusammen zu sein, und auch Depressive neigen dazu, die Gesellschaft anderer Depressiver vorzuziehen, vor allem dann, wenn sie annehmen, die anderen Unglücklichen seien für ihre Lage nicht selbst verantwortlich.

Paul hat – wie viele seiner Freunde auch – natürlich schon einige Beziehungen gehabt. Da war seine erste große Liebe, Lisa, als er noch zur Schule ging. Drei Jahre lang waren sie fast unzertrennlich, bis Lisa dann meinte, er sei ihr zu langweilig. Immer dasselbe, die Beziehung sei total eingefahren, es kämen keine neuen Impulse. Paul konnte das damals überhaupt nicht verstehen, für ihn war alles gemeinsam zu machen ein Indikator dafür, dass die Beziehung gut läuft. Und dann wollte Lisa plötzlich allein ausgehen … Bei Alexandra war es etwas anders. Paul war 23, als er sie kennen lernte, sie 25. Von Anfang an hatte sie darauf bestanden, dass sie beide getrennte Wohnungen behielten, obwohl es damals für beide schon aus finanziellen Gründen nahe liegend gewesen wäre, eine Miete zu sparen. Freiräume und Selbständigkeit waren für Alexandra jedoch selbstverständlich, darüber ließ sie nicht mit sich reden. Dass es dann mit beiden doch nicht klappte, lag vielleicht daran, dass Paul immer dann, wenn Alexandra mit ihm stritt, die ganze Beziehung infrage stellte. Alexandra hingegen meinte, Streit gehöre zu einer guten Beziehung einfach dazu. «Wer sich nicht streitet», sagte sie immer, «der hat sich nichts mehr zu sagen.»

Es ist nicht nur die Ähnlichkeit im Hinblick auf Meinungen, Interessen und Hobbys, die zählt, es ist vor allem die Einigkeit darüber, was eine gute Paarbeziehung ausmacht, die die Zufriedenheit mit einer Beziehung beeinflusst. Unterscheiden sich beide Partner darin, ist dies ein Auslöser für Konflikte und Probleme – und leider reden die meisten Menschen zu wenig über ihre Vorstellungen, wie denn eine gute Beziehung aussehen sollte.

In einer unserer Studien haben wir Paare angeben lassen, wie wichtig ihnen solche Aspekte wie Vertrauen, miteinander reden, Gemeinsamkeiten, Sex und vieles mehr für eine gute Beziehung erscheinen. Außerdem haben wir die Teilnehmer gebeten, die Fragen so zu beantworten, wie es ihrer Meinung nach ihre Partner tun würden. Wir konnten die Beziehungszufriedenheit unserer Testpersonen verhältnismäßig gut auf der Basis vorhersagen, wie ähnlich ihre Beziehungsvorstellungen waren. Auch hier war wieder die subjektive Ähnlichkeit wichtiger als die tatsächliche.

Frauen sind nach unseren Ergebnissen die besseren Barometer der Beziehungsentwicklung. In Übereinstimmung mit den Ergebnissen, von denen auch Kollegen aus den USA berichten, können auch wir in unseren Studien die Beziehungsqualität besser auf der Basis der Einschätzungen der Frauen vorhersagen als auf der der Männer.

Beim Aufräumen und Herumkramen in Kisten mit alten Erinnerungsfotos findet Sarah ein Foto ihrer Großeltern. Offensichtlich wurde es auf der silbernen Hochzeit aufgenommen. Deutlich ist die Fünfundzwanzig in einem Kranz über der Tür zu sehen. Was sie verblüfft, ist, wie ähnlich sich Opa und Oma sehen. Früher als Kind war ihr das nie aufgefallen. Werden sich Ehepartner etwa mit der Zeit ähnlicher, fragt sie sich und denkt mit Schrecken daran, wie sie einmal aussehen würde, wenn sie Paul immer ähnlicher würde.

(Ehe-)Partner sind sich nicht nur ähnlich, sie sehen sich auch ähnlich …

… meint zumindest der Volksmund. Wissenschaftler wollten es genauer wissen. Sie fotografierten Ehepartner und baten dann andere Personen, die nicht wissen konnten, wer mit wem verheiratet war, Paare zusammenzustellen. Die Zusammenstellung war zwar nicht perfekt, doch immerhin war die Trefferquote höher, als man es bei einer vollkommen zufälligen Zusammenstellung erwarten konnte. Wie kann es dazu kommen? Eine mögliche Ursache liegt sicher darin, dass wir unbewusst diejenigen Menschen attraktiv finden, die wir oft sehen. Das sind zunächst die Menschen, mit denen wir verwandt sind und die uns daher zumindest teilweise ähnlich sind, und natürlich wir selbst. Wissenschaftler manipulierten am Computer Fotos so, dass die Gesichter von Personen des jeweils anderen Geschlechts dem eigenen in Augen, Gesichtsform usw. ähnlich waren. Erwartungsgemäß wurden die ähnlichen Gesichter als schöner empfunden. Valerie Folkes, eine amerikanische Psychologin, forschte in einer professionellen Video-Partnervermittlungsagentur nach, wie wichtig die Ähnlichkeit des Aussehens für die Entwicklung von Beziehungen ist. In diesen Agenturen bekamen die Heiratswilligen zunächst einige Hintergrundinformationen, sahen ein Foto und ein fünfminütiges Video von potenziellen Partnern. Hatten sie sich für eine Person entschieden, die sie gerne treffen würden, wurde auch dieser ein Video des entsprechenden Interessenten gezeigt, und dann – beiderseitiges Interesse vorausgesetzt – wurden Namen und Telefonnummern ausgetauscht. Nach dem ersten Telefonkontakt kam es manchmal, aber nicht immer, zu einem Treffen, vielleicht auch zu weiteren. Die Wissenschaftlerin konnte einen engen Zusammenhang zwischen der Ähnlichkeit der potenziellen Partner in ihrem Aussehen und dem Fortschritt der Beziehungsentwicklung feststellen. Je ähnlicher beide aussahen, desto größer war auch die Chance, dass sie sich später trafen.

Aussehen ist – wie wir alle wissen – nicht unveränderlich. Durch unsere Frisur, die Art, wie wir uns schminken, wie wir uns kleiden, signalisieren wir auch unseren Lebensstil und damit unsere Einstellungen. Insofern sind uns vielleicht auch die, die ein wenig so aussehen wie wir selbst, in ihren Einstellungen ähnlich – und dass die Ähnlichkeit von Einstellungen wichtig für die Beziehungsentwicklung ist, ist unbestritten.

Aber werden sich Ehepartner im Laufe ihres gemeinsam verbrachten Lebens nicht auch in ihrem Aussehen immer ähnlicher? Robert Zajonc und seine Kollegen von der University of Michigan wählten Fotos von Ehepaaren kurz nach deren Heirat und ein zweites Mal nach 25 Jahren aus. Anschließend wurden unbeteiligte Dritte gebeten zu raten, wer wohl mit wem verheiratet sei. Interessanterweise war die Trefferquote bei den schon 25 Jahre Verheirateten deutlich höher – ein Indiz dafür, dass sich Ehepartner im Laufe des gemeinsamen Zusammenlebens tatsächlich ähnlicher werden. Warum? Vielleicht, weil sie sich ähnlich ernähren? Schließlich sagt man auch: Der Mensch ist, was er isst. Doch diese nahe liegende Erklärung konnten die Wissenschaftler ausschließen. Im Hinblick auf das Körpergewicht, das ja eng mit den Ernährungsgewohnheiten zusammenhängt, sind sich nämlich die frisch Verheirateten ähnlicher als die schon länger Verheirateten. Am plausibelsten kann man die äußerliche Annäherung von Eheleuten im Laufe der Jahre dadurch erklären, dass die große Menge gemeinsamer emotionaler Erfahrungen, die beide im Laufe der Ehe machen (Geburt eines Kindes, Freude über Urlaub, aber auch Krankheit oder gar Tod enger Angehöriger) sich in der Mimik dauerhaft eingraben. Es sind

Abb. 4.2: Ehepartner sind sich nicht nur ähnlich, sie sehen sich oft auch ähnlich (aus: Hatfield & Sprecher, 1986).

diese geringfügigen Veränderungen der Gesichtsmimik, die dafür verantwortlich sind, dass wir im Laufe der Zeit unseren Partnern immer ähnlicher sehen.

Sarahs Großeltern hatten es nicht leicht. Zwei ihrer sieben Kinder erreichten nicht das Erwachsenenalter: Eines starb gleich nach der Geburt, ein anderes später an Diphtherie. Sarahs Onkel Heinrich kam nicht aus dem Krieg zurück. Kein Wunder, dass die Großeltern immer etwas niedergeschlagen und verhärmt aussahen.

«Aber wie ist es mit den Einstellungen und Interessen», fragt sich Sarah. «Kann es nicht doch sein, dass sich Paul vielleicht ändert und wir uns beide, wenn wir nur etwas mehr Geduld haben, in unseren Einstellungen einander angleichen?»

Ähnlichkeit – Ursache oder Folge der Beziehung?

Eine vergleichbare Frage hat auch Theodore Newcomb beschäftigt, als er Ende der fünfziger Jahre ein spannendes Experiment startete. Er gab jungen männlichen Studenten die Gelegenheit, ein Semester lang kostenlos in einem Studentenwohnheim zu wohnen – einzige Bedingung: Sie mussten bereit sein, einmal pro Woche einen Fragebogen auszufüllen, in dem ihre Einstellung zu so unterschiedlichen Bereichen wie Religion und soziale Werte, Politik und Wirtschaft, Kunst und Kultur und – ganz wichtig – auch ihren Mitbewohnern gegenüber ermittelt werden sollte. Die Bewohner des Wohnheims waren sich anfänglich völlig fremd, sie hatten sich niemals zuvor gesehen. Kein Wunder, dass bei der allerersten Befragung, wie sympathisch sie die anderen jeweils fanden, die Antwort von zahlreichen Zufälligkeiten abhing. Je mehr Zeit die Studenten jedoch zusammen verbrachten, wurden auch die Einschätzungen ihrer Hausbewohner stabiler und verlässlicher. Das Überraschende aber war, dass Newcomb schon auf der Grundlage der ersten Befragung vorhersagen konnte, wer wen sympathisch finden würde und wen nicht. Ähnlichkeiten in Überzeugungen und Wertvorstellungen, die schon bestanden, bevor die Hausbewohner auch nur die Gelegenheit hatten, miteinander zu reden, waren ein guter Hinweis auf die gegenseitige Sympathie viele Monate später. Ist Ähnlichkeit also eine Grundlage von Sympathie und damit der Auslöser für die Entwicklung von Beziehungen?

Donn Byrne, Psychologieprofessor aus Albany in den USA, machte die Probe aufs Exempel. Wenn – so seine Überlegung – Ähnlichkeit die Grundlage von Sympathie und Freundschaft ist, dann müsste doch die Beeinflussung der Ähnlichkeit auch zu Veränderungen der Sympathie führen. Er ließ seine Studenten zu Beginn des Semesters einen umfangreichen Fragebogen bearbeiten, in dem ihre Einstellungen zu ganz unterschiedlichen Themenbereichen abgefragt wurden. Einige Zeit später wurden sie eingeladen, an einer Studie darüber teilzunehmen, wie Fremde, über die sie nur wenige Informationen hatten, auf sie wirkten. Damit sie sich ein Bild von dieser unbekannten Person machen konnten, gab ihnen Byrne einen Fragebogen, den der Fremde angeblich ausgefüllt hatte. Es war genau der gleiche Fragebogen, wie ihn die Testpersonen selbst einige Zeit zuvor beantwortet hatten. Was sie aber nicht wussten, war, dass auf der Basis ihrer eigenen Angaben die Antworten so konstruiert waren, dass der Fremde ihnen perfekt ähnlich oder aber perfekt unähnlich erschien. Nachdem sie nun kurz Gelegenheit hatten, sich ein erstes Bild dieses Fremden zu machen, sollten sie angeben, wie sympathisch sie ihn fänden und wie gern sie mit ihm zusammenarbeiten würden.

Das verblüffende Ergebnis: Es besteht eine perfekte Beziehung zwischen dem Ausmaß der Ähnlichkeit zwischen den Menschen und der Sympathie für das jeweilige Gegenüber. Ähnlichkeit ist also nicht nur für Liebesbeziehungen, sondern auch für Freundschaften allgemein wichtig. Schon Schulkinder finden Klassenkameraden, die ihnen ähnlich sind, netter als unähnliche.

ÄHNLICHKEIT ERLEICHTERT DAS ZUSAMMENLEBEN

Ähnlichkeit ist also offenbar wichtig, aber warum eigentlich? Jede Form des Zusammenlebens erfordert Zugeständnisse und Kompromisse, andernfalls würde der «Krieg einer gegen alle» eintreten, den der englische Philosoph Thomas Hobbes schon vor 350 Jahren beschrieb. Unserer individuellen Bedürfnisbefriedigung stehen oft die Wünsche unserer sozialen Umwelt entgegen. Die Ähnlichkeit der Interessen reduziert also die Reibungsverluste. Wenn zwei ohnehin das Gleiche wollen, müssen sie sich nicht streiten. Wissenschaftler haben festgestellt, dass es auch auf die Art und die Ebene der Ähnlichkeit oder Unähnlichkeit ankommt. Abweichende politische Meinungen sind für die meisten eher zu ertragen als Unterschiede in den Grundwerten des Lebens und der Lebensziele oder Unterschiede in Freizeitinteressen und Hobbys. Von Leuten, die aktiv in der Politik engagiert sind, einmal abgesehen, haben Letztere einen viel unmittelbareren Einfluss auf das Zusammenleben und das Miteinander.

ÄHNLICHKEIT VERMITTELT SICHERHEIT

Die meisten Menschen möchten gerne wissen, ob ihre Überzeugungen und Vorstellungen vom Leben richtig sind. Wir sind nämlich dann besser zur Bewältigung der vielfältigen Aufgaben in der Lage, die das Leben an uns stellt, wenn unsere Überzeugungen und unser Wissen auch wirklich zutreffen. Wie aber können wir das überprüfen? Nach Leon Festinger, einem berühmten amerikanischen Sozialpsychologen, haben wir dazu zwei Möglichkeiten. Wir können einmal eine Überprüfung an der so genannten physikalischen Realität vornehmen. Festinger nennt das den Realitätstest erster Art. Wir können aber auch eine Überprüfung an der sozialen Realität vornehmen, indem wir unsere Überzeugungen und Meinungen mit Überzeugungen und Meinungen unserer sozialen Umwelt vergleichen. Festinger nennt das den Realitätstest zweiter Art.

In diesem Fall achten wir darauf, was unsere Freunde und andere Menschen, die uns wichtig sind, sagen, und gleichen ihre Aussagen mit unseren eigenen Überzeugungen, Fähigkeiten und Meinungen ab. Frei nach dem Motto: Was alle meinen, kann so falsch nicht sein.

Oft jedoch haben wir keine Wahl zwischen der physikalischen Realität und der sozialen Realität. Ein unerfahrener Pilzsammler beispielsweise hat selten Gelegenheit, aus einem Realitätstest erster Art Lehren für die Zukunft zu ziehen, wenn er auf giftige Pilze stößt. Und die Richtigkeit von politischen Meinungen, von Lebenszielen oder auch kulturellen Vorlieben lässt sich gar nicht an der physikalischen Realität messen. Hier sind wir immer auf unsere soziale Umwelt angewiesen.

Wenn wir feststellen, dass uns andere ähnlich sind, vermittelt das ein Gefühl von Stabilität und Sicherheit, das uns angenehm ist. Die Quelle dieses angenehmen Gefühls, die Person, die uns ähnlich ist, mögen wir dann. Grund dafür ist ein einfaches Lernprinzip: Werden Personen, denen wir ursprünglich weder besonders positiv noch besonders negativ gegenüberstanden, mit einem für uns positiven Gefühl assoziiert, dann bewerten wir diese Person ebenfalls positiv und finden sie sympathisch. Dabei ist es noch nicht einmal nötig, dass die Person für die Entstehung der entsprechenden Gefühle tatsächlich verantwortlich ist. Eine zufällige Koppelung reicht meist schon aus.

«Heiß und überfüllt» ist der Titel einer Publikation, in der beschrieben wird, wie leicht auch unangenehme Gefühle auf andere übertragen werden. Menschen, die einen völlig überfüllten und überhitzten Raum mit anderen teilten, beurteilten diese wesentlich negativer als andere, mit denen sie in einem geräumigen, angenehm temperierten Raum zusammen waren. Unähnlichkeit kann ebenfalls negative Gefühle auslösen, und da wir in diesem Fall genau wissen, wem wir diese Gefühle zu verdanken haben, mögen wir denjenigen nicht.

Ähnlichkeit bedeutet kognitive Balance

Sarah hat sich ein neues Kleid gekauft – zugegeben, es ist schon etwas unkonventionell. Die grellen Blumen erinnern eher an eine Gartentischdecke, aber das war es ja, was sie daran so gereizt hat. Voller Freude

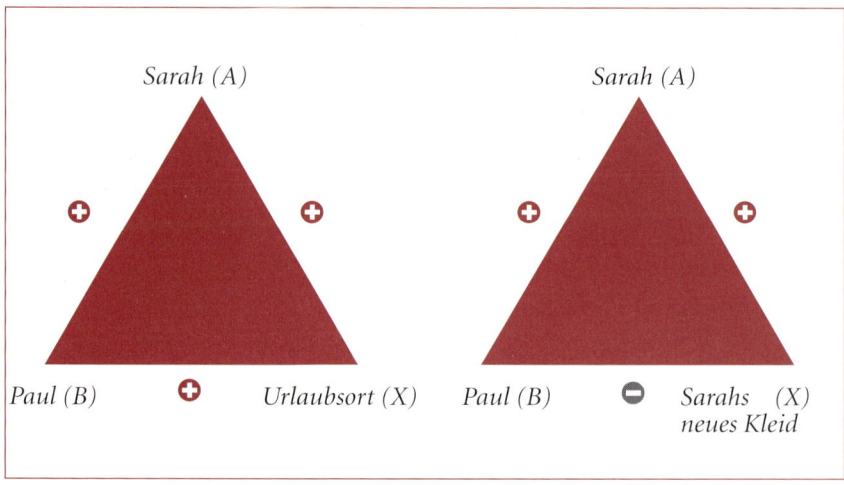

Abb. 4.3: Das linke Dreieck ist balanciert, das rechte unbalanciert.

kommt sie nach Hause und präsentiert es gleich Paul. Er macht aus seiner Meinung keinen Hehl: Er findet es kitschig, und das sagt er auch.

Solche und ähnliche Situationen haben wir alle schon erlebt, und was wir dann fühlen, ist unangenehm. Wir befinden uns dann in einer Art innerem Ungleichgewicht. Die Forschung spricht von «kognitiver Imbalance». Der aus Österreich stammende Sozialpsychologe Fritz Heider hat die Balancetheorie entwickelt, die derartige Situationen und unsere Reaktionen auf sie erklärt. Unterschieden werden in dieser Theorie eine konkrete Person (A), die eine Beziehung zu einer anderen Person (B) hat, und sowohl A als auch B haben entweder eine positive oder negative Einstellung zu einem Gegenstand oder Themenbereich X.

Betrachten wir das linke Dreieck in Abb. 4.3. Sarah hat eine positive Beziehung zu Paul, sie mag ihn, und sowohl Sarah als auch Paul haben eine gleichermaßen positive Beziehung zu X, zum Beispiel zum Ziel des nächsten gemeinsamen Urlaubs. Es leuchtet ein, dass diese Situation angenehm ist und keinerlei Spannungen auslöst. Im Vergleich dazu stellt das rechte Dreieck in Abbildung 4.3 eine spannungsgeladene

Situation dar. Sarah mag Paul, aber beide stimmen in ihrer Meinung über das neue Kleid nicht überein. Ein solches Dreieck ist unbalanciert.

Unbalancierte Dreiecke lösen in uns einen inneren Spannungszustand aus. Wir fühlen uns unwohl. Wir versuchen, diese Spannung abzubauen und ein unbalanciertes Dreieck in ein balanciertes zu überführen. Betrachten wir kurz, welche Möglichkeiten sich für Sarah bieten: Sarah kann ihre positive Einstellung dem neuen Kleid (X) gegenüber ändern, findet es nach Pauls ablehnender Reaktion selbst auch nicht mehr so schön und tauscht es schließlich um. Sarah könnte aber auch Paul weniger mögen und so die positive Beziehung zu Paul in eine negative verändern. Sicherlich wird sie das nicht tun, wenn ihr die Beziehung zu Paul wichtig ist. Wenn sich aber Paul immer wieder über Dinge, die Sarah Spaß machen, negativ äußert, wäre das eine nahe liegende Konsequenz. Schließlich kann Sarah versuchen, Pauls Einstellung zu ihrem neuen Kleid zu verändern, indem sie sich besonders nett zurechtmacht, wenn sie es trägt, oder indem sie ihm klarmacht, dass das neue Kleid ein sehr originelles Stück ist und er mit seinen Kleidungsvorlieben vielleicht nicht ganz auf der Höhe der Zeit ist. Generell gilt, dass solche interpersonalen Dreiecke ausbalanciert sind, wenn sie entweder drei Pluszeichen oder aber ein Pluszeichen und zwei Minuszeichen aufweisen. Stimmen Menschen, die wir mögen, mit unseren Einstellungen überein, dann ist das System stabil.

Lernen wir eine Person neu kennen, haben wir noch keine Beziehung zu ihr (die Verbindung A–B ist sozusagen noch offen). Wenn wir dann feststellen, dass B in für uns wichtigen Dingen völlig anderer Meinung ist als wir selbst, ist eine nahe liegende Konsequenz die Entwicklung einer negativen Beziehung zu B, wir mögen B dann eben nicht. Umgekehrt gilt: Stellen wir Übereinstimmungen mit B fest, dann entwickeln wir auch eine positive Beziehung zu B. Der förderliche Einfluss von Ähnlichkeit kann somit letztlich auch eine Konsequenz unseres Strebens nach kognitivem Gleichgewicht im Sinne der Heider'schen Balancetheorie sein.

Wie stark wir uns intuitiv auf diese einfache Theorie stützen, demonstriert überzeugend eine Untersuchung von Andrea Chapdelaine, David Kenny und Katrin La Fontana, die die Autoren 1994 mit dem schönen Titel «Matchmaker, Matchmaker, Can You Make Me a Match ...», einem Lied aus dem Musical «Anatevka», veröffentlichen. Die Autoren fragten sich, ob wir in der Lage sind vorherzusagen, ob sich zwei Personen, die wir kennen, mögen werden, wenn sie sich das erste Mal begegnen, ob also unsere Verkuppelungsversuche von Erfolg gekrönt sein werden.

Paul und Sarah planen ein großes Fest, bei dem sie all ihre Freunde zu einem wirklich luxuriösen Essen einladen. Sie unterhalten sich darüber, wen sie am besten neben wen platzieren. Die meisten von Pauls Bekannten kennt Sarah schon, aber ihre Freundinnen und Freunde kennen Pauls Bekanntenkreis noch nicht. Und so fragt sich Sarah, ob ihre Freundin Tanja, die sehr modebewusst ist und fast ihr gesamtes Geld für Kleidung ausgibt, nicht ganz gut zu Pauls Schulfreund Oliver passen würde, der sich gerade einen nagelneuen Porsche Boxter zugelegt hat. «Probieren wir es doch aus», schlägt Paul vor, «mal sehen, was daraus wird.»

Eine ähnliche Aufgabe hatten auch die Teilnehmer an der Studie von Andrea Chapdelaine und ihren Kollegen. Sie mussten zunächst in Zweiergruppen Gespräche miteinander führen, um sich gegenseitig besser kennen zu lernen, und sollten im Anschluss daran angeben, wie sympathisch ihnen ihre Gesprächspartner waren. Dann sollten alle einschätzen, wie sympathisch sich jeweils zwei Personen aus dieser Gruppe finden würden. Bei diesen Vorhersagen verhielten sich die Versuchsteilnehmer genau so, wie man es vor dem Hintergrund der Balancetheorie erwarten würde. Wenn man selbst zwei andere Personen sympathisch findet, denkt man, sie müssten sich auch mögen, und wenn wir beide gleichermaßen nicht leiden können, vermuten wir ebenfalls, dass sie ganz gut zueinander passen. Wenn wir aber eine von zweien sympathisch finden, den oder die andere hingegen nicht, dann vermuten wir, dass diese beiden auch nicht gut miteinander auskommen.

So sinnvoll diese Strategie auch erscheint, eine Garantie für Erfolg ist sie keinesfalls. Die Vorhersagen der Versuchsteilnehmer in dieser Studie waren eher schlecht, obwohl sie zumindest subjektiv für sich selbst versuchten, die Balanceprinzipien zu berücksichtigen.

WECHSELSPIELE – WIE ÄHNLICHKEIT UND AUSSEHEN ZUSAMMENHÄNGEN

Ähnlichkeit, vor allem wahrgenommene Ähnlichkeit, ist eine maßgebliche Ursache für das Entstehen von Sympathie, und sie legt damit den Grundstein für den weiteren Verlauf einer sich entwickelnden Beziehung. Der Umstand, dass hier weniger die objektive als vielmehr die subjektive Ähnlichkeit wichtig ist, lässt die Vermutung zu, dass Faktoren existieren, die diese Subjektivität beeinflussen können. Einer der in diesem Zusammenhang wichtigsten Faktoren ist das Aussehen. Wir haben nicht nur, wie in Kapitel 2 bereits erwähnt, eine Tendenz, Schönen positivere Eigenschaften zuzuschreiben als Hässlichen, wir nehmen auch an, dass sie uns besonders ähnlich sind. Das kann leicht dazu führen, dass wir in Anfangsphasen der Beziehung mehr Ähnlichkeit zu unseren Partnern wahrnehmen als tatsächlich existieren – und später gibt es vielleicht ein böses Erwachen. Das Leben ist aber noch viel komplizierter. Wir neigen nämlich auch dazu, uns Ähnliche als schöner wahrzunehmen als uns Unähnliche.

Wir haben dieses Phänomen vor einiger Zeit entdeckt. In der Fußgängerzone einer westdeutschen Großstadt sprachen wir Passanten an und baten sie, einen Fragebogen auszufüllen, in dem wir ihre Einstellungen zu verschiedenen Alltagsthemen erfahren wollten. Einige Wochen später riefen wir diese Personen erneut an und baten sie um Mithilfe in einer ganz anderen Angelegenheit. Wir wollten von ihnen wissen, wie andere Menschen, über die sie nur wenig wissen, auf sie wirken. Dazu legten wir ihnen das Foto einer ihnen unbekannten Person vor und einen angeblich von dieser Person ausgefüllten Fragebogen, der dem Fragebogen entsprach, den diese Leute einige Wochen zuvor selbst ausgefüllt hatten. Was sie indes nicht wissen konnten, war, dass wir (ähnlich wie in der Studie von Donn Byrne) die Antworten fingiert hatten. Die eine Gruppe von Personen sollte glauben, die auf dem Foto dargestellte Person sei ihnen sehr ähnlich, eine andere sollte glauben, sie sei ihnen ziemlich ähnlich, eine dritte, sie sei ziemlich unähnlich, und eine vierte schließlich, sie sei ihnen völlig unähnlich.

Wir waren selbst ein wenig überrascht, wie stark sich unsere kleine Manipulation auswirkte. Unbekannte Fremde wurden als umso schöner empfunden, je ähnlicher sie unseren Versuchsteilnehmern erschienen. Verantwortlich für diesen Effekt kann auch hier wieder ein Bestreben nach kognitiver Balance sein. Wenn wir davon ausgehen, dass, wer schön ist, auch gut ist – und «gut» sind aus unserer Sicht sicher die meisten unserer Wertvorstellungen –, dann ist es nur folgerichtig, dass wir diejenigen, die uns ähnlich sind, auch als schön empfinden.

Für Paul und Sarah sieht die Lage nicht so rosig aus. Wir erinnern uns: – Sarah sieht ganz sympathisch aus, aber eine richtige Schönheit ist sie nicht. Anfänglich, als Paul noch glaubte, mehr Gemeinsamkeiten und Ähnlichkeiten mit ihr zu teilen, empfand er sie als schöner als jetzt, wo er immer häufiger meint, dass sie doch in vielen Dingen grundverschieden seien. Hoffen wir nur, dass dadurch kein Abwärtstrend entsteht, der dazu führt, dass er sie immer weniger attraktiv findet, dadurch immer weniger ähnlich und dadurch immer weniger attraktiv usw.

Kapitel 5
WARUM GERADE DER?

Sonntagmorgen. Sarah liest in der Wochenendausgabe ihrer Zeitung die Heirats- und Bekanntschaftsanzeigen. «Hör dir die mal an: ‹Gut situierter Mittfünfziger, Fabrikant, sucht attraktive Frau bis max. 35 Jahre.› Der spinnt doch! Was sich diese Typen einbilden!» – «Wieso? Ist doch ganz normal, der wird eine Menge Zuschriften kriegen», murmelt Paul hinter seinem Teil der Zeitung. – «Kann das wirklich sein», fragt sich Sarah, «dass Frauen so sehr auf das Einkommen von Männern achten und Männern nichts anderes wichtig ist als das Aussehen einer Frau? Das ist doch ein Klischee.»

Wir wissen nur zu gut, dass nicht alle Menschen die gleichen Chancen beim anderen Geschlecht haben. Manche werden regelrecht umschwärmt, andere haben, obwohl sie eigentlich ganz nett sind, kaum Chancen. Welche Merkmale zählen wirklich auf dem Partnermarkt, was wollen die Männer, was die Frauen? Das sind Fragen, die seit den dreißiger Jahren des vergangenen Jahrhunderts Soziologen, Biologen und Psychologen intensiv beschäftigen. Meist sehen sie sich existierende Paare an und versuchen, Gesetzesmäßigkeiten der Partnerwahl zu finden. Sie fragen aber auch direkt danach, was dem Einzelnen bei einem möglichen Partner wichtig ist, etwa Intelligenz oder gutes Aussehen. Andere wiederum analysieren systematisch Heirats- und Bekanntschaftsanzeigen und ermitteln, welche Merkmale von Partnersuchenden besonders oft geboten und welche gewünscht werden.

Bevor Sie weiterlesen, können Sie und Ihr Partner den folgenden Fragebogen ausfüllen, der zeigt, welche Eigenschaften Ihnen bei einem Partner besonders wichtig sind.

TEST 5.1. WELCHE EIGENSCHAFTEN SOLL DER PARTNER HABEN?

Geben Sie bei jeder der folgenden Eigenschaften an, wie wichtig sie Ihnen im Hinblick auf einen Partner / eine Partnerin für eine Liebesbeziehung ist. 1 bedeutet, dass Ihnen die entsprechende Eigenschaft überhaupt nicht wichtig ist, 7, dass sie Ihnen sehr wichtig ist.

	nicht wichtig					sehr wichtig	
möchte Kinder haben	1	2	3	4	5	6	7
sportlich aktiv	1	2	3	4	5	6	7
aufrichtig	1	2	3	4	5	6	7
Universitätsausbildung	1	2	3	4	5	6	7
hohes Einkommen	1	2	3	4	5	6	7
verständnisvoll	1	2	3	4	5	6	7
interessante Persönlichkeit	1	2	3	4	5	6	7
kreativ	1	2	3	4	5	6	7
intelligent	1	2	3	4	5	6	7
gut aussehend	1	2	3	4	5	6	7
religiös	1	2	3	4	5	6	7
hoch angesehen	1	2	3	4	5	6	7
gesund	1	2	3	4	5	6	7
ausgeglichen	1	2	3	4	5	6	7
humorvoll	1	2	3	4	5	6	7
kulturell interessiert	1	2	3	4	5	6	7

> Vergleichen Sie Ihre Angaben mit denen einer Person des anderen Geschlechts und achten Sie auf die Unterschiede!

Fragt man Männer und Frauen direkt danach, was ihnen an einem potenziellen Partner wichtig ist, stellt man zumeist fest, dass Verdienst und Status abgeschlagen auf den hinteren Plätzen rangieren, und auch das Aussehen scheint nicht besonders wichtig zu sein.

In Abbildung 5.1 haben wir die Ergebnisse einer Studie von Peter Borkenau, Psychologieprofessor in Halle, dargestellt, die genau das zeigen. Sowohl Männer als auch Frauen wünschen sich vor allem einen

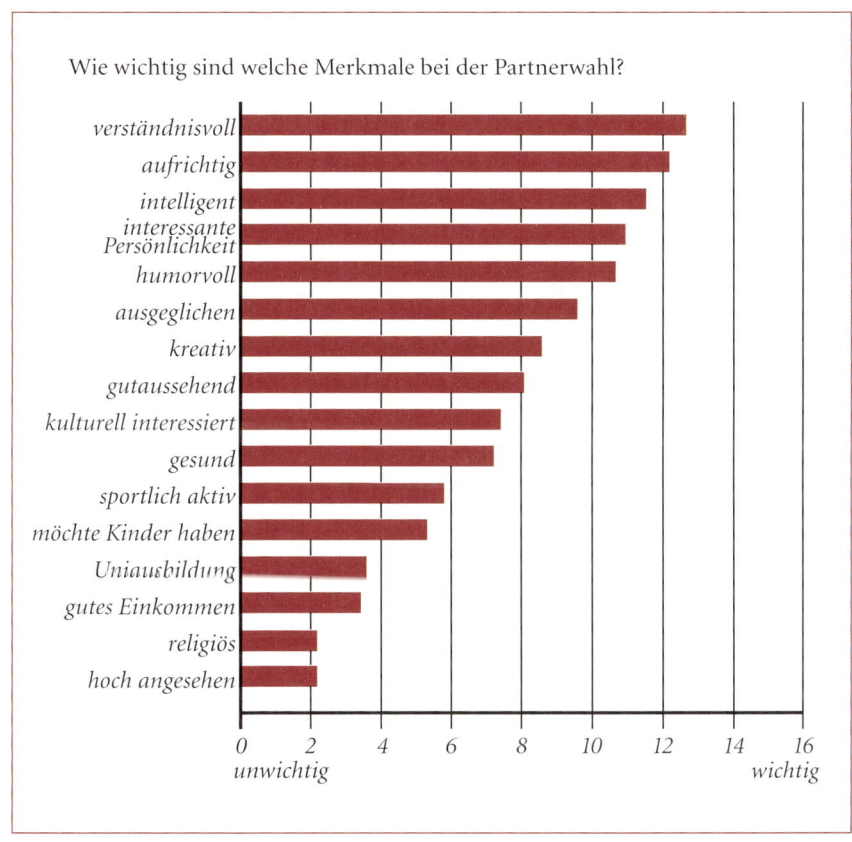

Abb. 5.1: Nach den Ergebnissen einer Studie von Peter Borkenau zählen bei der Partnerwahl vor allem die so genannten inneren Werte.

verständnisvollen, aufrichtigen, intelligenten und humorvollen Partner. Anscheinend sind es doch die viel zitierten inneren Werte, die uns am wichtigsten sind. Oberflächliches wie Aussehen oder Status zählt offenbar nicht.

Doch schon ein Blick in die Heirats- und Bekanntschaftsanzeigen einer Tageszeitung ergibt ein völlig anderes Bild. Hier gibt es kaum eine Anzeige, in der nicht in irgendeiner Form auf das Aussehen Bezug genommen wird.

Bekanntschaftsanzeigen: was Männer und Frauen bieten und wünschen

«Ein junger Mann, ungefähr 25 Jahre alt, in einem sehr guten Beruf, von seinem Vater mit 1000 £ ausgestattet, würde liebend gern eine angemessene Verbindung eingehen.»

(Übersetzung von uns)

Es war am 19. 7. 1695, dass ein englischer Verleger den für die damalige Zeit mutigen Versuch wagte, in einer Zeitung über Handel und Tierzucht, der «Collection For The Improvement Of Husbandry And Trade» obige Heiratsanzeige (die vermutlich erste überhaupt!) zu veröffentlichen. Diese Form der Kontaktaufnahme war damals noch so ungewöhnlich, dass sich der Verleger veranlasst sah, explizit auf die Echtheit des Inserats hinzuweisen. In Deutschland fand diese vielleicht gar nicht so ineffektive Form der Kontaktaufnahme ebenfalls recht bald Verbreitung, wie die folgende Anzeige zeigt:

«Ein honettes Frauenzimmer ledigen Standes, guter Gestalt, sucht ... einen guten Doctor oder Advocaten ledigen Standes ..., so gross und wohl aussieht»

(Frag- und Anzeigen-Nachrichten, Frankfurt, 8. 7. 1738)

Auch heute noch erfreut sich diese Form der Beziehungsanbahnung großer Beliebtheit. Deshalb haben wir fast 400 von privaten Inserenten aufgegebene Heirats- und Bekanntschaftsanzeigen systematisch ausgewertet und festgestellt, was die Inserenten und Inserentinnen anbieten, wie sie sich selbst beschreiben und was sie von einem Partner oder einer Partnerin erwarten. Wir haben ermittelt, ob die Inserenten so genannte expressive Persönlichkeitsmerkmale wie «warm», «einfühlsam», «gefühlsbetont» oder ob sie instrumentelle Merkmale wie «strebsam», «intelligent», «selbstbewusst» nannten, ob sie Freizeitaktivitäten und Hobbys, ihren Status und materielle Aspekte oder ob sie auch negative Eigenschaften erwähnten – und natürlich, ob sie Angaben über ihr Aussehen machten.

Tatsächlich machen vier von fünf Inserenten Angaben über ihr eigenes Aussehen. Bei den Wünschen der Inserenten taucht «gutes Aussehen» jedoch nur in jeder dritten Anzeige auf. Wir führen das darauf zurück, dass die meisten von uns versuchen, nicht als jemand zu erscheinen, dem so etwas Oberflächliches wie Schönheit wichtig ist. Aber auch wenn man es nicht zugeben möchte: Das Aussehen ist wichtig. Inserenten, die keine Angaben über ihr Aussehen machten, erhielten weniger Zuschriften.

Auch «innere Werte» tauchen bei den Wünschen der Inserenten eher selten auf. Vielmehr legt über die Hälfte aller Partnersuchenden Wert auf Merkmale, die für gemeinsame Aktivitäten relevant sind, wie etwa fröhlich, unternehmungslustig, vielseitig interessiert und Ähnliches. Aufrichtigkeit, Verständnis oder Ausgeglichenheit – Merkmale, die bei direkten Befragungen ganz oben rangieren – wurden erheblich seltener genannt.

Wir haben uns gefragt, ob es einen Zusammenhang gibt zwischen dem, was Leute bieten, und dem, was Leute wünschen. Die Ergebnisse sprechen für sich und spiegeln die in Kapitel 4 beschriebene Bedeutung von Ähnlichkeit wider. Lustige suchen Lustige, Einfühlsame suchen Einfühlsame, vielseitig Interessierte ebensolche. Insgesamt fanden wir eine hohe Übereinstimmung zwischen den gebotenen und den gewünschten Merkmalen. Ähnlichkeit, nicht Gegensätzlichkeit, ist auch hier das Grundmuster der Partnerwahl.

Die Inserenten verfolgen mit dieser Fokussierung auf Ähnlichkeit eine ausgesprochen viel versprechende Strategie, wie die Forschungsergebnisse des berühmten Intelligenzforschers Lewis M. Terman (1877–1956) nahe legen. Terman befragte schon 1935 mehrere hundert Ehepaare nach ihrer ehelichen Zufriedenheit und ermittelte, wie ähnlich sich die Partner jeweils waren. Leute, die heiraten, sind sich demnach ähnlicher, als man es bei zufällig gebildeten Paaren erwarten würde, und je ähnlicher sich die Partner sind, desto glücklicher sind sie auch mit ihrer Ehe. Die Präferenzen für ähnliche Partner in unserer Anzeigenstudie spiegeln genau das wider.

Was Frauen wollen

Der amerikanische Evolutionspsychologe David Buss führte Ende der achtziger Jahre eine groß angelegte Studie zur Frage «Was wollen Frauen und Männer von ihren Partnern?» durch, in der 37 verschiedenen Kulturen auf sechs Kontinenten und fünf Inseln berücksichtigt wurden. Einige der insgesamt 10047 Personen kamen aus Ländern, in denen Polygynie üblich ist (ein Mann ist mit mehreren Frauen verheiratet), wie Nigeria und Zambia, andere kamen aus eher monogamen Ländern wie Spanien oder Kanada. Es waren Länder vertreten, in denen das Zusammenleben ohne Trauschein weitestgehend normal ist, wie in Schweden oder Finnland, und Länder wie Bulgarien, in denen diese Form des Zusammenlebens noch nicht völlig akzeptiert ist. Es waren individualistische Kulturen, in denen der Einzelne im Mittelpunkt steht, wie etwa Deutschland, ebenso vertreten wie kollektivistische Kulturen, wie etwa Indien, in denen der Einzelne immer im Kontext seiner Familie und seines sozialen Umfeldes gesehen wird. In dieser umfangreichsten und vielfältigsten Partnerwahlstudie aller Zeiten wurden die männlichen und weiblichen Teilnehmer gebeten, die Wichtigkeit von 18 Merkmalen eines potenziellen (Ehe-)Partners auf einer Skala von «unwichtig» bis «unverzichtbar» zu beurteilen.

FRAUEN ACHTEN AUF HOHES EINKOMMEN

Frauen auf allen Kontinenten, in allen politischen Systemen (sozialistische und kommunistische Systeme eingeschlossen), in den unterschiedlichsten religiösen Gruppen und in den verschiedensten Ehesystemen legen mehr Wert auf ein gutes Einkommen ihrer Partner als umgekehrt die Männer. Die größere Bedeutung, die Frauen dem Einkommen der Partner zumessen, zeigt sich in 36 der von David Buss untersuchten 37 Kulturen – die einzige Ausnahme war Spanien. Im Durchschnitt bewerten Frauen die Wichtigkeit des Einkommens ungefähr doppelt so hoch wie Männer, wobei es durchaus kulturelle Unterschiede gibt. In Nigeria oder Indien messen Frauen dem Einkommen mehr Bedeutung bei als etwa in Australien oder Deutschland (Abb. 5.2).

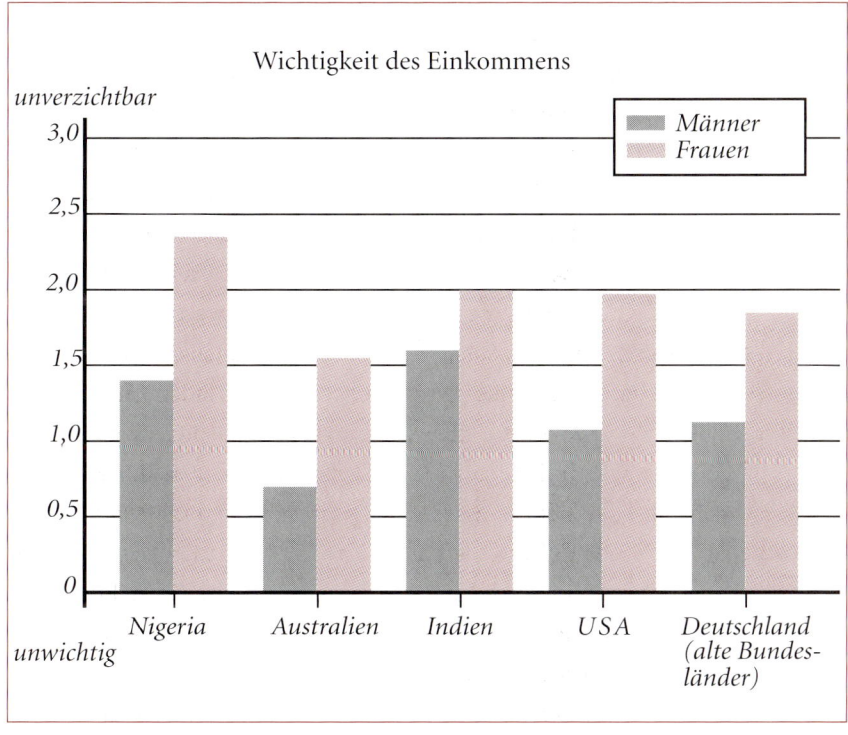

Abb. 5.2: Präferenz für gutes Einkommen eines Ehepartners (nach Buss, 1989)

FRAUEN WOLLEN EINEN MANN MIT HOHEM STATUS

In unserer Analyse von Heirats- und Bekanntschaftsanzeigen haben wir auch untersucht, ob die Inserenten bei ihren Selbstbeschreibungen Angaben über ihren eigenen Status (Akademiker, Professor, Arzt, Fabrikant, Doktor) machen oder ob solche Statusmerkmale beim Partner explizit gewünscht werden. Das Muster spricht für sich: Frauen legen mehr Wert auf Statusmerkmale als Männer. Quasi als Reaktion darauf werben Männer in ihren Anzeigen wesentlich häufiger mit ihrem Status als Frauen. Und sie sind damit auch erfolgreich: Mit zunehmendem Status der Männer erhöht sich auch die Zahl ihrer Sexualpartnerinnen und damit zumindest theoretisch auch die Zahl ihrer Kinder, wie in der Zeitschrift «Behavioral and Brain Sciences» berichtet wurde. Das Klischee, nach dem Frauen gerne mit Ärzten, Rechtsanwälten oder Professoren verheiratet wären, korrespondiert offensichtlich mit der

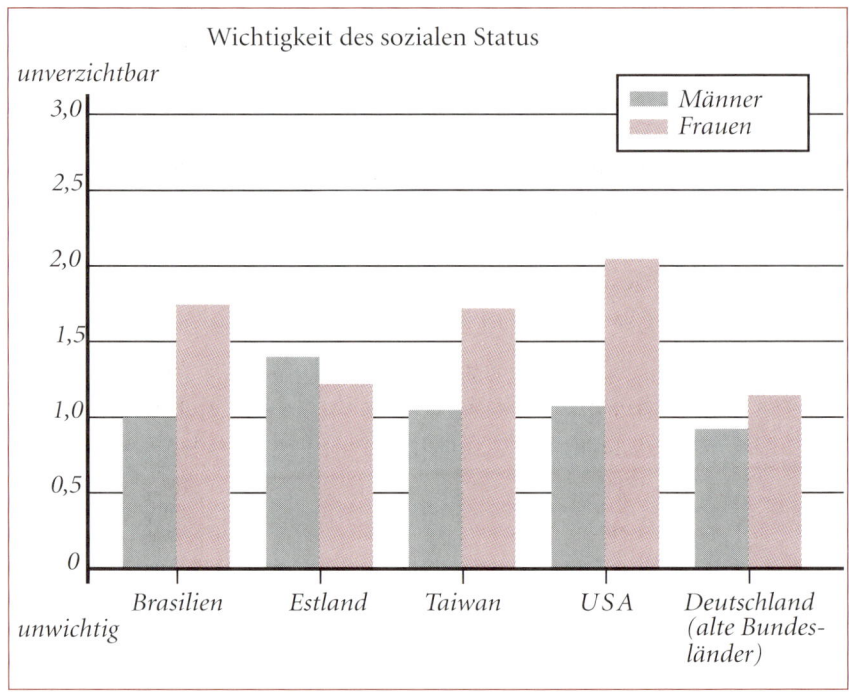

Abb. 5.3: Präferenz für sozialen Status eines Ehepartners (nach Buss, 1999).

Realität, nicht nur in Deutschland. In Taiwan beispielsweise messen Frauen dem Status ihrer Männer 63 Prozent mehr Gewicht bei als Männer dem Status ihrer Frauen. In den USA ist es gar mehr als doppelt so viel (vgl. Abb. 5.3).

FRAUEN WOLLEN EINEN MANN, DER ÄLTER IST ALS SIE SELBST

Denken Sie kurz an die Paare aus Ihrem Bekanntenkreis. In wie vielen Beziehungen ist die Frau älter als ihr Partner, in wie vielen ist es umgekehrt? Im Durchschnitt sind in Deutschland die Männer 3,2 Jahre älter als ihre Frauen. Dieser Umstand allein rechtfertigt es natürlich nicht, zu behaupten Frauen hätten eine *Präferenz* für Männer, die älter sind als sie. Vielleicht liegt das auch daran, dass Männer jüngere Frauen bevorzugen und daher den Frauen keine andere Wahl bleibt. David Buss hat explizit danach gefragt, wie viele Jahre jünger oder älter der gewünschte Partner denn sein sollte. Das Ergebnis: In allen 37 Kulturen präferieren Frauen ältere Männer, und zwar sollten sie im Durchschnitt 3,4 Jahre älter sein. Auch hier gibt es wieder Unterschiede zwischen den Kulturen. Inderinnen wünschen sich mit einer Differenz von 5,1 Jahren die relativ ältesten Männer, Frankokanadierinnen die relativ jüngsten (1,8 Jahre älter). Deutsche Frauen wollen einen Mann, der fast 4 Jahre älter sein sollte (3,7 Jahre), das ist mehr als der tatsächliche Unterschied der deutschen Ehepartner.

Unsere Kollegin Angelika Kümmerling fand bei ihren Befragungen damit übereinstimmende Ergebnisse. Sie fragte unter anderem, wie viele Jahre jünger oder älter ein Mann oder eine Frau höchstens sein dürfe, um noch als Ehepartner infrage zu kommen. Frauen würden im Durchschnitt noch einen 8,7 Jahre älteren Mann heiraten, er dürfte allerdings nur maximal 3,5 Jahre jünger sein.

Frauen wollen ehrgeizige und zielstrebige Männer

Vor mehr als 50 Jahren legte Rubin Hill amerikanischen Studenten eine Liste mit 18 für die Partnerwahl wichtigen Eigenschaften vor. Unter anderem wurde darin gefragt, wie wichtig den Befragten Ehrgeiz und Zielstrebigkeit bei einem Partner sind. Diese Liste wurde seit ihrem ersten Einsatz immer wieder – kürzlich auch von uns – benutzt, und immer wieder lautet das Ergebnis, dass Frauen mehr Wert auf Ehrgeiz und Zielstrebigkeit bei einem Partner legen als Männer. Nicht nur in westlichen Leistungsgesellschaften, auch in Ländern wie Indonesien, Polen, Bulgarien, Brasilien oder Nigeria haben offensichtlich Faulenzer und Looser bei Frauen keine Chance.

Frauen bevorzugen Männer, die Kinder möchten

Die Psychologin Peggy La Cerra konstruierte Fotos, auf denen Männer in unterschiedlichen Situationen zu sehen waren. Ein Mann allein, ein Mann, der ein 18 Monate altes Kind anlächelte, ein Mann, der gerade beschäftigt war und ein schreiendes Kind ignorierte, ein Mann, der neben einem Kind mit Blick in die Kamera zu sehen war, und ein Mann, der gerade Staub saugte. 240 Frauen sahen diese Bilder und sollten angeben, wie attraktiv sie den Mann für ein Rendezvous, für Sex, als Ehepartner, als Freund oder als Nachbar fanden. Das Ergebnis: Die Frauen fanden den Mann, der in *positiver* Interaktion mit dem Kind zu sehen war, als Ehepartner am attraktivsten. Der Mann, der das weinende Kind ignorierte, erhielt die mit Abstand schlechteste Bewertung und kam als Ehepartner nicht infrage. Männer reagieren übrigens nicht so. Für sie sind Frauen in positiver Interaktion mit einem Kind genauso begehrenswert wie Frauen, die allein auf Fotos zu sehen sind.

Die spezifische Präferenz von Frauen für Männer mit Kinderwunsch zeigt sich auch in unseren eigenen Studien. Unter anderem fragten wir, wie wichtig es ist, ob der potenzielle Partner Kinder haben möchte. Für Frauen war diese Eigenschaft etwa doppelt so wichtig wie für Männer.

Betrachten Sie jetzt noch einmal das Ergebnis unseres Partnerwahlfragebogens aus Test 5.1. Haben Sie und Ihr Partner vielleicht auch bestimmten Aspekten eine deutlich unterschiedliche Wichtigkeit beigemessen? Vermutlich ja. Wir haben den Test immer wieder in unseren Vorlesungen und Seminaren eingesetzt und von jungen Männern und Frauen ausfüllen lassen. Zu unserer eigenen Überraschung und noch mehr zur Überraschung unserer Studenten stellen wir fest, dass neben allen Gemeinsamkeiten, die Frauen und Männer haben – etwa dass der Partner aufrichtig und humorvoll sein soll oder dass Religiosität nicht besonders wichtig ist –, Frauen durchweg mehr Wert auf Status, Einkommen und Bildung des Partners legen, als Männer das tun, und das, obwohl die von uns befragten Frauen als Studentinnen vermutlich später einmal zu den besser Verdienenden gehören werden und sich eigentlich keinen «Versorger» suchen müssten.

Was Männer wollen

Im Vergleich zu den vielfältigen und differenzierten Wünschen der Frauen bei der Partnerwahl sind Männer vergleichsweise einfach gestrickt. Ihnen geht es primär um Schönheit und Jugendlichkeit.

Stanley Woll von der California State University blickte Männern und Frauen in einer Videodating-Agentur bei der Auswahl eines Partners über die Schulter. In dieser Agentur wurden von Personen, die einen Partner suchten, Videoaufnahmen gemacht, die sich potenzielle Interessenten ansehen konnten. Aber wie soll man aus ungefähr 2000 Videos das richtige auswählen? Man kann sich schlecht alle gründlich ansehen. Es gab daher zur Erleichterung der Vorauswahl Kurzinformationen über Interessen, Hobbys, Bildung und Alter – und ein Foto. Beim Durchsehen dieser «Karteikarten» bat Woll eine Gruppe von Partnersuchenden, die Gedanken, die ihnen dabei durch den Kopf gingen, laut auszusprechen. Was für Männer relevant war, war nicht, ob die potenzielle Partnerin zu ihnen passt, gleiche Hobbys und Wertvorstellungen hat – es zählten nur das Alter und das Foto.

Männer wollen junge Frauen

In einer groß angelegten Studie, ermittelten Douglas Kenrick und Richard Keefe weltweit Alterspräferenzen bei der Partnerwahl. Das Muster, das sie feststellten, ist über Zeiten und Nationen hinweg verblüffend ähnlich. Wir haben es in Abb. 5.4 am Beispiel von 1989 in Dortmunder Bekanntschaftsanzeigen geäußerten Wünschen dargestellt.

Deutlich ist zu erkennen: Je älter der Mann, desto jünger soll im Vergleich zu ihm die Partnerin sein. Während 20-Jährige noch eine Partnerin akzeptieren würden, die zwei Jahre älter ist als sie, muss sie bei 40-Jährigen schon mindestens zwei Jahre jünger, dürfte aber auch durchaus zwölf Jahre jünger sein. Ganz anders ist es dagegen bei den Frauen. Ihre Alterswünsche sind – wie man in Abb. 5.4a sieht – weitest-

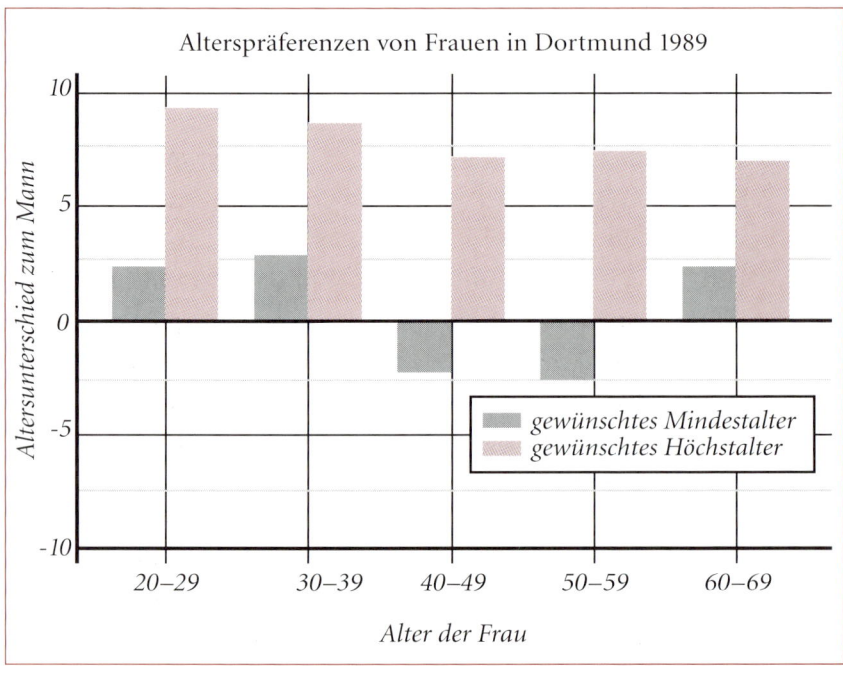

Abb. 5.4a und 5.4b: Alterspräferenzen von Bekanntschaftsanzeigen in Dortmund 1989. Angegeben ist jeweils das gewünschte Mindest- und Höchstalter (nach Kenrick und Keefe, 1992).

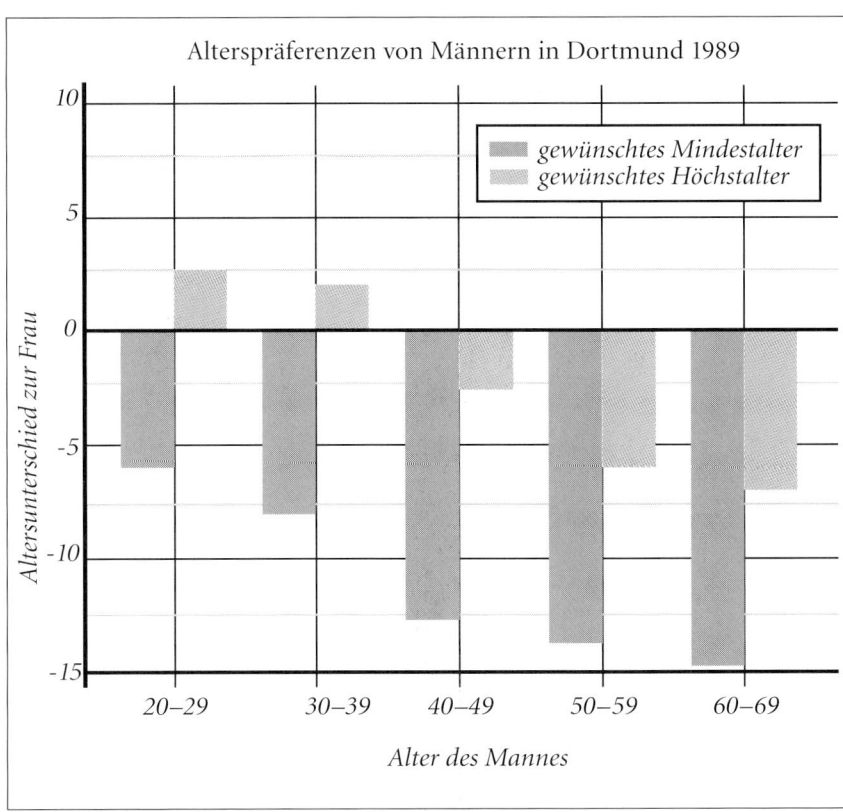

Abb. 5.4 b

gehend unabhängig vom eigenen Alter. Sie präferieren immer einen etwas älteren Mann. Dass es sich dabei um eine kulturübergreifende Präferenz handelt, verdeutlicht die Studie von David Buss. In allen 37 von ihm untersuchten Kulturkreisen wollten Männer eine Frau, die jünger ist als sie selbst.

Bei Teenagern sieht es allerdings etwas anders aus. In diesem Alter hätten die Jungen am liebsten eine ungefähr vier Jahre ältere Freundin. Evolutionär macht das alles Sinn. Präferiert werden in jedem Fall Frauen, die dem Höhepunkt ihrer Fruchtbarkeit nahe sind. Buss und seine Kollegen berichteten kürzlich in der Zeitschrift «Evolution and Human Behavior» von den Ergebnissen einer Studie mit mehr als

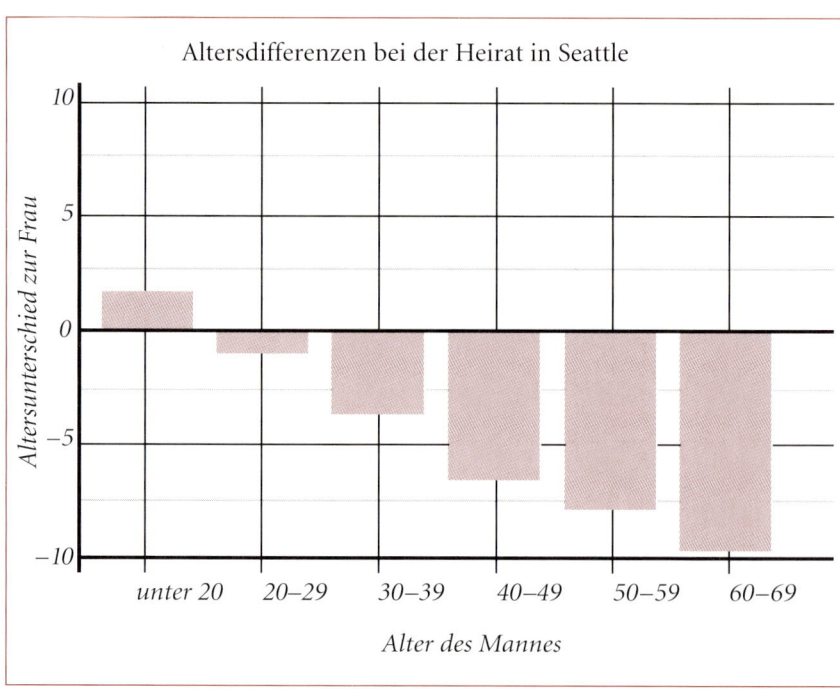

Abb. 5.5: Altersdifferenzen bei der Heirat in Seattle, Januar 1986 (nach Kenrick und Keefe, 1992).

10 000 Teilnehmern, nach denen die Vorliebe von Männern für junge Frauen zugleich auch mit dem Kinderwunsch zusammenhängt. Je mehr Kinder die Männer haben möchten, desto jünger sollte auch ihre Partnerin sein.

Ein Vergleich mit den tatsächlichen Altersdifferenzen bei einer Heirat zeigt, dass es sich bei diesen Präferenzen nicht nur um Wünsche handelt. In Abb. 5.5 haben wir den Altersunterschied zwischen Männern und Frauen bei der Hochzeit dargestellt. Je älter der Bräutigam, desto jünger die Braut. Besonders deutlich ist die Diskrepanz auf der kleinen Insel Poro, ungefähr 500 km südwestlich von Manila (Abb. 5.6).

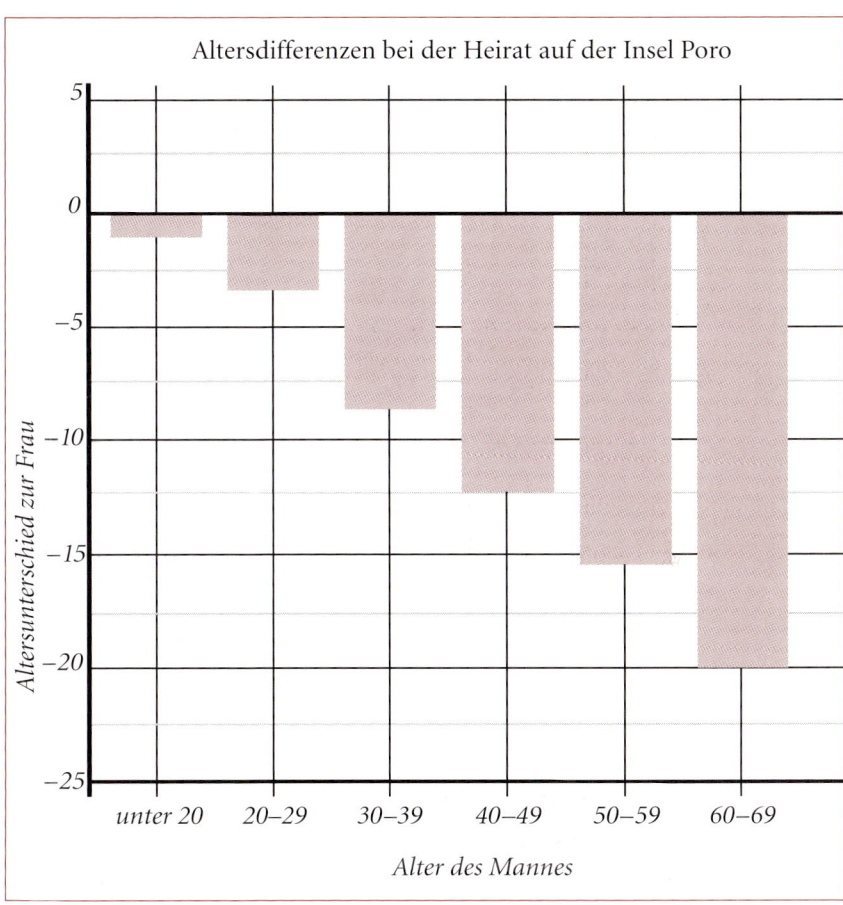

Abb. 5.6: Altersdifferenzen bei der Heirat auf der Insel Poro, 1913–1939 (nach Kenrick und Keefe, 1992).

MÄNNER WOLLEN EINE SCHÖNE FRAU

Weltweit messen Männer dem Aussehen einer Partnerin mehr Bedeutung bei als Frauen dem Aussehen der Männer, ein Ergebnis, das wir auch in unseren eigenen Studien immer wieder bestätigen konnten (Abb. 5.7).

Wir wollen damit nicht sagen, dass Frauen nicht auch auf das Aussehen von Männern achten. Sie sehen gutes Aussehen als wünschenswert an, Männer finden es hingegen sehr wichtig. Die unterschiedliche Be-

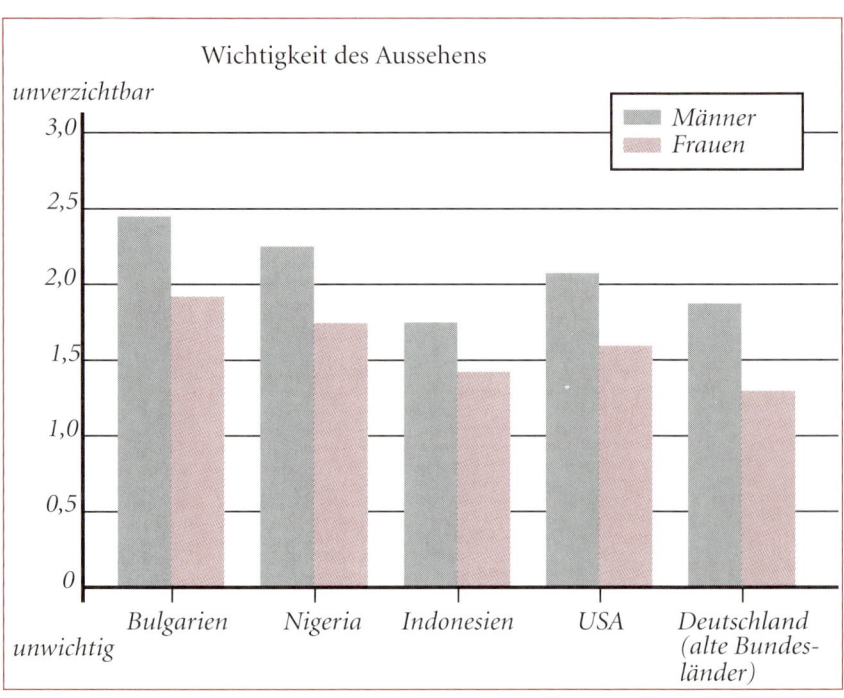

Abb. 5.7: Präferenz für gutes Aussehen eines Ehepartners (nach Buss, 1999).

wertung des Aussehens ist nicht nur in der heutigen Zeit festzustellen. Partnerwahlstudien, die seit den dreißiger Jahren des vergangenen Jahrhunderts in ungefähr zehnjährigem Abstand wiederholt wurden, zeigen, dass dieser Unterschied zwischen Männern und Frauen stabil bleibt. Das heißt jedoch nicht, dass die Wichtigkeit des Aussehens selbst unverändert ist. Ganz im Gegenteil: Zahlen aus den USA verzeichnen einen steigenden Trend. Die Wichtigkeit des Aussehens, gemessen auf einer Skala von 0 (unwichtig) bis 3 (unverzichtbar), hat sich zwischen 1939 und 1966 von 1,5 auf 2,1 für Männer und von 0,9 auf 1,7 für Frauen erhöht.

Die Präferenzen allgemein mögen sich zwar ändern, der Unterschied zwischen Männern und Frauen bleibt dennoch bestehen. Allerdings gibt es einen erheblichen Unterschied zwischen den einzelnen Kulturen: Je schlechter die Bildungschancen von Frauen, desto wichtiger sind ihnen Status und Wohlstand des Partners im Vergleich zum Aussehen. Aber dennoch legen auch hoch gebildete und wohlhabende Frauen mehr Wert auf solche Partnermerkmale als Männer.

Weshalb ist das so?

In der wissenschaftlichen Diskussion stehen sich zwei Thesen gegenüber – eine soziokulturelle und eine evolutionäre. Vertreter der soziokulturellen Perspektive argumentieren, dass Männer und Frauen eigentlich die gleichen Partnerpräferenzen hätten, aber die ungleiche Verteilung von Lebenschancen Unterschiede wie die hier dargestellten begünstigen. Auch in hoch industrialisierten Gesellschaften wie Deutschland oder den USA, in denen Gleichberechtigung groß geschrieben wird, haben Frauen im Vergleich zu Männern immer noch einen schlechteren Zugang zu Bildung und zu höheren beruflichen Positionen. Nach dieser These präferieren Frauen deswegen Status, Macht und materielle Sicherheit bei ihren Partnern, weil sie selbst aufgrund der gesellschaftlichen Bedingungen nur eine geringe Kontrolle über diese Ressourcen ausüben können. Und für Frauen, die in Gesellschaften leben, in denen sie weitgehend von Bildung und Erwerbschancen ausgeschlossen sind oder in denen ein ausgelebter Kinderwunsch gleich bedeutend mit dem Rückzug aus dem Berufsleben ist, besteht die einzige Chance auf einen höheren ökonomischen und gesellschaftlichen Status in der Ehe mit einem gut situierten Partner. Frauen tauschen auf dem Partnermarkt mithin ihre Schönheit und Jugendlichkeit gegen Status und Wohlstand der Männer ein.

Evolutionspsychologen argumentieren ganz anders. Sie sehen die Unterschiede zwischen Männern und Frauen als Relikt so genannter psychologischer Programme, die sich in unserer evolutionären Vergangenheit bewährt haben. Stellen Sie sich einmal eine Frau in der Steinzeit vor, die sich zwischen zwei Männern zu entscheiden hat. Einer von beiden ist ein mutiger und geschickter Jäger und bietet ihr Nahrung im Überfluss, der andere ist eher ungeschickt und kommt nur ab und an mit Beute nach Hause. Alle anderen Aspekte außer Acht gelassen, hat der erfolgreiche Mann für sie einen höheren «Wert» als der weniger erfolgreiche. Er wird zu ihrem Überleben und dem Überleben möglicher Kinder besser beitragen. Die anderen Frauen, die den weniger erfolgreichen Versorger wählen, haben mitsamt ihrer Nachkommen geringere Überlebenschancen. Also begünstigt die Evolution die Präferenz von Frauen für erfolgreiche Männer. Die heute beobachtbaren Partnerpräferenzen wären aus ihrer ehemaligen Funktion in einer urzeitlichen Jäger- und Sammlergesellschaft verständlich.

Wir haben schon in Kapitel 2 darauf hingewiesen, dass die Konsequenzen der Paarbildung für Frauen und Männer unterschiedlich sind und die Fortpflanzung für die Frauen mit höheren Investitionen verbunden ist. Die unterschiedlichen Investitionen, die Männer und Frauen bei der Fortpflanzung minimal einbringen, zeigen sich im Vergleich: Frauen nehmen eine neunmonatige Schwangerschaft und eine Stillzeit in Kauf.

Für Männer ist dagegen minimal die Dauer des Geschlechtsakts ausreichend, um einen Fortpflanzungserfolg zu erreichen. Evolutionär betrachtet muss ein Mann, um sich erfolgreich fortzupflanzen, nur eine fruchtbare Frau finden und sie schwängern – wenn sie ihn denn lässt! In der Literatur wird von 888 legitimen Kindern des Fürsten Moulai Ismail des Blutrünstigen berichtet. Im Vergleich dazu liegt die biologisch bedingte Höchstgrenze der Geburten, die eine Frau (ohne Mehrlingsgeburten) austragen kann, bei etwa 24 Kindern. Fehlentscheidungen bei der Partnerwahl haben daher für Frauen erheblich gravierendere Konsequenzen als für Männer. Wählen sie den Falschen und werden schwanger, haben sie möglicherweise andere gute Gelegenheiten vertan und sitzen in der Klemme. Frauen müssen also nicht nur auf andere Merkmale achten als Männer, sie müssen auch wählerischer sein.

Frauen sind wählerischer als Männer

Wären Sie bereit, mit einer Ihnen völlig unbekannten Person Sex zu haben? Wissenschaftler der University of Texas haben es getestet. Junge Männer und Frauen wurden jeweils von einer attraktiven Person des anderen Geschlechts angesprochen und gefragt, ob sie mit ihr noch am selben Tag Sex haben wollten. 75 Prozent der angesprochenen Männer waren dazu bereit, während sich keine einzige der angesprochenen Frauen auf Sex mit dem ihnen unbekannten Mann einlassen wollte. In Übereinstimmung damit lassen sich Frauen mehr Zeit, bis sie zum ersten Mal mit einem neuen Bekannten ins Bett gehen. Nach neuesten Forschungsergebnissen kannte ein Drittel der Männer ihre letzte Sexualpartnerin weniger als 24 Stunden, bei Frauen waren es nur 16 Prozent. Und nahezu die Hälfte aller Männer (45 Prozent) kannten ihre letzte Bettgenossin weniger als eine Woche. Bei den Frauen waren es auch hier wieder deutlich weniger (28 Prozent), die so schnell zu Sex bereit waren. «Wie kann das sein?», fragt man sich. Wenn ein Drittel der Männer ihre letzte Sexpartnerin weniger als einen Tag kannte, müssten es auch umgekehrt ebenso viele Frauen sein. Der Grund für diese Diskrepanz könnte sein, dass es immer dieselben Frauen sind, mit denen die Männer, ohne sie lange zu kennen, Sex haben. Das sind möglicherweise auch Frauen, die bei Umfragen eher unterrepräsentiert sind, etwa Prostituierte. Vielleicht nehmen es Männer und Frauen aber auch mit den Angaben zu ihrem Sexleben nicht so genau. In Kapitel 7 (über Sexualität) kommen wir auf eine ähnliche Diskrepanz noch einmal zurück.

Die größere Selektivität von Frauen bei der Partnerwahl spiegelt sich auch in Heirats- und Bekanntschaftsanzeigen. Sie haben offenbar eine präzisere Vorstellung von den Merkmalen und Eigenschaften, die der gewünschte Partner aufweisen soll, und formulieren entsprechend mehr Wünsche als Männer. Wenn man Männer und Frauen auffordert, kurz über den idealen Partner nachzudenken und Eigenschaften aufzuschreiben, die der ideale Mann oder die ideale Frau haben sollte, nennen Frauen nicht nur 40 Prozent mehr Eigenschaften als Männer, diese sind überdies differenzierter. Frauen nennen Eigenschaften wie intelligent, verantwortungsbewusst, kommunikativ, gebildet, unabhängig und durchsetzungsfähig, während Männer fast nur Merkmale nennen, die etwas mit dem Aussehen zu tun haben, wie attraktiv, hübsch, aufregend, gute Figur und weiche Haut.

Frauen sind insgesamt auch sorgfältiger und gründlicher in der

	A. P.	C. K.	A. G.	S. M.	K. V.	D. K.	M. L.	T. S.
Foto							 📷	
intelligent		＋		0	＋		＋＋	
ordentlich								
Einkommen	0	0	－－	＋	＋＋	－－	＋＋	0
verantwortungsbewußt								
häuslich								
kommunikativ								
kreativ								

Abb. 5.8: Die Partnerwahlmatrix von Cornelia Storz. Die Versuchsteilnehmer konnten so viele Elemente in dieser Matrix aufdecken, bis sie den passenden Partner gefunden hatten. -- bedeutet, das angeklickte Merkmal ist bei der Person überhaupt nicht vorhanden, ++ bedeutet, es ist sehr stark ausgeprägt, 0 ist eine mittlere Ausprägung.

Wahrnehmung ihrer Partner und lassen sich auch mehr Zeit bei der Partnersuche. Cornelia Storz, ein Mitglied unserer Arbeitsgruppe, verwendete in ihrer Dissertation eine Art virtuelle Partnervermittlung und ließ ihre Versuchsteilnehmer aus einem Pool von möglichen Partnern, die mit Fotos und weiteren Informationen beschrieben waren, auswählen. Alle Informationen waren in Form einer Matrix (Abb. 5.8) auf einem Computermonitor präsentiert.

Nach und nach konnten einzelne Elemente dieser zunächst nicht völlig verdeckten Matrix aufgedeckt werden, so lange, bis die Testperson meinte, einen möglichen Partner gefunden zu haben. Auf diese Weise lässt sich feststellen, wie Männer und Frauen Informationen über mögliche Partner auswerten. Das Ergebnis: Frauen verwenden insgesamt mehr Zeit auf die Verarbeitung der einzelnen Informationen und sehen länger hin, bevor sie sich entscheiden, ob sie sich mit einer Person verabreden wollen oder nicht. Auch das ist ein Hinweis auf die größere Selektivität von Frauen bei der Partnerwahl.

SOZIOKULTURELL ODER EVOLUTIONÄR? WER HAT RECHT?

Zunächst wirkt die soziokulturelle Argumentation sehr plausibel. Was bleibt Frauen in Gesellschaften, in denen Gleichberechtigung vor allem auf dem Papier steht (zum Vergleich: Obwohl an deutschen Universitäten der Frauenanteil bei den Studierenden im Jahr 2001 bei 46 Prozent liegt, ist nur rund jede zehnte Professorenstelle mit einer Frau besetzt), anderes übrig, als durch Heirat zu hohem Status und Einkommen zu gelangen? Evolutionäre Argumentationen erscheinen oft weit hergeholt und schwer nachprüfbar. Was allerdings stark für die evolutionäre Perspektive spricht, ist der Umstand, dass die spezifischen Partnerwünsche von Frauen weltweit in sehr unterschiedlichen Kulturkreisen zu beobachten sind. Überraschend ist zudem, dass auch Frauen, die selbst in hohen gesellschaftlichen und beruflichen Positionen stehen, dennoch Wert auf Status, Macht und Bildung eines Mannes legen. Nach der soziologischen Theorie der strukturellen Machtlosigkeit sollten diese Frauen das eigentlich nicht mehr nötig haben.

Für die evolutionäre Perspektive sprechen zudem die größere Selektivität von Frauen bei der Partnerwahl und der Umstand, dass Frauen im Vergleich zu Männern die besseren Fähigkeiten haben, Täuschungsmanöver und Betrug in Beziehungen zu entdecken: Für sie steht eben mehr auf dem Spiel.

PARTNERWAHL UND MENSTRUATIONSZYKLUS

Wir haben in Kapitel 2 schon darauf hingewiesen, dass die Vorliebe von Frauen für symmetrische Männergesichter mit dem Menstruationszyklus zusammenhängt. Während der fruchtbaren Tage ihres Zyklus ziehen Frauen symmetrische und damit gesündere Männer vor. Man hat

Frauen an T-Shirts, die von Männern einige Tage lang getragen waren, riechen lassen, und sie mussten angeben, wie angenehm oder auch unangenehm ihnen der Geruch war. Frauen empfanden den Geruch von Männern mit symmetrischen Gesichtern als angenehmer – aber nur während ihrer fruchtbaren Tage! Während der übrigen Zeit konnten sie keinen Unterschied zwischen den Gerüchen von Männern mit symmetrischen und deren mit asymmetrischen Gesichtern wahrnehmen.

Englische Wissenschaftler manipulierten mit Bildbearbeitungsprogrammen die Fotos männlicher Gesichter so, dass sie maskuliner oder femininer aussahen. Fünf der manipulierten Bilder wurden in dem englischen Magazin «Tomorrow's World» abgedruckt. Die Leserinnen sollten das schönste Bild auswählen, wobei die Forscher zusätzlich Informationen über den Menstruationszyklus der Frauen erbaten. Während der fruchtbaren Phase des Zyklus wählten deutlich mehr Frauen das maskuline Foto als während der nicht fruchtbaren Phase des Zyklus. Dass Frauen dann, wenn die Wahrscheinlichkeit hoch ist, schwanger zu werden, eine Präferenz für maskuline Gesichtszüge haben – diese sind normalerweise das Resultat des Testosteronspiegels der Männer –, kann aus einer soziokulturellen Perspektive kaum erklärt werden.

Der österreichische Evolutionsforscher Karl Grammer beobachtete Männer und Frauen in Bars und registrierte, wie oft die Männer die Frauen berührten, wie die Frauen gekleidet waren und ob sie durch ihre Aufmachung sexuelle Signale aussandten. Nach dem Verlassen der Bar wurden die Frauen von einem anderen Mitglied des Forschungsteams angesprochen und über ihre Menstruation befragt, wann die letzte begann, wie lang der Zyklus normalerweise ist und ob sie die Pille nahmen. Zusätzlich wurden sie auch noch fotografiert. Karl Grammer stellte fest, dass die Frauen, die nicht die Pille nahmen, während ihrer fruchtbaren Phase mehr von Männern berührt wurden. Das liegt aber weniger daran, dass Männer einen siebten Sinn für die Empfängnisbereitschaft der Frau haben, sondern vielmehr daran, dass diese Frauen sich erotischer gekleidet hatten – sie zeigten mehr Haut, trugen engere, körperbetonte Kleidung. Auch solche zyklusbedingten Variationen des

Aussendens sexueller Signale sprechen eher für die evolutionäre als für die soziokulturelle Sichtweise.

WUNSCH UND WIRKLICHKEIT

«Arzt, 36, 1,90, schlank, gut aussehend (Typ Brad Pitt), sportlich, kulturell interessiert, leidenschaftlicher Segler mit eigener Jacht, ist noch zu haben», liest Sarah aus der Zeitung vor. – «Den wollen doch alle, der braucht sich nur die Passende rauszusuchen», meint Paul.

Den idealen Partner finden und ihn auch bekommen sind zweierlei. Und so lehrt uns unsere Erfahrung, dass wir auch bei der Partnerwahl Kompromisse eingehen müssen. Nicht jeder kann seinen Traumpartner bekommen. Soziologen und Psychologen haben sich Paare genauer angesehen und ermittelt, was beide jeweils auf die Waagschale legen konnten – Aussehen, Intelligenz, Einfühlungsvermögen, Geld, beruflichen Erfolg, geistige und körperliche Gesundheit und vieles mehr. Sie stellten fest, dass jeder Mensch den Partner hat, den er «verdient». Wenn man die Summe aller positiven und negativen Eigenschaften einer Person berücksichtigt, finden sich meist solche Menschen als Paare, die sich in der Summe ihres «sozialen Wertes» ähnlich sind. Wie einfach das funktioniert, zeigt unser Test 5.2.

TEST 5.2. DER EIGENE MARKTWERT UND DIE PARTNERWAHL

Probieren Sie auf einer Party oder einer größeren Feier (es sollten nach Möglichkeit mehr als 15 Personen anwesend sein) Folgendes aus:
Bereiten Sie Zettel mit Zahlen 1, 2 etc. vor, immer zwei mit der gleichen Zahl. Nummerieren Sie so weit fort, wie sich Paare aus den Anwesenden bilden lassen. Bei 20 Personen gibt es also die Werte 1 bis 10. Mischen Sie die Zettel gut und kleben Sie jedem Gast einen Zettel auf den Rücken. Wichtig ist, dass die Person selbst nicht weiß, welche Zahl auf ihrem Rücken zu lesen ist.
Erklären Sie Ihren Gästen nun, diese Zahlen drückten den «Markt-

wert» jedes Einzelnen aus. Sie repräsentieren sozusagen die Summe aller positiven und negativen Eigenschaften der jeweiligen Person. Es geht darum, einen möglichst attraktiven Partner (also eine Person mit hohem Wert) zu finden.

Beobachten Sie, was passiert.

Über kurz oder lang haben alle Gäste einen Partner gefunden. Sie werden meist eine ziemlich gute Kombination der sozialen Werte feststellen, also 2 zu 2, die 10 mit der 10. Ohne dass die Gäste wissen, welche Zahl auf ihrem Rücken steht, haben sie ein Gefühl für ihren «Marktwert». Die 10 wird Angebote von vielen erhalten und kann entsprechend auswählen, die 1 oder die 2 dagegen erhalten nur wenige Offerten.

In der Praxis sieht die Partnerwahl sicher etwas anders aus als in unserem Partyspiel. Wenn eine Nummer 3 vielleicht zwei oder drei Mal vergeblich versucht hat, eine Nummer 7 oder 8 zu bekommen, wird er oder sie es nicht noch einmal versuchen. Schließlich entwickelt man durch Erfolg und Misserfolg bei der Partnerwahl auch eine Einschätzung der eigenen Chancen, des eigenen sozialen Wertes, und wählt dann letztlich solche Personen, bei denen man sich Chancen ausrechnet und damit die Gefahr einer Zurückweisung minimiert. Wir haben alle im Laufe unseres Lebens gelernt, dass Nehmen und Geben in einem sinnvollen Wechselspiel stehen müssen. Schon als Kinder werden wir getadelt, wenn wir unsere Spielsachen oder Süßigkeiten nicht mit unseren Geschwistern oder Spielkameraden teilen – und so entwickelt sich nach und nach ein Gefühl für Fairness und Billigkeit, eine Norm der Gegenseitigkeit. Wir fühlen uns in der eigenen Paarbeziehung am wohlsten, wenn wir das bekommen, was uns unserer Meinung nach zusteht. Ist in einer Beziehung das Gleichgewicht von Leistung und Gegenleistung gestört, fühlen sich beide Partner unbehaglich.

Bei dem, der zu schlecht wegkommt, der mehr in die Beziehung einbringt, als er bekommt, ist das verständlich. Erstaunlicherweise fühlt sich aber auch der Partner nicht wohl in seiner Haut, der mehr bekommt, als er verdient. Er hat Schuldgefühle, ein schlechtes Gewissen und Angst, den Partner zu verlieren.

Wir haben in zahlreichen Studien Hunderte von Männern und Frauen gebeten, das, was sie zu ihrer Beziehung beitragen und aus ihr beziehen, mit dem zu vergleichen, was ihr Partner beiträgt und bekommt. Dann wurden sie gebeten anzugeben, ob sie besser als der Partner wegkommen, der Partner besser wegkommt als sie selbst oder ob beide sich in einem ausgewogenen Verhältnis von Geben und Nehmen befinden. Paare in einer gleichwertigen und ausgewogenen Beziehung waren durchweg glücklicher und zufriedener als solche, in denen sich einer der beiden benachteiligt oder auch im ungerechten Vorteil sahen. Dieser Wunsch nach Ausgewogenheit in einer Beziehung ist mit dafür verantwortlich, dass wir bei der Wahl unseres Partners nicht nur auf dessen Eigenschaften achten, sondern auch berücksichtigen, was wir selbst zu bieten haben.

Selbstvertrauen und Anspruchsniveau

Nun ist das, was wir zu bieten meinen, und das, was wir von unserem Partner erwarten, keineswegs gleich bleibend und unveränderbar. Wie leicht modifizierbar unser Anspruchsniveau ist, hat die amerikanische Psychologin Sarah Kiesler schon vor 30 Jahren eindrucksvoll demonstriert. Ihre männlichen Versuchsteilnehmer nahmen an einem Test teil, in dem angeblich ihre intellektuellen Fähigkeiten gemessen werden sollten. Einigen völlig zufällig ausgewählten Versuchsteilnehmern wurde dann mitgeteilt, sie hätten überdurchschnittlich gut abgeschnitten, anderen, sie hätten besonders schlecht abgeschnitten. Unter einem Vorwand wurden die Versuchsteilnehmer in die nahe gelegene Cafeteria gebeten, wo sie auf weitere Instruktionen warten sollten. Hier setzte sich eine hübsche junge Frau zu ihnen an den Tisch und begann ein Gespräch. Diejenigen Versuchspersonen, die angeblich sehr gut abgeschnitten hatten, verhielten sich selbstsicher und versuchten, sich zu verabreden. Die anderen waren schüchtern, wortkarg und machten keinerlei Anstalten, ihr Gegenüber näher kennen zu lernen.

Der Hollywood-Effekt

Es ist uns allen bekannt, dass sich Filmstars häufiger scheiden lassen als die Leute von nebenan. Woran liegt das? Sind sie oberflächlicher, egozentrischer oder einfach mehr Versuchungen ausgesetzt? Wissenschaftler lieferten kürzlich eine neue Erklärung für dieses Phänomen: Männer, die besonders häufig mit hoch attraktiven Personen des anderen Geschlechts zusammentreffen – etwa Filmstars, aber auch Lehrer und Professoren – entwickeln unrealistische Erwartungen an die Attraktivität ihrer Partnerin. Die eigene Partnerin kann im Vergleich nur schlecht abschneiden. Die Statistiken scheinen diese Vermutung zu bestätigen. Das Scheidungsrisiko ist für männliche Lehrer und Professoren statistisch signifikant höher als in der allgemeinen Bevölkerung. Wer sich also allzu gern im Lichte schöner Frauen sonnt, muss auf der Hut sein und sich vorsehen, keine unrealistischen Standards zu entwickeln.

Fatale Wünsche

Wie beim Zauberlehrling, der die Geister nicht mehr loswurde, die er rief, können sich auch Partnerwünsche manchmal als Hypothek mit unangenehmen Folgen erweisen. Die Soziologin Diane Felmlee spricht von so genannten fatal attractions. Männer wünschen sich oft einen wahren Sexteufel als Frau oder eine Frau, die wunderschön aussieht; Frauen dagegen Karrieremänner, reich, erfolgreich, zielstrebig. Diane Felmlee fand heraus, dass oft gerade diejenigen Eigenschaften des Partners später für die Trennung verantwortlich sind, die am Anfang so begehrenswert schienen.

Die sexgierige Frau, die schon in der ersten Nacht alle bisherigen Erfahrungen in den Schatten stellt, erweist sich später vielleicht als eine Frau, an der der Mann vor Eifersucht verzweifelt. Die Frau, die wegen ihres umwerfenden Aussehens die Blicke aller auf sich zieht, zeigt später, dass ihr Aussehen teuer bezahlt werden muss: Sie geht vom Aerobic-Studio zum Kosmetiksalon; zu Hause ist sie stundenlang nicht ansprechbar, weil ihre Gesichtsmasken einwirken müssen – und ihr Mann regt sich auf und beklagt sich, dass seine Frau nur ihr Aussehen im Kopf habe. Frauen, die den erfolgreichen Manager so begehrenswert finden, der beim ersten Rendezvous schon von lukrativen Jobangeboten schwärmt, merken plötzlich, dass auch der Erfolg seinen Preis hat. Vor 22 Uhr ist er nie zu Hause, die Wochenenden eingeschlossen, und an den wenigen Urlaubstagen klingelt permanent das Handy. So haben sie sich das Zusammenleben mit einem erfolgreichen Mann nicht vorgestellt!

Wie bekommt man den Märchenprinzen oder die Traumfrau?

Bislang haben wir uns mit den Partner*wünschen* befasst. Aber wie stellt man es an, den Wunschpartner auch zu bekommen?

Wählen können wir nur aus der Menge der Verfügbaren – dem «field of eligibles», wie es der Soziologe Winch einmal genannt hat. Dieses Feld ist aber gar nicht so groß. Machen Sie sich einmal den Spaß und beobachten Sie einen ganzen Tag lang *alle* Menschen, denen Sie begegnen, in Geschäften, am Arbeitsplatz, in der Freizeit, und stellen Sie sich bei jedem die Frage, ob er als Partner infrage käme. Sie werden erstaunt sein, wie wählerisch Sie sind, und wie wenige übrig bleiben. Und auch die, die übrig bleiben, sind nicht unbedingt verfügbar. Sie sind entweder selbst gebunden oder finden an Ihnen nichts Besonderes.

Partnersuchende sollten zunächst darauf aus sein, das Feld der Verfügbaren zu erweitern. Erstaunlicherweise nutzen aber viele Leute nicht alle Möglichkeiten aus. Viele Personen, die wir befragten, wo man denn ihrer Meinung nach am besten jemanden kennen lernt, nannten Kneipen und Discos. Tatsächlich beginnen aber die meisten Beziehungen am Arbeitsplatz, oder man lernt sich über gemeinsame Freunde kennen. Nur ein kleiner Teil der von uns in einer repräsentativen Umfrage befragten Personen lernte den momentanen Partner in einer Kneipe kennen. Die beste Strategie, einen Partner zu finden, ist es daher, den eigenen Bekanntenkreis zu pflegen und zu erweitern. Und dennoch muss man irgendwann den ersten Schritt tun. Auch auf einer Party oder in einer Disco muss man die Initiative ergreifen und etwas sagen. Gibt es bestimmte Sätze oder Floskeln, die als Gesprächseröffnung besonders effektiv sind? Schließlich haben Sie schon in Kapitel 2 erfahren, wie wichtig der erste Eindruck ist.

Michael Cunningham, Psychologieprofessor an der University of Louisville, testete die Effektivität unterschiedlicher Eröffnungssätze in Bars. Er unterscheidet

a) die *direkte Strategie,* etwa: «Es fällt mir schwer, es zuzugeben, aber ich möchte dich gerne näher kennen lernen.»
b) die *harmlos-unverbindliche Strategie,* etwa: «Wie heißt die Band, die hier spielt?»
c) die *schnodderig-freche Strategie,* etwa: «Wetten, dass ich dich unter den Tisch trinken kann?»

Mit diesem Repertoire an Eröffnungssätzen schickte Cunningham männliche und weibliche Tester in Bars, wo sie die dort Anwesenden ansprachen.

In Abb. 5.9 haben wir die Wirkung dieser Strategien veranschaulicht. *Was* Frauen in dieser Situation sagen, ist offenbar völlig egal. Allein der Umstand, von einer Frau angesprochen zu werden, ist für die meisten Männer so angenehm, dass sie überwiegend (zwischen 81 Prozent und 100 Prozent) positiv reagierten. Meist sind es aber die Männer, die zumindest *verbal* den ersten Schritt machen müssen. Sie können, wie die Abbildung zeigt, schon mit dem ersten Satz all ihre Chancen zunichte machen. Schnodderig-frech wirkt nur bei einem Viertel der Frauen. Da ist es schon besser, den direkten oder aber den unverbindlichen Weg zu wählen.

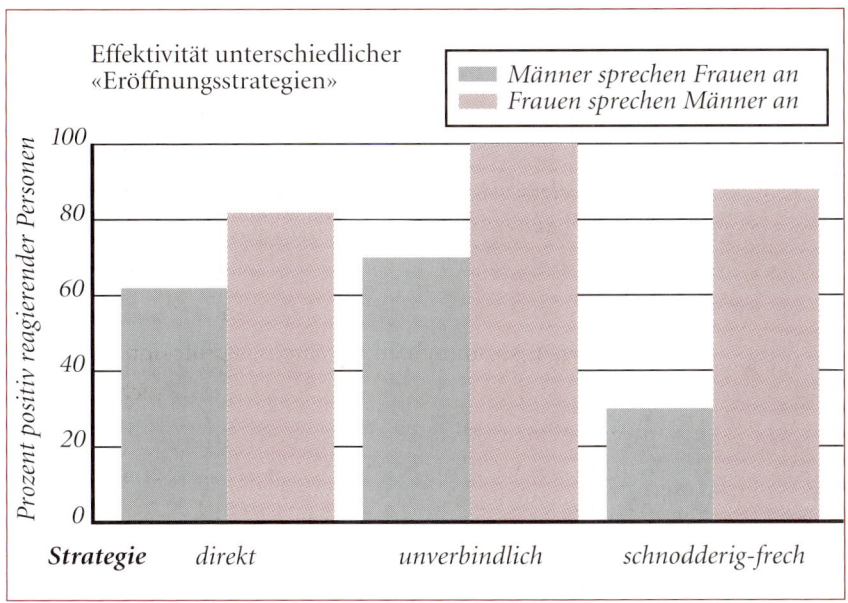

Abb. 5.9: Michael Cunningham überprüfte die Wirksamkeit verschiedener Strategien zur Eröffnung eines Gesprächs. Für Männer empfiehlt sich die schnodderig-freche Strategie am wenigsten.

WIE FORMULIERT MAN BEKANNTSCHAFTSANZEIGEN?

Wenn der gesamte Bekanntenkreis nichts hergibt, versucht man es meist irgendwann mit einer Bekanntschaftsanzeige. Aber wie formuliert man eine erfolgreiche Anzeige?

Neugierig wie Forscher nun einmal sind, wollten wir auch das genau wissen. Wir analysierten daher den Stil von Bekanntschaftsanzeigen und ermittelten, ob und wie viele originelle Ausdrücke verwendet wurden, ob sie eher nüchtern oder lustig waren, ob viele Substantive, Verben oder Adjektive benutzt wurden und dergleichen mehr. Schließlich ließen wir die Anzeige insgesamt im Hinblick auf ihre Originalität beurteilen. Durch Kooperation mit der Anzeigenredaktion einer Tageszeitung erfuhren wir, wie viele Zuschriften die jeweiligen Anzeigen erhielten.

Das Ergebnis war für uns völlig überraschend: Stil und Originalität der Anzeige hatten offenbar überhaupt keinen Einfluss auf die Menge der Zuschriften. Diese Mühe kann man sich also getrost sparen! Einfluss auf die Menge der Zuschriften hatte lediglich, wie konkret die Wünsche an den Partner formuliert waren, und zwar anders herum als erwartet: Je spezifischer und konkreter die Anzeige, desto weniger Zuschriften gingen ein. Entsprechend war der absolute Spitzenreiter mit über 70 Zuschriften folgende Anzeige:

«Sie, 21, attraktiv, sucht Partner»

Ob der Richtige für sie dabei war, wissen wir allerdings nicht.

Kapitel 6
Nähe und Distanz

Sarah und Paul haben inzwischen eine sehr enge Beziehung. Sie können sich gar nicht mehr vorstellen, ohne den anderen zu sein. In manchem unterscheiden sie sich aber doch: Sarah verbringt zwar gerne Zeit mit Paul, aber zu viel Nähe ist auch nicht gut, findet sie, und manchmal ist etwas Abstand ganz angenehm. Ganz anders Paul: Er fühlt sich am wohlsten in Sarahs Nähe, und immer wenn sie nicht da ist, befällt ihn die Angst, dass sie vielleicht nicht wiederkommt. Nicht dass sie ihm Anlass gäbe, misstrauisch zu sein, aber man weiß ja nie … Mit Grauen sieht er Sarahs nächster Dienstreise entgegen. Schon jetzt bekommt er fast Depressionen bei dem Gedanken, und als es so weit ist, liegt er die ganze Woche mit Grippe im Bett. Als sie wiederkommt, findet sie ihn als Häufchen Elend vor. Doch kaum hat sie ihm eine heiße Zitrone gemacht und sich zu ihm ans Bett gesetzt, um die neuesten Neuigkeiten zu erzählen, bessert sich sein Zustand zusehends.

Beziehungen sind wichtig für unser Wohlbefinden

Es gibt kaum einen Bereich des Lebens, der unsere Zufriedenheit und unser Wohlbefinden so stark beeinflusst wie die Zufriedenheit in der eigenen Beziehung. Ist man mit der Partnerschaft zufrieden, so ist man es in der Regel auch mit seinem Leben im Allgemeinen. Der Zusammenhang zwischen der Zufriedenheit in der Beziehung und der Zufriedenheit mit dem Leben an sich ist offenbar ein sehr universelles Phänomen: In 16 von 17 untersuchten Nationen, darunter neben den USA auch Japan, Italien und Deutschland, ist dies so, die einzige Ausnahme bildet Nordirland.

Untersuchungen haben gezeigt, dass unser Wohlbefinden – das psychische ebenso wie das physische – ganz entscheidend davon abhängt, ob wir Gesellschaft haben oder nicht. Allein zu sein macht die meisten Menschen unglücklich, im Extremfall sogar krank. 50 Prozent aller

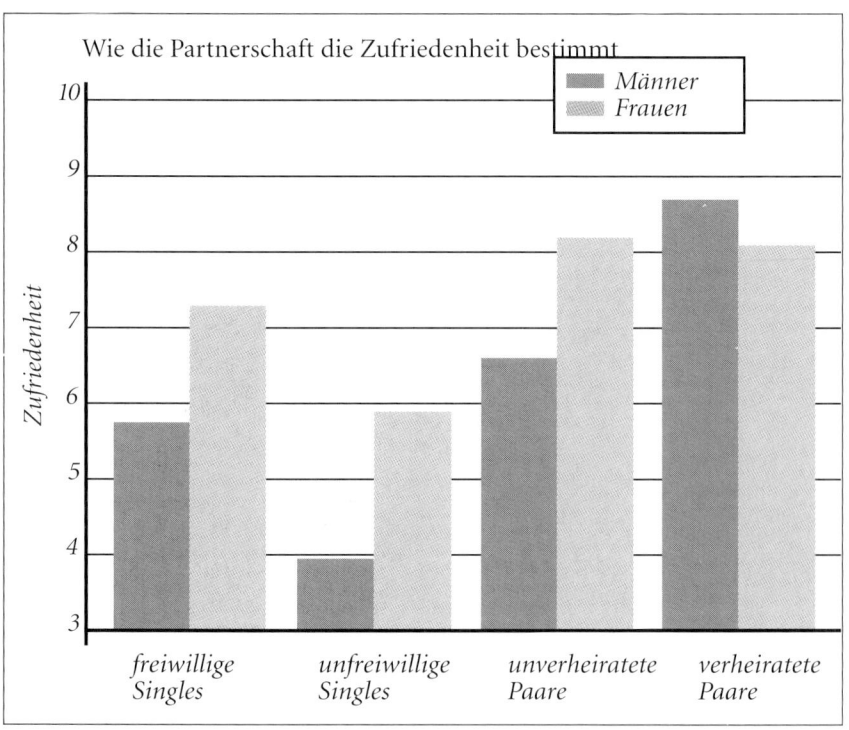

Abb. 6.1: Menschen mit einer Paarbeziehung sind mit ihrem Leben zufriedener als Singles. Am unzufriedensten sind unfreiwillige Single-Männer.

Suizide werden aus zwischenmenschlichen Gründen begangen. Das unangenehme Gefühl der Einsamkeit, das das Alleinsein oft mit sich bringt, treibt uns dazu, Gesellschaft zu suchen. Ist Gesellschaft an sich schon förderlich für unser Wohlbefinden, so ist es eine Liebesbeziehung erst recht: Verheiratete fühlen sich selten einsam, Singles deutlich häufiger. Selbst die Singles, die sich freiwillig für ein Leben allein entschieden haben, und sogar die, die über sehr viele Freunde und gute Bekannte verfügen, sind häufiger einsam und weniger zufrieden mit ihrem Leben. Am schlimmsten von Einsamkeit betroffen sind geschiedene Männer, die am liebsten so schnell wie möglich den alten, gewohnten Zustand der trauten Zweisamkeit wiederherstellen möchten. Offenbar ist es für die meisten Menschen tatsächlich der feste Partner, der für Wohlbefinden sorgt.

Probleme in der Beziehung schlagen uns nicht nur sprichwörtlich auf den Magen, sie führen auch zu Depressionen. Wir baten 250 Personen anzugeben, wie zufrieden sie mit ihrer Beziehung sind, und ermittelten gleichzeitig ihre Stimmungslage. Diejenigen, die mit ihrer Beziehung unzufrieden waren, zeigten sich auch insgesamt depressiver. Leicht kann sich das zu einem Teufelskreis aufschaukeln: Mangelnde Zufriedenheit führt zu Depressivität, umgekehrt fällt Depressivität wie ein Schatten auf die eigene Beziehung. Man zeigt seinem Partner nicht mehr, dass man sich wohl mit ihm fühlt und glücklich mit ihm ist, hat keine Lust mehr, zusammen etwas zu unternehmen, und die Beziehung wird immer schlechter.

Allein die Tatsache, ob wir eine feste Beziehung haben oder nicht, wirkt sich auf unsere physische Gesundheit aus. Verheiratete sind deutlich gesünder als Unverheiratete oder gar Verwitwete. Bei Krankheit erholen sie sich schneller und werden früher aus dem Krankenhaus entlassen; chronische Erkrankungen schränken sie weniger in ihren Alltagsaktivitäten ein. Die Krankheits- und Todesrate ist bei denen, die in höherem Alter geschieden werden, besonders hoch. Deutlich zeigt sich das am so genannten Verwitwungseffekt. Wenn bei lange zusammenlebenden Paaren im Alter einer von beiden stirbt, ist die Wahrscheinlichkeit groß, dass der andere recht bald folgt.

Doch damit nicht genug: Probleme in Beziehungen haben gravierende Konsequenzen für unsere körperliche Gesundheit. Stress ist die Reaktion des Körpers in Erwartung einer bedrohlichen Situation. Eigentlich ist er nur dazu da, dass der Mensch schnell auf eine kurzfristig gefahrvolle Situation reagieren kann – ein Erbe unserer Ahnen, die dem Säbelzahntiger entkommen mussten. Hält der Stresszustand zu lange an, geht dies an die körperliche Substanz. Daher wird auch unser Immunsystem durch Beziehungsprobleme belastet. Wir sind anfälliger für die unterschiedlichsten Infektionskrankheiten, und nach neuesten Erkenntnissen wirkt sich die Qualität einer Beziehung sogar auf die Heilungschancen nach einer Brustkrebsoperation aus.

Offenbar gibt uns eine Partnerschaft etwas, was unserem Wohlbefinden gut tut, obwohl der Gewinn für Männer insgesamt größer ist als für Frauen. Es scheint nämlich, dass sich die Ehe bei Männern eher auf ihre physische Gesundheit, bei Frauen eher auf ihr psychisches Wohlbefinden positiv auswirkt.

Das «soziale Tier» Mensch

Eine Partnerschaft bedeutet nicht nur Gesellschaft, sondern auch soziale Unterstützung. Es ist jemand da, der hilft, Ratschläge gibt oder bei dem man sich nach einem stressigen Arbeitstag anlehnen kann. Es ist also nicht allein die bloße Anwesenheit eines Ehepartners, die physisch und psychisch gut tut, sondern vor allem die Unterstützung, die wir von ihm erhalten. In Bezug auf den unterschiedlichen Ehegewinn bei Mann und Frau sollte uns das zu denken geben. Anders als Männer haben Frauen ohne Partner und Kinder mehr Bekannte und pflegen engere Beziehungen zu ihnen, bei Männern dagegen ist es genau umgekehrt. Das bedeutet: Offenbar bekommen Frauen mehr soziale Unterstützung durch andere Personen als durch ihren Mann.

Die Sehnsucht nach engen Beziehungen ist offenbar ein uraltes Phänomen. Schon seine ersten Schritte tat der Mensch nicht allein. An der Schwelle ihrer «Menschwerdung» hinterließen vor ca. 3,6 Millionen Jahren drei frühe Hominiden der Gattung *australopithecus afarensis* ihre Fußspuren in der frisch gefallenen, regennassen Vulkanasche auf der Ebene von Laetoli, Afrika. So eng, wie sie beieinander gingen, waren sie vermutlich nicht zufällig beisammen. Vielleicht waren sie eine Familie, zumindest aber vermutlich eine kleine Gruppe, zusammengeschweißt durch enge soziale Bindungen.

Man glaubt heute, dass der entscheidende Sprung zum Homo sapiens unserer Tage überhaupt erst durch die wachsende Bedeutung von sozialen Beziehungen entstanden ist. Paläontologen und Evolutionsforscher vermuten, dass erst mit der Schaffung einer ausgeklügelten sozialen Ordnung unser Gehirn seine jetzige Größe und Leistungsfähigkeit erreicht hat. Diejenigen, die sich besser merken konnten, wer Freund, wer Feind und wer der Freund des Freundes war, die ihre sozialen Beziehungen pflegten und neue knüpften, waren im Vorteil. Die bessere soziale Merk- und Denkfähigkeit wurde so zum Selektionskriterium. Unsere Vorfahren entwickelten bald strenge Regeln in allen Bereichen des Lebens, etwa wer wen wie zu begrüßen hatte, wer eine Familie gründen sollte, wer an welchem Ort leben konnte, wer welche Tätigkeit ausüben durfte oder wer mit wem seine Nahrung zu teilen hatte. All das musste gelernt, behalten und genau befolgt werden. Wer es vergaß oder ignorierte, hatte schlechte Karten im Überlebenskampf.

Ganz allgemein bietet der Zusammenschluss mit anderen große Vorteile im Kampf ums Überleben. Der Primatenforscher Frans de Waal beschreibt eindrucksvoll, wie sich schon unsere nächsten Verwandten – die großen Menschenaffen – von frühester Jugend an in sozialen Transaktionen üben. Wichtigstes Grundelement im Sozialleben vieler Primaten ist die Bildung von wechselnden Allianzen zwischen «Geschäftspartnern», die den Beteiligten sowohl Nutzen bringen als auch Kosten bescheren. Man hilft, wenn ein größerer Rivale dem besten Freund die Beute streitig machen will, und überträgt Aggressionen auch auf unbeteiligte Bündnispartner des Feindes. Das Gefühl der Zusammengehörigkeit zwischen den Mitgliedern eines sozialen Netzwerks, unter Affen wie unter Menschen, wirkt dabei gewissermaßen als «Schmiere» zwischen den sozialen Beziehungen. Zusammengehörigkeitsgefühle haben den großen Vorteil, dass Beziehungen nicht jedes Mal neu ausgehandelt werden müssen, sondern zuverlässig sind. «Blindes Vertrauen» gilt auch bei Menschen als *das* Geheimnis erfolgreicher «Kampfgemeinschaften».

In der Not rücken die Menschen zusammen. Sozialer Kontakt wird besonders in beängstigenden und bedrohlichen Situationen gesucht, und zwar von Kindern ebenso wie von Erwachsenen. Hat das Kind schlecht geträumt, kriecht es Schutz suchend zu den Eltern ins warme Bett. Auch für Erwachsene ist es viel weniger beängstigend, zu zweit bei Dunkelheit über die Straße zu gehen als allein, und in der Achterbahn fasst man sich kreischend an den Händen. Das Zusammensein mit anderen bietet aber nicht nur Schutz, sondern auch Orientierungshilfe dafür, wie man sich fühlen und verhalten soll. Wenn man sich unsicher ist, wie eine unbekannte Situation zu bewerten ist – ob man besser aufpassen sollte, weil Gefahr im Verzug ist, oder ruhig abwarten und sich neugierig nach vorne wagen kann – schaut man sich erst einmal um, was denn die anderen machen.

In einem mittlerweile klassischen Experiment untersuchte Stanley Schachter in den fünfziger Jahren, wie sehr sich Menschen in einer bedrohlichen Situation andere zum Vorbild nehmen, um ihre eigenen Gefühle einzuschätzen. Schachter versetzte seine Versuchspersonen in Angst, indem er ihnen mitteilte, dass das bevorstehende Experiment zur Wirkung von Elektroschocks schmerzhaft, aber gefahrlos sein würde. Einer zweiten Gruppe von Versuchspersonen wurde gesagt, die bevorstehenden Elektroschocks seien völlig harmlos und täten nicht weh. Anschließend beobachtete er, wie ängstlich die Probanden reagierten, und fragte sie, ob sie lieber allein oder in Gesellschaft mit anderen Versuchsteilnehmern warten wollten, bis sie an der Reihe wären. Rechneten die Versuchspersonen nicht mit Schmerzen, legten sie keinen besonderen Wert auf Geselligkeit. Erwarteten sie aber eine schmerzhafte Prozedur, wollten sie in der Mehrzahl lieber mit anderen «Leidensgenossen» auf ihr Schicksal warten, nicht aber mit anderen Menschen per se. Denn nur wenn die Situation der anderen mit der eigenen vergleichbar ist, können diese Orientierung bieten. Nur dann können sie helfen, sich über die eigenen Gefühle klarer zu werden, in diesem Fall darüber, welches Ausmaß an Besorgnis angesichts der bevorstehenden Prozedur angemessen erscheint.

Interessanterweise wollten vor allem Erstgeborene lieber mit anderen warten, wenn sie dachten, es drohe ihnen Schmerz. In der Geschwisterreihe Spätgeborene legten weniger Wert auf unterstützende Gesellschaft. Es lässt sich spekulieren, inwieweit Erstgeborene (und vermutlich auch Einzelkinder) von der Aufmerksamkeit anderer abhängen, die sie als Kind aufgrund ihrer Stellung in der Geschwisterreihe von ihren Eltern erhielten. Auf jeden Fall haben sie offenbar besser gelernt, sich in gefahrvollen Situationen vertrauensvoll an andere zu wenden, um Schutz und Trost zu finden. Zweit- und Drittgeborene mussten sich die Aufmerksamkeit der Mutter mit ihren Geschwistern teilen und konnten weniger auf ungeteilte Unterstützung bauen. Als Erwachsene verlassen sie sich dann in prekären Situationen anscheinend eher auf sich selbst.

Gute Beziehungen zu anderen sichern das Überleben aber auch ganz unmittelbar. Nicht nur für unsere Vorfahren und diejenigen Naturvölker, die noch heute als Sammler und Jäger leben, ist das Erbeuten und Teilen von Nahrung ein wichtiger Bestandteil des Lebens in der Gruppe. Auch bei uns sind die gemeinsame Haushaltskasse und das gemeinsame Essen im Kreise unserer Lieben wichtige Elemente des Zusammenlebens. Das Teilen von Nahrung hat dabei über den wirtschaftlichen Vorteil hinaus eine wichtige soziale Funktion. Es schafft enge Bindungen und ein Zusammengehörigkeitsgefühl zwischen den Beteiligten. Das komplizierte System, wer mit wem auf welche Weise Nahrung austauscht, spiegelt Verantwortungen, Sympathien und Hierarchien in der Gesellschaft wider oder erschafft sie auch neu (z. B. bei einer ersten Einladung zum Essen). Oft ist dieser Nahrungsaustausch hoch ritualisiert – die Friedenspfeife, die langsam kreist, Brot und Wein, die der Priester austeilt, die aufwendige Präsentation von Delikatessen durch Bedienstete, der teure Wein, den der Gastgeber höchstpersönlich einschenkt, und die Buttercremetorte unserer alten Tante, die wir als Zeichen unserer Zuneigung und unseres Respekts folgsam in uns hineinzwängen – sie alle beweisen und besiegeln enge Bindungen.

Wenn man im unmittelbaren Kampf ums Überleben teilt, was man hat, oder wenn man sich in einer ungewöhnlichen oder gefährlichen Situation gegenseitig bestätigt, kommt man zu mehreren meist weiter als allein. Daher sind feste Bindungen und zuverlässige Beziehungen so wichtig. Und schon früh wird der Grundstein dafür gelegt.

Die Mutterliebe: von Hormonen gesteuert ...

Offenbar tragen unsere Hormone eine gehörige Portion dazu bei, dass wir eine Bindung zu unserem Kind aufbauen. Dieser Prozess beginnt schon im Mutterleib, wenn der soeben gezeugte Fötus das Hormon Choriongonadotropin ausschüttet, damit die Menstruation unterbleibt und er nicht durch die einsetzende Monatsblutung abgestoßen wird. Schwangere können ein Lied davon singen, wie sehr die Hormone ihren Körper, aber auch ihre Psyche verändern – Morgenübelkeit, Wassereinlagerung, Appetitanfälle (auf die berühmten sauren Gurken), plötzliche Stimmungsumschwünge vom Lachen zum Weinen, aber oft auch zunehmende Gelassenheit angesichts der bevorstehenden Geburt. All dies sind Indikatoren dafür, dass Körper und Seele sich auf das Kind einzustellen beginnen. Auch die emotionale Aufgewühltheit vieler Frauen, leichtere oder im Extremfall schwere Fälle von Depressionen nach der Geburt zeugen von der Wirkung der Hormone, deren Ausschüttung durch den Geburtsvorgang noch einmal angeheizt wurde und nun abrupt nachlässt. Doch auch bei der postnatalen Depression zeigt sich, dass körperliche Vorgänge sozialen Einflüssen unterliegen. So haben Frauen häufiger Depressionen nach der Geburt, wenn sie ein Mädchen bekommen haben (bis vor kurzem war die Geburt eines Stammhalters für viele ein Grund zu größerer Freude), und besonders starke, wenn es zuvor Konflikte zwischen den werdenden Eltern darüber gegeben hat, ob sie das Kind überhaupt wollen oder nicht.

Auch die Ernährung des Säuglings wird von den Hormonen der Mutter gesteuert. Durch das Stillen werden nicht nur Hormone freigesetzt, die die Milchproduktion anregen und gleichzeitig die Menstruation unterdrücken, sondern auch solche, die als Glückshormone wirken. Ist das Baby erst einmal da, stimuliert das «Nähehormon» Oxytocin den Aufbau der Bindung. Es macht glücklich und weckt das Bedürfnis, sich immer mehr und immer intensiver um den Säugling zu kümmern. Doch nicht nur die Mutter, sondern sogar der Vater, der sich um das Baby kümmert, hat einen auffallend hohen Prolaktinspiegel im Blut – Prolaktin ist das milchsteuernden Hormon. Kurios dabei ist, dass mancher Vater gegen Morgenübelkeit und Gewichtszunahme zu kämpfen hat, und zwar bereits vor der Geburt des Kindes. Dieses Phänomen lässt sich nicht allein auf Hysterie oder Überidentifikation zurückführen, sondern ist offenbar Auswirkung einer echten väterlichen Hormonumstellung. Wie diese genau funktioniert, ist bislang noch nicht geklärt.

... UND SOZIAL GEFORMT

Wie man heute weiß, ist vieles an der Mutterliebe durchaus biologisch begründet. Man weiß aber auch, dass bei den allermeisten Verhaltensweisen genetisch Ererbtes und sozial Erworbenes ineinander verflochten sind. Dies gilt auch für die Mutterliebe. Offenbar ist ein gewisses Interesse am Überleben des Säuglings in unseren Genen verankert. Durch unsere Hormone wird es gefördert. Es geht dabei letztlich darum, die eigenen Gene weiterzugeben, und zwar an möglichst viele Nachkommen, die dann eines Tages ihrerseits in der Lage sein werden, ihre Gene an eigene Kinder weiterzugeben. Das ist ein Grundprinzip der Evolution, das nicht nur für den Menschen, sondern für alle Lebewesen gilt. Automatisch verbreiten sich die Gene derjenigen am meisten, die erfolgreich dafür sorgen, sich möglichst zahlreich fortzupflanzen, und deren Nachkommen sich ihrerseits weiter fortpflanzen. Die Gene derjenigen, die bei Fortpflanzung und Aufzucht ihrer Kinder weniger erfolgreich sind, sterben zwangsläufig irgendwann aus.

Auf den ersten Blick erscheint es unerheblich, ob Eltern primär am Überleben ihrer Kinder oder am Überleben ihrer eigenen Gene interessiert sind, ist doch das Überleben der Kinder identisch mit dem Überleben der eigenen Gene. Doch wenn man entscheiden muss, welches Kind überleben soll und welches nicht, kann der Zwang der Evolution weit reichende Auswirkungen haben. Die Soziobiologin Sarah Blaffer Hrdy vertritt die Meinung, dass Eltern – menschliche wie tierische – grundsätzlich sehr darum bemüht sind, ihrem Nachwuchs das Überleben zu sichern, und das am besten in möglichst großer Zahl. Sind die Bedingungen jedoch sehr lebensfeindlich, herrscht etwa eine Dürre oder lebt die Familie unter dem Existenzminimum, ist es insgesamt gesehen für alle Beteiligten günstiger, sich eines (oder mehrerer) Kinder zu entledigen. Anders als vielleicht vermutet und als die soziale Norm es will, sorgen Eltern in solchen Fällen nicht unbedingt für das Überleben des schutzlosen Babys, wenn sie zwischen ihren Kindern wählen müssen. Wenn nur wenige überleben können, entscheiden sie sich für diejenigen, in deren Überleben sie bereits mehr investiert haben, also in der Regel für die älteren Kinder. Überdies kümmern sie sich unter lebensbedrohlichen Umständen eher um die gesunden Kinder als um die kranken. Die Wahrscheinlichkeit, dass dann wenigstens einige der Kinder eine Chance zu überleben haben, ist auf diese Weise höher. Hrdy nimmt an, dass es kurz nach der Geburt eine Art «emotionales Fenster» gibt, in dem Mütter sich von ihren frisch geborenen Babys trennen können, ohne darunter allzu sehr zu leiden. Die Mutterliebe ist demzufolge also grundsätzlich biologisch angelegt, aber in gewissem Ausmaß und zu bestimmten Zeiten – kurz nach der Geburt oder in sehr großer Not – flexibel.

Der überall und zu allen Zeiten praktizierte Kindsmord legt Zeugnis davon ab, dass Mütter unter extrem widrigen Bedingungen offenbar den Tod ihrer Kinder bevorzugen, anstatt gegen alle Wahrscheinlichkeit und mit allen Mitteln zu versuchen, sie durchzubringen. Ungewollte Kinder werden dabei keineswegs nur unmittelbar nach der Geburt umgebracht, was gegen Hrdys These von einem emotionalen Zeitfenster kurz nach der Geburt spricht. Der Anthropologe Michael Harris legt in seinem Buch «Menschen – wie wir wurden, was wir sind» vielfältige Arten und Zeitpunkte des Kindsmordes dar. Nicht immer wurden dabei so drastische Methoden angewendet wie im alten China, wo bei Geburten immer ein mit Sand gefüllter Eimer bereitstand, in dem ungewollte Kinder sofort erstickt wurden. Oft legte sich die Mutter des Nachts ganz «aus Versehen» auf ihr Kind – übrigens eine so häufig praktizierte Tötungsart, dass im Preußen des 18. Jahrhunderts ein Gesetz erlassen wurde, das es untersagte, Kinder unter zwei Jahren mit ins eigene Bett zu nehmen. In Japan war es lange gesellschaftlich vollkommen akzeptierte Praxis, den jungen Eltern erst nach Ablauf der ersten drei Monate zu ihrem Erstgeborenen zu gratulieren. Oft entschieden die Eltern, dass die Zeit für Nachwuchs noch nicht reif sei und töteten ihr Kind. Auf Neu-Guinea war es noch in den siebziger Jahren üblich, bis zu 40 Prozent aller Neugeborenen umzubringen. In Europa waren Harris zufolge eher indirekte Tötungsmethoden verbreitet. Wie leicht war es, den Säugling im ersten Winter unter vielen Decken aufzuheizen, um ihn anschließend aus dem Fenster in die eiskalte Zugluft zu halten! Bei so einer Prozedur ließ die tödliche Lungenentzündung meist nicht lange auf sich warten. Etwas weniger Pflege, geringere Nahrungsrationen und dünnere Kleidung dürften oft ausgereicht haben, um sich der überzähligen Esser bequem zu entledigen. Auch das Abliefern ungewollter Kinder an der Kirchenpforte glich einem sicheren Todesurteil. Viele der Waisenkinder überlebten die Heime nicht; das war auch gar nicht vorgesehen. In Moskauer Waisenheimen betrug die Sterblichkeitsrate zeitweilig bis zu 99 Prozent, und in Paris klagten aufgeklärte Bürger, die Heime glichen staatlichen Tötungsanstalten. Die Zustände in diesen Heimen werden übrigens in dem Roman «Das Parfum» von Patrick Süskind sehr deutlich geschildert. Ob «emotionales Fenster» oder nicht – den allermeisten Müttern ist eine humanere Praxis der Geburtenkontrolle sicherlich lieber und viele nutzen sie auch. Strenge Vorschriften über längere Phasen der Enthaltsamkeit, mal längere, mal kürzere Stillzeiten und diverse Abtreibungspraktiken zeugen davon, dass auch in vergangenen Zeiten versucht wurde, die Zahl der Kinder auf andere Weise zu kontrollieren, als sie einfach umzubringen.

Frühe Kindheitserfahrungen und das Bindungsverhalten

In den sechziger Jahren beobachtete der Psychiater John Bowlby Kinder auf der Findelstation seines Krankenhauses. Diese Kinder verhielten sich auffallend ablehnend gegenüber ihren Bezugspersonen, waren bald apathisch, bald schaukelten sie ihren eigenen Körper hin und her, als wollten sie sich selbst wiegen. René Spitz hatte ähnliche Beobachtungen gemacht. Er prägte für dieses Verhalten den Terminus «Hospitalismus», da es vor allem auf Waisenstationen von Krankenhäusern zu beobachten war, wo die Kinder längerfristig oder sogar dauerhaft von ihren Müttern getrennt waren. Die Kinder wurden zwar in Bezug auf Sauberkeit und Ernährung von den Krankenschwestern tadellos gepflegt, ihre seelischen Bedürfnisse wurden jedoch nicht gestillt. Sie wurden nicht länger als unbedingt nötig auf den Arm genommen, niemals gestreichelt und gedrückt, und jedes der Kinder lag fein säuberlich von den anderen getrennt allein in seinem weißen Bettchen. Einige von uns erinnern sich vielleicht an die schrecklichen Bilder aus rumänischen Kinderheimen kurz nach Ende der Ceaușescu-Diktatur, in denen die Kinder nicht nur körperlich völlig verwahrlost waren, sondern vor allem auch seelisch verkümmert schienen. Sie zeigten die gleichen Symptome von Hospitalismus, wie Spitz und Bowlby sie beobachtet hatten.

Seine Beobachtungen brachten Bowlby dazu, neben Essen, Trinken, Schlafen und Wärme auch die enge Bindung an eine andere Person als ein grundlegendes menschliches Bedürfnis anzuerkennen. Und so stellte er die «Theorie der Bindung» auf. Bowlby nahm an, dass sich die charakteristische Interaktion zwischen Mutter und Kind quasi ins Gedächtnis «einbrennt». Das Kind erwirbt eine Art «inneres Arbeitsmodell» der Bindung. Für alle späteren Bindungen gibt dieses innere Arbeitsmodell Handlungsanweisungen, gleich einer «gedanklichen Landkarte» bietet es immer dann Orientierung, wenn es um Beziehungen geht: «Aha, eine neue Bekanntschaft. Wie ging das doch noch gleich mit Beziehungen?» Und je nach den Erfahrungen mit der primären Bezugsperson (meist der Mutter) kommt das Kind dann zu dem Schluss: «Ach ja, das wird bestimmt nett werden, ich lächle schon mal.» Oder es denkt: «Oh, Vorsicht, wer weiß, wie das noch ausgeht, besser Abstand halten und wegdrehen.»

Aus seinen frühen Erfahrungen mit Interaktionen bildet sich das Kind eine grundlegende Meinung über sich selbst, über andere und über die soziale Welt im Allgemeinen. Es lernt, wie man sich verhalten muss, um eine geliebte Person zu erreichen, was man tun muss, damit sie auf die gewünschte Art reagiert. Es gewinnt aus den jeweiligen Reaktionen einen Eindruck von der eigenen Liebenswürdigkeit und Kompetenz und auch von der Zuverlässigkeit, Vertrauenswürdigkeit und Fürsorgebereitschaft anderer. Auf diese Weise entwickelt es Erwartungen an spätere Beziehungen, die wiederum das eigene Verhalten bestimmen. Im Guten wie im Schlechten kann man hier von sich selbst erfüllenden Prophezeiungen sprechen: Hat das Kind eine sichere frühe Bindung erfahren, erwartet es auch in Zukunft, dass Menschen zuverlässig sind, und verhält sich seinerseits vertrauensvoll. Hat das Kind aber erleben müssen, dass sein Verhalten ignoriert wird und dass es nicht auf bedingungslose Unterstützung zählen kann, wird es auch bei künftigen Beziehungen nicht erwarten, die Beziehung steuern und beeinflussen zu können. Es verhält sich eher widersprüchlich und zwiespältig, unsicher, ängstlich abwartend, zurückhaltend oder gar misstrauisch. Von neuen Bezugspersonen wird es so ebenfalls eher zurückweisende Reaktionen ernten. Es wird auch später nur schwerlich positive Erfahrungen sammeln können.

Die Beziehung zu einer engen Bezugsperson in der Kindheit bestimmt demnach, wie wir in unserem weiteren Leben mit engen Bindungen umgehen, ob wir offen und vertrauensvoll oder zurückhaltend und misstrauisch sind, wenn wir Menschen begegnen.

Die Partnerbindung

Paul liebt Sarah. Doch manchmal fürchtet er, ihr liege weniger an der Beziehung als ihm und sie könne sich eines Tages von ihm trennen. Bei dem Gedanken wird er ganz unruhig und seine Stirn legt sich in tiefe Sorgenfalten. So ganz Unrecht hat er mit seinen Befürchtungen nicht. Sarah pendelt mit ihren Gefühlen in der Tat hin und her. Dennoch – eigentlich läuft ihre Beziehung gut, und insgesamt sind sie beide glücklich, dass sie einander haben.

Wundern wir uns nicht manchmal darüber, wie seltsam unzugänglich und desinteressiert der neue Freund unserer besten Freundin wirkt, obwohl sie doch so gut zusammenpassen? Schütteln wir nicht insgeheim besorgt den Kopf, wenn wir sehen, wie sie verzweifelt hinter ihm herrennt, ganze Abende lang neben dem Telefon sitzt und am nächsten Tag mit verheulten Augen im Büro auftaucht?

Ähnlich wie in der Kindheit an Mutter oder Vater sind wir im Erwachsenenalter an einen Partner gebunden. Auch heute noch suchen wir in Stresssituationen Schutz und Trost, und die meisten von uns kennen das Gefühl, nach harten Tagen am liebsten «auf den Arm» zu wollen. Ihren eigenen Bindungsstil können Sie im Test 6.1 feststellen:

TEST 6.1 DER EIGENE BINDUNGSSTIL

Im Folgenden finden Sie Selbstbeschreibungen, die sich auf Ihr Erleben in Partnerschaften und ganz allgemeinen sozialen Kontakten beziehen. Wählen Sie die Beschreibung aus, die am besten auf Sie zutrifft.

A. Es ist relativ leicht für mich, anderen Menschen emotional nahe zu kommen. Ich fühle mich wohl, wenn ich andere brauche und selbst gebraucht werde. Ich mache mir keine Sorgen darüber, allein zu sein oder nicht akzeptiert zu werden.

B. Ich möchte gern sehr große emotionale Nähe zu anderen haben, aber ich habe oft festgestellt, dass die anderen keine so große Nähe wollen wie ich. Ich fühle mich unwohl ohne enge Beziehungen, aber ich befürchte, dass andere mich nicht so hoch schätzen wie ich sie.

C. Ich fühle mich ein bisschen unwohl, wenn ich anderen sehr nahe komme. Ich wünsche mir gefühlsmäßig enge Beziehungen, aber ich finde es schwierig, anderen vollkommen zu vertrauen oder von anderen abhängig zu sein. Manchmal befürchte ich, verletzt zu werden, wenn ich mir erlaube, zu große Nähe zuzulassen.

D. Ich fühle mich wohl ohne gefühlsmäßig enge Beziehungen. Es ist mir wichtig, mich unabhängig zu fühlen und mir selbst zu genügen. Ich ziehe es vor, niemanden zu brauchen und von niemandem gebraucht zu werden.

Auswertung

Haben Sie sich für A entschieden, haben Sie einen sicheren Bindungsstil, B steht für einen ängstlich-ambivalenten und C für einen ängstlich-vermeidenden Bindungsstil. Haben Sie sich für D entschieden, gehören Sie zu den gleichgültig-vermeidenden Menschen. Wie sich welcher Bindungsstil in Beziehungen auswirkt, haben wir in Kasten 6.1 dargestellt.

Ich bin gut, du bist gut

Nicht nur bei Kindern, sondern auch bei Erwachsenen lassen sich verschiedene Bindungsstile unterscheiden, und auch bei ihnen basiert der Bindungsstil auf dem «inneren Arbeitsmodell» über sich und über andere. Es ergeben sich vier verschiedene Bindungsstile, je nachdem, ob man ein positives oder negatives Bild von sich selbst oder ein positives oder negatives Bild vom anderen hat.

Sicher gebundene Personen (A in Test 6.1) verfügen über ein positives Selbst- und Fremdbild. Sie empfinden Nähe und Intimität als angenehm, haben wenig Angst vor einer Trennung und finden in ihrer Partnerschaft Akzeptanz, Einfühlsamkeit und Vertrauen. *Gleichgültig-vermeidende* Personen (D in Test 6.1) verfügen ebenfalls über ein positives Selbstbild, haben aber ein negatives Fremdbild. Sie haben kein besonderes Interesse an engen Beziehungen, sondern fühlen sich auch ohne ganz wohl, wobei sie ihre Freiheit und Selbständigkeit betonen und Nähe eher als unangenehm empfinden. *Ängstlich-ambivalente* Personen (B in Test 6.1) haben ein negatives Selbstbild, jedoch ein positives Fremdbild. Sie fühlen sich hin und her gerissen zwischen der Angst, nicht genug geliebt oder gar verlassen zu werden, und dem starken

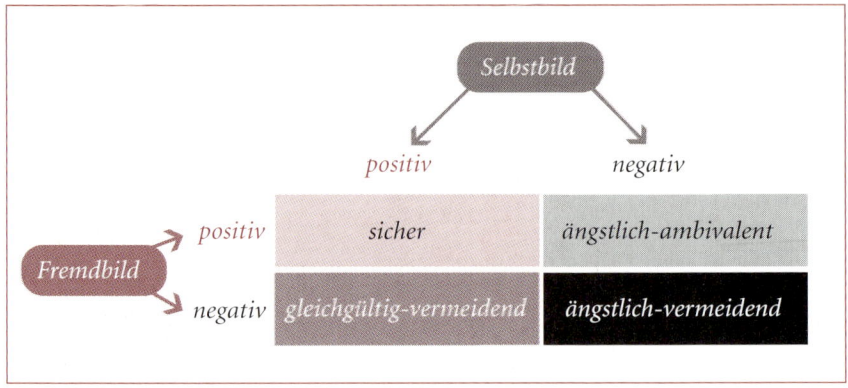

Abb. 6.2: Das Bild von sich selbst und vom anderen kennzeichnet den Bindungsstil. Sicher gebundene haben ein positives Bild von sich selbst und ebenso ein positives Fremdbild.

Wunsch nach Nähe, den der Partner aber nicht so erfüllt, wie sie es gern hätten. *Ängstlich-vermeidende* Personen (C in Test 6.1) haben sowohl ein negatives Selbst- als auch ein negatives Fremdbild. Aus Angst vor schlechten Erfahrungen meiden sie enge Beziehungen und misstrauen dabei nicht nur ihrem Partner, sondern auch sich selbst.

Wenn Paul sich manchmal insgeheim sorgt, ob Sarah ihn auch genauso liebt wie er sie, und dann anfängt zu klammern, dann lässt dies bei ihm auf einen ängstlich-ambivalenten Bindungsstil schließen. Wie bei Kindern ist auch bei Erwachsenen allerdings der sichere Bindungsstil am häufigsten.

Ist das «innere Arbeitsmodell» erst einmal angelegt, ist es nur noch sehr schwer zu ändern. Neue, gegenteilige Erfahrungen haben es nicht leicht, dagegen anzukommen. Bowlby nimmt daher an, dass das einmal erworbene Bindungsmuster mehr oder weniger für das gesamte weitere Leben gilt. Heißt das also: einmal unsicher, immer unsicher? Ganz so schwerwiegend scheint es nicht zu sein. Zwar ist der Bindungsstil während der Kindheit ziemlich unveränderbar (87 Prozent der Kinder, die im ersten Lebensjahr untersucht wurden, hatten im Alter von 6 Jahren immer noch denselben Bindungsstil), aber mit zunehmendem Alter hinterlässt das Leben doch seine Spuren, ganz unabhängig davon,

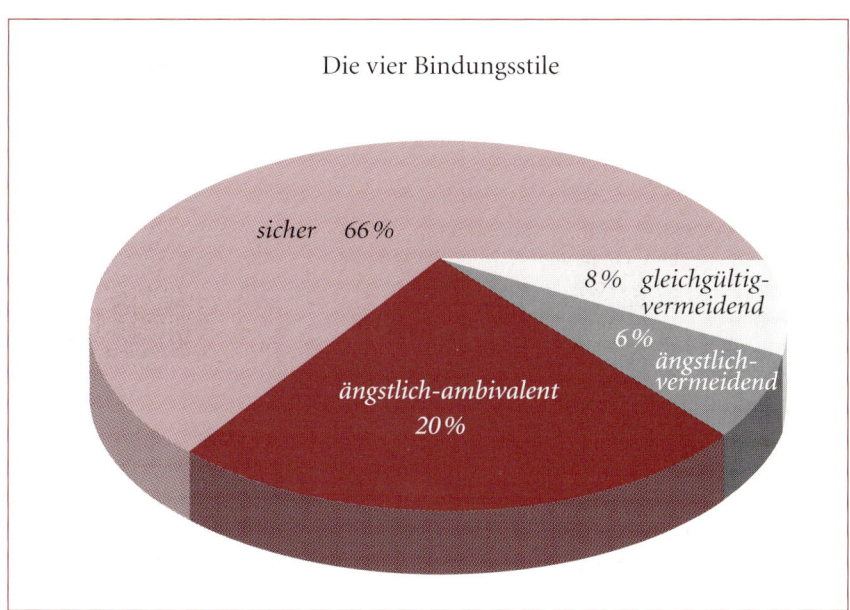

Abb. 6.3: Die meisten Menschen sind «sicher gebunden».

wie sich die Eltern uns gegenüber verhalten haben, als wir noch ein Baby waren. Der Tod eines Elternteils, Scheidung oder der Umzug in eine andere Stadt sind Ereignisse, die den früheren Bindungsstil verändern können. Die erste große Liebe kann uns im Hinblick auf Bindungen sehr sicher werden lassen, die erste große Enttäuschung kann uns als ein Häufchen ängstlich-vermeidenden Elends zurücklassen. Es kostet eine Menge Zeit und Kraft, sich davon zu erholen. Steht uns ein guter Freund oder eine gute Freundin bei, mit denen wir durch dick und dünn gehen, kehrt vielleicht allmählich unser Glaube an eine sichere Bindung zurück. Andere bleiben aber immer etwas misstrauisch oder gleichgültig, wenn es um Beziehungen geht. Zwar haben 60 bis 70 Prozent der Erwachsenen noch nach vier Jahren den gleichen Bindungsstil wie bei der ersten Befragung, aber immerhin hat sich der Bindungsstil bei einem Drittel geändert. So werden frisch Verheiratete mit den Jahren immer sicherer, frisch Getrennte haben einen auffallend unsicheren Bindungsstil, was nicht so sehr verwundert. Die Ergebnisse deuten darauf hin, dass besondere Lebensereignisse in der Tat den Bindungsstil verändern können, sowohl im Guten wie im Schlechten.

Sicher Gebundene haben zufriedenere Beziehungen

Je nach Bindungsstil unterscheiden sich Personen in den Merkmalen ihrer Beziehung, ihrer Art zu denken und Informationen zu verarbeiten, in ihren Emotionen und den Eigenschaften ihrer Persönlichkeit. Wer wissen möchte, was die vier Bindungstypen jeweils noch auszeichnet, kann die wichtigsten Ergebnisse in Kasten 6.1 nachlesen.

Kasten 6.1 Die Bindungstypen und ihre besonderen Merkmale

Sichere: Sie sind zufrieden in ihren Beziehungen, und ihre Partnerschaften sind stabil. Auch in längeren Beziehungen kann es ihrer Meinung nach noch romantische Gefühle geben. Sie haben mehr Vertrauen zu ihrem Partner, ihre Beziehungen sind verbindlicher, und sie fühlen sich abhängiger voneinander. Sie unterstellen ihrem Partner gute Absichten, sind weniger misstrauisch und empfinden ihn als warmherzig. Sie erwarten umgekehrt, dass sich ihr Partner auch ihnen gegenüber positiv verhält, und interpretieren sein Verhalten ebenso. Sicher Gebundene sind nicht nur mit ihren Beziehungen, sondern mit ihrem Leben allgemein zufriedener. Sie verfügen über ein größeres soziales Netzwerk und mehr soziale Unterstützung. Sichere haben viele Freunde, wenn sie Singles sind, aber besonders wenige, wenn sie ein Paar sind. Von ihrer Persönlichkeit her sind sicher Gebundene stabiler als andere. Sie sind mit Abstand am verträglichsten im Umgang mit anderen, sind mitfühlend, wohl wollend und verständnisvoll, harmoniebedürftig und kooperativ. Alle anderen Bindungstypen sind misstrauischer, eher wettbewerbsorientiert und hängen ihre eigenen Interessen höher. Sicher Gebundene sind gewissenhafter, wenn es um die

Planung und Ausführung von Aufgaben geht, zielstrebig, fleißig, ausdauernd, diszipliniert, pünktlich und ordentlich. Manchmal sind sie vielleicht etwas zu genau und penibel.

Ängstlich-Ambivalente: Sie verlieben sich nach eigenen Angaben zwar häufig, zweifeln jedoch daran, jemals ihrer wahren Liebe zu begegnen. Nicht bestätigt hat sich die Vermutung, sie nähmen die Liebe, die ihnen der Partner entgegenbringt, einfach nur nicht wahr oder interpretierten die Äußerungen des Partners falsch. Lediglich Männer mit einem ängstlich-ambivalenten Bindungsstil unter- oder überschätzen die romantischen Gefühle ihrer Partnerin. Interessanterweise sind sie, wenn sie eine Beziehung haben, besonders glücklich, wenn sie aber keine haben, am unglücklichsten von allen. Wenn sie eine feste Beziehung haben, haben sie auch mehr Freunde, als wenn sie Singles sind. Werden sie gebeten, mehr oder weniger bedeutsame Probleme zu diskutieren und nach einer Lösung zu suchen, reagieren ängstlich-ambivalente Frauen mit eindeutig größerem Stress und Ängstlichkeit. Von ihrer Persönlichkeit her sind sie, was ihre Gewissenhaftigkeit betrifft, so ziemlich das Gegenteil der sicher Gebundenen – sie sind eher nachlässig und verfolgen ihre Ziele mit weniger Engagement. Allerdings sind sie anderen gegenüber sehr loyal.

Ängstlich-Vermeidende: Sie sind von allen am wenigsten zufrieden mit ihrer Beziehung. Sie haben die wenigsten Freunde und Bekannten, möglicherweise deshalb, weil sie sich nicht sehr in Beziehungen engagieren und sich selbst weniger einbringen. Vor allem wenn sie Singles sind, haben sie wenig Freunde; wenn sie eine feste Beziehung haben, werden es mehr. Allerdings spielt bei ihnen die Tatsache, ob sie eine Beziehung haben oder nicht, keine große Rolle für das Glücklichsein. Junge Frauen mit einem ängstlich-vermeidenden Bindungsstil berichten zudem davon, dass sie Probleme haben, Konflikte zu bewältigen. Sie haben weniger Vertrauen in ihre Fähigkeit, ungünstige Stimmungen zu regulieren. Möglicherweise liegt dies daran, dass sie gewisse Schwierigkeiten damit haben, neuen Informationen gegenüber offen zu sein und diese Informationen differenziert wahrzunehmen. Es scheint so zu sein, als hätten sie ein einfacheres und rigideres Bild vom anderen, als nähmen sie ihren Partner insgesamt weniger vielschichtig wahr. Ein ähnliches Bild zeigt sich auch für die ängstlich-ambivalenten Männer. Offenbar neigen sie eher zu Gewalt als andere. Beim Vergleich von gewalttätigen und nicht gewalttätigen Ehemännern stellte sich heraus, dass die gewalttätigen eine größere Angst vor Zurückweisung haben, sich aber gleichzeitig bei großer Nähe unwohl fühlen. Diese Ergebnisse sollten jedoch mit Vorsicht interpretiert werden.

Gleichgültig-Vermeidende: Sie sind insgesamt gar nicht so unglücklich, fühlen sich auch nicht sonderlich einsam. Sie haben die meisten Freunde von allen und treffen sie auch recht häufig. Besonders viele Freunde haben sie, wenn sie Singles sind, auffallend wenige, wenn sie ein Paar sind. Ihr Glück hängt aber nicht davon ab, ob sie eine feste Beziehung haben oder nicht. Ohnehin glauben sie nicht daran, dass es so etwas wie romantische Liebe überhaupt gibt. Besonders die gleichgültig-vermeidend gebundenen Männer werden von ihren Partnerinnen als wenig warm und unterstützend erlebt, vor allem wenn es um die Erörterung bedeutsamer Probleme geht. Sie scheinen das zu haben, was gemeinhin als «Nähe-Distanz-Problem» bezeichnet wird – auch wenn sie Nähe suchen, signalisieren sie gleichzeitig Distanz; kommt ihnen jemand zu nahe, rücken sie ab.

Besonders wichtig ist der Bindungsstil für die Zufriedenheit mit der Beziehung – sicher Gebundene sind zufriedener, und ihre Beziehungen sind stabiler. Aber wie stellen wir überhaupt fest, dass wir mit einer Beziehung zufrieden sind? An welchen Dingen messen wir unsere Zufriedenheit? Die Ergebnisse der Forschung zu dem, was wir unter einer «guten Beziehung» verstehen, zeigen, dass es gar nicht so einfach ist, festzustellen, was sie ausmacht.

Was macht eine gute Beziehung aus?

Nach langer Zeit trifft Sarah eine alte Freundin auf der Straße. Natürlich fragt die, wie es denn mit Paul so läuft. – «Sehr gut, danke», antwortet Sarah. Aber kaum ist die Freundin um die Ecke gebogen, wird Sarah nachdenklich. «Bin ich eigentlich wirklich zufrieden?», fragt sie sich plötzlich. «Und woran erkennt man denn eigentlich, wie gut es gerade läuft?» Sie ist sich sicher, dass Paul andere Kriterien heranziehen würde als sie selbst.

Wie zufrieden wir mit unserer Beziehung sind, können wir meist schnell und spontan sagen. Wie die Wissenschaft Beziehungszufriedenheit misst und wie Sie selbst im Vergleich mit anderen abschneiden, finden Sie heraus, wenn Sie den in 6.2 dargestellten Zufriedenheitsfragebogen ausfüllen.

Test 6.2 Sind Sie mit Ihrer Beziehung zufrieden?

Wenn Sie wissen wollen, wie gut Ihre Beziehung im Vergleich zu anderen ist, beantworten Sie die folgenden Fragen:

1. Wie zufrieden sind Sie im Großen und Ganzen mit Ihrer Beziehung?
   gar nicht zufrieden   **sehr zufrieden**
   1   2   3   4   5   6   7

2. Wie gut ist Ihre Beziehung im Vergleich zu den Beziehungen der meisten anderen Paare?
   gar nicht gut   **sehr gut**
   1   2   3   4   5   6   7

3. Wie oft wünschen Sie sich, dass Sie diese Beziehung lieber nicht hätten?

sehr oft   **nie**
1   2   3   4   5   6   7

4. Wie gut erfüllt Ihre Beziehung Ihre ursprünglichen Erwartungen?

gar nicht gut   **sehr gut**
1   2   3   4   5   6   7

5. Wie sehr lieben Sie Ihren Partner?

gar nicht   **sehr**
1   2   3   4   5   6   7

6. Wie viele Probleme gibt es in Ihrer Beziehung?

sehr viele   **gar keine**
1   2   3   4   5   6   7

7. Wie gut erfüllt Ihr Partner Ihre Wünsche und Bedürfnisse?

gar nicht gut   **sehr gut**
1   2   3   4   5   6   7

AUSWERTUNG

Addieren Sie nun die Zahlen, die Sie angekreuzt haben. Liegt die Summe zwischen 37 und 39, sind Sie mit Ihrer Beziehung genauso zufrieden wie der Durchschnitt der über 1600 Personen, die wir befragt haben. Liegt Ihr Wert unter 32, dann sind Sie deutlich unzufriedener als die meisten, liegt er über 42, sind Sie zu beneiden. Sie sind mit Ihrer Beziehung zufriedener als die Mehrheit.

Worauf genau beziehen Sie sich, wenn Sie angeben, wie zufrieden Sie mit Ihrer Beziehung sind? Woran denkt Sarah, wenn sie von ihrer Freundin gefragt wird, wie es zu Hause so läuft und wie zufrieden sie in ihrer Partnerschaft mit Paul ist? Gemeinsam mit Kollegen aus den USA und Kanada sind wir in einem mehrjährigen Forschungsprogramm dieser Frage nachgegangen. Wir haben versucht, etwas Licht in das Dunkel zu bringen und die inneren Prozesse zu ergründen, die bei der Bewertung einer engen Beziehung ablaufen.

Die ideale Beziehung

Haben Sie sich eigentlich schon einmal gefragt, woran Sie merken, dass ein Gebäude ein Haus ist und nicht etwa eine Hütte oder ein Palast? Woran machen Sie fest, ob ein Auto ein Sportwagen ist oder ob eine Person hübsch ist? Solche und ähnliche Fragen beantworten wir dadurch, dass wir etwa ein konkretes Gebäude mit unserer Vorstellung von einem typischen Haus vergleichen. Wenn das fragliche Gebäude diesem typischen Haus nahe kommt, betrachten wir es eben als Haus. Wenn nicht, klassifizieren wir es als Hütte oder als Palast. Diese in unserem Gedächtnis gespeicherten Bilder nennt die Forschung «Prototypen». Sie sind sozusagen die besten Beispiele für den jeweiligen Sachverhalt: Das prototypische Haus ist das beste Beispiel für ein Haus, das wir uns vorstellen können, die prototypisch hübsche Person ist das beste Beispiel für Schönheit – und wenn wir diesem Beispiel nahe kommen, betrachten wir uns selbst auch als hübsch.

Sie merken an diesen Beispielen, dass man oft nicht eindeutig sagen kann, ob ein Gebäude ein Haus oder eine Hütte, ob ein Auto eher ein Sportwagen oder eine Limousine ist. Die Grenzen sind fließend, und es hängt davon ab, wie ähnlich die zu beurteilenden Dinge oder Sachverhalte dem entsprechenden Prototyp sind. Je näher sie ihm kommen, je mehr Gemeinsamkeiten beide haben, desto sicherer sind wir uns.

Ebenso gehen wir vor, wenn wir beurteilen, wie gut eine Beziehung ist – sei es unsere eigene oder auch die anderer Personen. Wir vergleichen unsere Beziehung mit unserem Prototyp einer guten Beziehung, mit der besten Beziehung, die wir uns vorstellen können. Je näher unsere Beziehung diesem mentalen Leitbild kommt, desto positiver bewerten wir sie und desto zufriedener sind wir mit ihr. Es ist letztlich dieser Vergleich mit dem in unserer Vorstellung gespeicherten Prototyp, der dafür ausschlaggebend ist, wie zufrieden wir mit unserer Beziehung sind.

Die vier Säulen einer guten Beziehung

Aber wie sieht eine prototypisch gute Beziehung aus? Wir haben diese Frage in unserer Forschung systematisch beleuchtet. Mehrere tausend Personen wurden gebeten, die Merkmale anzugeben, die für sie eine gute Beziehung charakterisieren. Das wesentliche Ergebnis: Man kann die typische gute Beziehung mit einer Liste von 64 Merkmalen beschreiben. Anschließend wurden andere Personen gebeten, die Wichtigkeit dieser Aspekte zu bewerten. Und siehe da: Die meisten Personen finden, dass für eine gute Beziehung *Vertrauen* und *Liebe*, auch *sich aufeinander freuen*, *Ehrlichkeit* und *aufeinander eingehen* besonders wichtig sind. Als weniger wichtig schätzen sie dagegen ein, dass man *zugunsten des anderen auch zurückstecken muss*, dass man *den Haushalt zusammen macht*, *möglichst viel Zeit miteinander verbringt*, dass man *sich auch mal streiten kann* oder gar *unterschiedliche Interessen hat*. Mittelmäßig wichtig finden die meisten die *sexuelle Zufriedenheit*, *Spaß miteinander zu haben* und *sexuelle Harmonie*.

Ein weiteres Ergebnis unserer Forschung ist, dass sich diese 64 Einzelmerkmale letztlich zu vier wichtigen Bereichen zusammenfassen lassen, die eine gute Beziehung ausmachen – Intimität, Übereinstimmung, Unabhängigkeit und Sex. Diese Komponenten bilden die vier Säulen einer Beziehung, variieren aber durchaus in ihrer Wichtigkeit.

Intimität ist nach unseren Ergebnissen die wichtigste Säule einer guten Beziehung, wobei es nicht um sexuelle Intimität geht, sondern um emotionale Nähe, Vertrautheit und Geborgenheit. Intimität hilft uns, den anderen besser zu verstehen, und ermöglicht es, uns in ihn hineinzuversetzen. Intimität ist das, was unsere Paarbeziehung zu etwas Besonderem werden lässt und sie von anderen Beziehungen unterscheidet. Vertrauensvolle enge Beziehungen geben uns Halt und helfen uns, das Leben zu meistern.

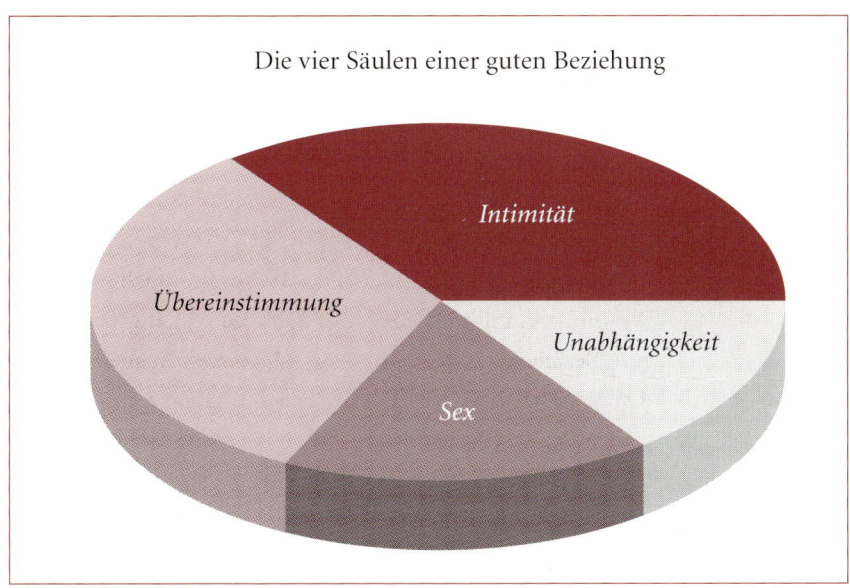

Abb. 6.4: Intimität, Übereinstimmung, Sex und Unabhängigkeit sind die tragenden Säulen einer guten Beziehung

Ähnlich wichtig ist die Säule, die wir *Übereinstimmung* nennen. Dazu zählen Aspekte wie *gemeinsame Ziele* und *gemeinsame Freunde* zu haben. Gleich und Gleich gesellt sich eben gern, wie wir schon in Kapitel 4 gesehen haben. Ehepartner nehmen sich nicht nur so wahr, sondern sie sind sich auch tatsächlich in vielen Aspekten ähnlicher als zufällig zusammengestellte Paare. Ähnlichkeit und Übereinstimmung helfen uns, eine sichere Meinung von unserer Umwelt zu entwickeln, besonders, wenn es wie so oft keine objektive Basis gibt, an der wir unsere Meinung festmachen könnten. Die Wissenschaft spricht in diesem Fall von der «Validierung durch Übereinstimmung», also der Überprüfung und Bestätigung der eigenen Meinung durch die Meinung des anderen. Übereinstimmung erleichtert aber auch ganz schlicht die Koordination des menschlichen Miteinanders. Wenn zwei Menschen ihren Urlaub gern faul am Strand verbringen, ist das eben mit weniger Aufwand und weniger Zugeständnissen verbunden, als wenn einer von beiden alle Kirchen der Gegend besichtigen möchte. Und sind beide der Meinung, dass die Trennung des anfallenden Mülls im Haushalt wichtig für die Umwelt ist, gibt es auch dort weniger Reibungspunkte.

Unabhängigkeit – z. B. *eigene Freunde haben* und seine *Individualität bewahren* – und *Sexualität* – dazu zählen die *sexuelle Zufriedenheit* und *sexuelle Harmonie* – sind nicht ganz so tragend für eine gute Beziehung wie Intimität und Übereinstimmung. Dennoch sind sie für eine ausgewogene Beziehung unverzichtbar. Die Bedeutung von Sex liegt auf der Hand: Befriedigender Sex macht nicht nur in dem Moment Spaß, sondern sorgt darüber hinaus für gute Stimmung. Unabhängigkeit hingegen ist eine Säule, die vielleicht den einen oder anderen verwundert. Ist nicht oft der Wunsch «eins mit dem Partner zu sein und alles mit ihm zu teilen» ein Ausdruck höchster Liebe? – Nur bedingt. Denn wir alle brauchen gewisse Freiräume, Rückzugsmöglichkeiten und möchten zumindest manchmal tun und lassen können, was wir wollen.

Wir haben uns natürlich gefragt, ob die Vorstellungen davon, was eine gute Beziehung ausmacht, von Person zu Person variieren oder ob alle dasselbe Ideal von einer guten Beziehung teilen. Wir haben Männer und Frauen befragt – Junge und Alte, Studenten, Berufstätige und Rentner, Deutsche und Kanadier, frisch Verliebte, solche, die schon lange in einer Beziehung leben, solche, die mit ihrer Beziehung sehr zufrieden sind, und solche, die sich mit Trennungsgedanken tragen – und immer wieder dasselbe festgestellt. Allerdings scheint sich die Wichtigkeit der einzelnen Säulen abhängig von dem Stadium, in dem sich eine Beziehung befindet, zu verschieben. Wir haben vier Gruppen von Personen in unterschiedlichen Phasen einer Beziehung befragt: Singles, also Personen ganz ohne feste Beziehung, Paare, die zwar fest zusammen waren, aber nicht zusammenwohnten, Paare, die auch zusammenwohnten, und Verheiratete. Wie wir feststellen konnten, wurden mit zunehmender Verbindlichkeit der Beziehung die Übereinstimmungen als immer wichtiger eingeschätzt. Umgekehrt wurde die Unabhängigkeit, aber überraschenderweise auch die Intimität als immer unwichtiger betrachtet. Die Verheirateten fanden Sex mit Abstand am wenigsten wichtig für eine gute Beziehung.

Was wir in einer Beziehung für wichtig halten und was für weniger wichtig, wird auch durch unseren Bindungsstil bestimmt. Intimität wird besonders von den Sicher-Gebundenen hochgehalten. Übereinstimmung finden die Ängstlich-Ambivalenten besonders wichtig. Ganz im Gegensatz dazu legen Gleichgültig-Vermeidende weder auf Intimität noch auf Übereinstimmung besonderen Wert. Ihnen ist vor allem ihre Unabhängigkeit wichtig, wovor gerade die Ängstlich-Ambivalenten zurückschrecken. Die Sexualität schließlich ist wieder den Sicheren wichtig für eine gute Beziehung, nicht aber den Ängstlich-Vermeidenden.

Mit der eigenen Beziehung zufrieden oder auch unzufrieden sein kann man aus unterschiedlichen Gründen: Dem einen fehlt es an emotionaler Nähe, dem anderen an Unabhängigkeit. Wenn Sie genau wissen wollen, wo die Stärken und Schwächen in Ihrer Beziehung liegen, machen Sie unseren Beziehungstest.

TEST 6.3 DER BEZIEHUNGSCHECK ZUM SELBSTAUSWERTEN

Wo liegen die Stärken und Schwächen Ihrer Beziehung? Dieser Test hilft Ihnen, die Qualität Ihrer Partnerschaft zu ermitteln. Mit 40 Merkmalen charakterisieren Sie Ihre Beziehung. Kreuzen Sie an, in welchem Ausmaß das jeweilige Merkmal auf Ihre Beziehung zutrifft.

	Ist in meiner Beziehung						
	überhaupt nicht vorhanden					sehr stark vorhanden	
1 gegenseitig zuhören	1	2	3	4	5	6	7
2 Körperkontakt	1	2	3	4	5	6	7
3 Gefühle zeigen	1	2	3	4	5	6	7
4 Flexibilität	1	2	3	4	5	6	7
5 ähnliche Interessen	1	2	3	4	5	6	7

6	Individualität bewahren	1	2	3	4	5	6	7
7	eigene Freunde	1	2	3	4	5	6	7
8	miteinander reden	1	2	3	4	5	6	7
9	Rücksichtnahme	1	2	3	4	5	6	7
10	Freiräume haben und geben	1	2	3	4	5	6	7
11	Akzeptieren des anderen	1	2	3	4	5	6	7
12	Harmonie	1	2	3	4	5	6	7
13	Verständnis	1	2	3	4	5	6	7
14	aufeinander eingehen	1	2	3	4	5	6	7
15	Offenheit	1	2	3	4	5	6	7
16	Unabhängigkeit	1	2	3	4	5	6	7
17	über alles sprechen	1	2	3	4	5	6	7
18	gemeinsame Freizeitgestaltung und Unternehmungen	1	2	3	4	5	6	7
19	Vertrauen	1	2	3	4	5	6	7
20	füreinander da sein	1	2	3	4	5	6	7
21	Aufmerksamkeit dem anderen gegenüber	1	2	3	4	5	6	7
22	Geborgenheit	1	2	3	4	5	6	7
23	Einfühlungsvermögen	1	2	3	4	5	6	7
24	Zuneigung	1	2	3	4	5	6	7
25	gemeinsame Ziele	1	2	3	4	5	6	7
26	Diskussionsbereitschaft	1	2	3	4	5	6	7
27	Interesse am anderen	1	2	3	4	5	6	7
28	Liebe	1	2	3	4	5	6	7
29	gegenseitige Achtung und Respekt	1	2	3	4	5	6	7
30	Zärtlichkeit	1	2	3	4	5	6	7
31	Sicherheit	1	2	3	4	5	6	7
32	Toleranz	1	2	3	4	5	6	7
33	sexuelle Zufriedenheit	1	2	3	4	5	6	7
34	Gleichberechtigung	1	2	3	4	5	6	7
35	wenig Streitereien	1	2	3	4	5	6	7

36	gemeinsame Freunde	1	2	3	4	5	6	7
37	Ehrlichkeit	1	2	3	4	5	6	7
38	ähnliche Überzeugungen und Werte	1	2	3	4	5	6	7
39	sexuelle Harmonie	1	2	3	4	5	6	7
40	Selbständigkeit	1	2	3	4	5	6	7

Intimität		**Übereinstimmung**		**Unabhängigkeit**		**Sexualität**	
Merkmal	Punkte	Merkmal	Punkte	Merkmal	Punkte	Merkmal	Punkte
1	_____	5	_____	4	_____	2	_____
3	_____	12	_____	6	_____	33	_____
8	_____	18	_____	7	_____	39	_____
9	_____	25	_____	10	_____		
11	_____	31	_____	16	_____	Summe	_____
13	_____	35	_____	26	_____		
14	_____	36	_____	32	_____		
15	_____	38	_____	34	_____		
17	_____			40	_____		
19	_____	Summe	_____				
20	_____			Summe	_____		
21	_____						
22	_____						
23	_____						
24	_____						
27	_____						
28	_____						
29	_____						
30	_____						
37	_____						
Summe	_____						

AUSWERTUNG:

Addieren Sie die Werte, die Sie bei den jeweiligen Merkmalen angekreuzt haben, und tragen Sie die Summe auf S. 155 unten ein.

Wie gut ist Ihre Beziehung?

Wie gut Ihre Beziehung in Ihren Augen ist, ist subjektiv. Mancher ist so anspruchsvoll, dass es nahezu keine Beziehung gibt, die seine Erwartungen erfüllen würde. Wir können Ihnen hier aber Informationen darüber geben, wie gut Ihre Beziehung im Vergleich zu den Beziehungen der vielen Personen ist, die wir mittlerweile untersucht haben.

Die vier Beziehungsthermometer zeigen Ihnen, wie Ihre Beziehung relativ zu anderen abschneidet. Vergleichen Sie dabei jeweils den Punktwert, den Sie für Intimität, Übereinstimmung, Unabhängigkeit und Sexualität ermittelt haben, mit den entsprechenden Werten auf den Barometern. Liegen Sie im mittleren Bereich (z. B. bei Wert 17 der Sex-Komponente), heißt das, dass Ihre Beziehung im Hinblick auf die jeweilige Komponente durchschnittlich ausgeprägt ist. Durchschnittlich bedeutet in diesem Fall nicht mittelmäßig, sondern nur, dass sehr viele Menschen ihre Beziehung in diesem Aspekt so bewertet haben, wie Sie es getan haben – und die meisten Menschen sind mit ihrer Beziehung eher zufrieden als unzufrieden. Je weiter sich Ihr Punktwert nach unten bewegt, desto weniger stark ist diese Komponente in Ihrer Beziehung im Vergleich zu den Beurteilungen anderer Menschen ausgeprägt. Je weiter Sie im oberen Bereich liegen, desto stärker und damit positiver ist der entsprechende Punkt in Ihrer Beziehung vorhanden. Vergleichen Sie nach Möglichkeit Ihre Einschätzung auch mit der Ihres Partners. Wenn Sie große Diskrepanzen feststellen, sei es, dass Sie eine Komponente der Beziehungsqualität positiver oder auch negativer als Ihr Partner oder Ihre Partnerin einschätzen, versuchen Sie gemeinsam mit ihm oder ihr, die Ursachen für diese Unterschiede zu finden.

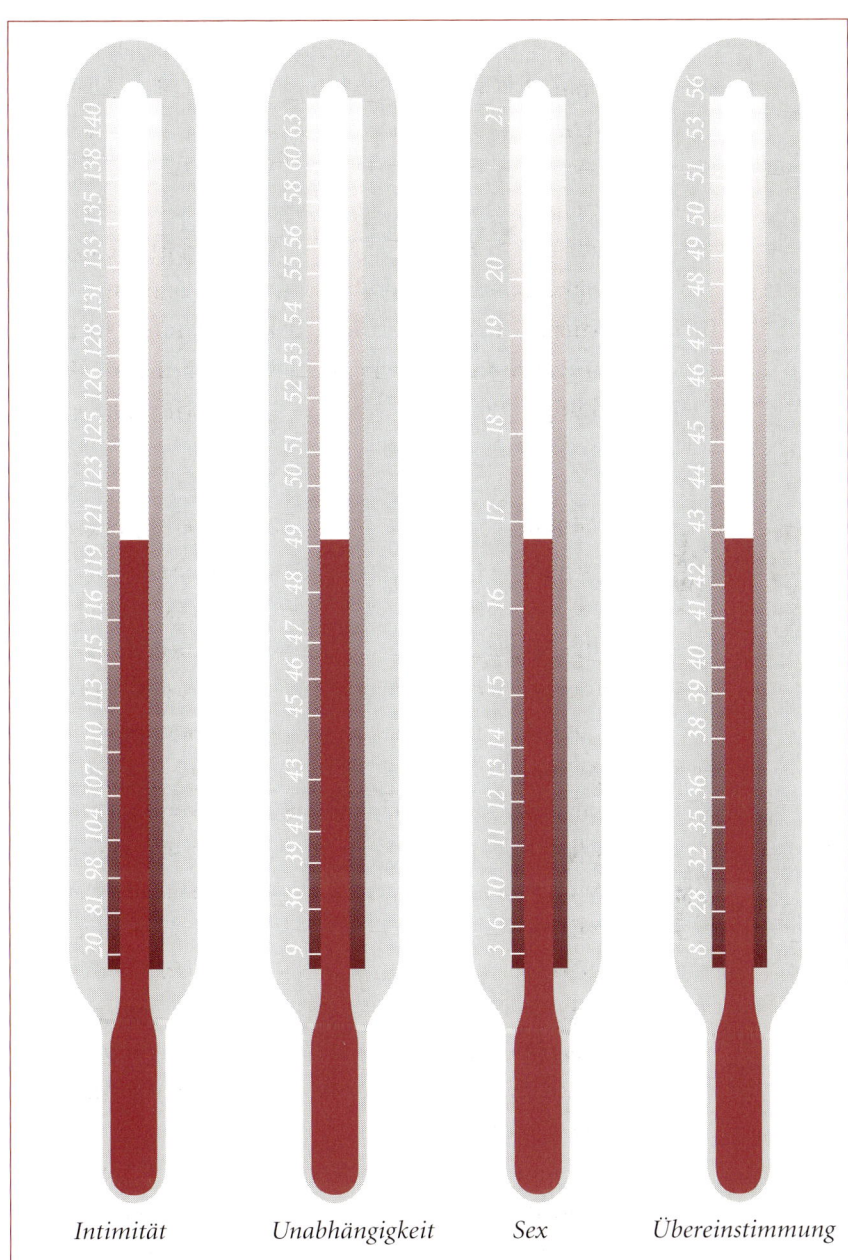

Abb. 6.5: Diese Beziehungsthermometer helfen Ihnen, die Qualität Ihrer Beziehung im Vergleich zur Einschätzung anderer zu messen

Sind Männer vom Mars und Frauen von der Venus?

Auf dem Heimweg denkt Sarah weiter über das Gespräch mit ihrer Freundin nach. Sie fragt sich, ob sie eigentlich wirklich so glücklich mit Paul ist. Zu Hause sieht sie das gewohnte Chaos, der Frühstückstisch steht noch so da, wie sie ihn am Morgen verlassen hat. «Paul hätte ihn doch ruhig mal abräumen können, wo er doch heute erst später in die Firma gefahren ist», denkt sie grimmig. «Überhaupt, Paul ... er hört mir eigentlich nie richtig zu, ist immer in Gedanken bei der Arbeit. Liebt er mich eigentlich noch?» Sie beschließt, am Abend mal gründlich über ihre Beziehung zu reden. «Du bist doch nur sauer, weil ich den Tisch nicht abgeräumt habe», versucht Paul das Gespräch abzuwürgen. «Wo wir schon mal beim Meckern sind, mir passt auch einiges nicht. Ich finde, wir könnten ein bisschen öfter Sex haben!» So geht es hin und her. Offenbar sprechen beide verschiedene Sprachen.

Wir haben uns gefragt, ob und inwiefern sich Frauen und Männer in ihren Vorstellungen von einer guten Beziehung unterscheiden. Obwohl es insgesamt viele Gemeinsamkeiten zwischen den Geschlechtern gibt, haben wir auch einige systematische Unterschiede beobachten können.

Wie Paul machen Männer allgemein eine gute Beziehung mehr an Sex und Körperkontakt fest als Frauen. Frauen achten umgekehrt mehr auf Kommunikation und Gegenseitigkeit, aber auch darauf, dass man etwas gemeinsam tut (auch die Hausarbeit!). Insgesamt verfügen sie über eine größere Sensibilität für Zwischenmenschliches. Sie merken früher als ihre Männer, wenn in der Beziehung etwas nicht stimmt, und sie sprechen die Probleme auch eher an. Männer sehen – entgegen der landläufigen Meinung – ihre Beziehung eher romantisch verklärt. Sie sind im Hinblick auf ihre Beziehung unrealistischer. Das ist ein Ergebnis, das sich in den letzten vierzig Jahren in der Forschung immer wieder gezeigt hat. Woran liegt das?

Eine mögliche Ursache dafür lässt sich in den unterschiedlichen gesellschaftlichen und ökonomischen Bedingungen finden, denen Männer und Frauen ausgesetzt sind. Auch heute noch sind Frauen in ökonomischer Hinsicht meist stärker von Männern abhängig als umgekehrt. Daher haben Frauen mehr zu verlieren, wenn eine Beziehung beendet wird. Bei Gericht stapeln sich die Verfahren gegen Männer, die ihren finanziellen Verpflichtungen nach einer Trennung nicht nachkommen. Eine realistische und mitunter manchmal auch pragmatische Sicht auf die eigene Beziehung, die sich den Luxus, romantisch zu sein nicht leisten kann, ist vor diesem Hintergrund verständlich. Für diese Erklärung spricht, dass Frauen heute im Vergleich zu den 60er Jahren dem Verliebtsein eine weit größere Bedeutung beimessen, wenn es ums Heiraten geht. Offenbar können sich die Frauen heute mehr Romantik leisten. Die amerikanische Kommunikationswissenschaftlerin Leslie Baxter analysierte die Gründe für das Beenden von Paarbeziehungen. Das interessante Ergebnis: Männer nannten erheblich häufiger als Frauen «fehlende Romantik» als Trennungsgrund.

Wenn Sarah mit ihren Freundinnen zusammen ist, reden sie oft über ihre Beziehungen oder auch über neue Eroberungen. Ihre Freundin Julia erzählt voller Begeisterung von den neuesten Beziehungsberatern auf dem Buchmarkt, und Sarah will sie sich gleich ausleihen. Paul trifft sich regelmäßig mit seinen alten Schulfreunden. Meist spielen sie zusammen Fußball; in der Kneipe fachsimpeln sie über die Bundesliga und Autos, aber über ihre Beziehungen sprechen sie eigentlich so gut wie nie, höchstens, wenn es mal fürchterlich geknallt hat.

Wir haben einen Fragebogen entwickelt (Test 6.4), um herauszufinden, wie oft Männer und Frauen über ihre Beziehung nachdenken. Unsere Ergebnisse spiegeln genau das vertraute Muster wider. Frauen reden insgesamt häufiger über ihre Beziehung und fragen sich auch öfter, wohin sich diese entwickelt.

TEST 6.4 NACHDENKEN ÜBER DIE BEZIEHUNG

Wie oft denken Sie über Ihre Beziehung nach?

sehr selten   **sehr oft**

1   2   3   4   5   6   7

Wie oft machen Sie sich Sorgen über Ihre Beziehung?

sehr selten   **sehr oft**

1   2   3   4   5   6   7

Wie oft reden Sie mit Freunden oder Bekannten über Ihre Beziehung?

sehr selten   **sehr oft**

1   2   3   4   5   6   7

Wie oft reden Sie mit Ihrem(r) Partner(in) über Ihre Beziehung?

sehr selten   **sehr oft**

1   2   3   4   5   6   7

Wie viel Zeit verbringen Sie damit, über Ihre Beziehung nachzudenken?

sehr viel   **sehr wenig**

7   6   5   4   3   2   1

Vergleichen Sie Ihre Antworten mit denen Ihres(r) Partners(in) oder denen eines Freundes oder einer Freundin!

DAS EVOLUTIONÄRE ERBE

Da Frauen im Falle einer Schwangerschaft erheblich mehr in den Nachwuchs investieren müssen als Männer, sind sie, wie wir schon in Kapitel 5 gezeigt haben, insgesamt wesentlich wählerischer und kritischer, was ihre Partnerwahl und ihre Beziehungen betrifft. Dies trifft umso mehr auf die Tage im Monat zu, an denen die Wahrscheinlichkeit einer Schwangerschaft hoch ist. Wir haben daher genauer erforscht, wie sich der weibliche Menstruationszyklus auf die Bewertung der Beziehung auswirkt. 120 Frauen im Alter zwischen 19 und 38 Jahren, die in festen Partnerschaften leben, gaben an, in welchem Ausmaß jedes der 64 Merkmale einer guten Paarbeziehung in ihrer Beziehung vorhanden ist und wie zufrieden sie mit ihr insgesamt sind. Zum Schluss sollten die Frauen mitteilen, wann sie ihre letzte Menstruation hatten und wie lange ihr Zyklus üblicherweise dauert. Bei einem regelmäßigen 28-Tage-Zyklus liegen die fruchtbaren Tage einer Frau ungefähr zwischen dem 6. und 14. Tag. Keine der Frauen nahm die Pille, da diese in den normalen Zyklusverlauf eingreift und den Eisprung – und damit die fruchtbare Phase – unterdrückt.

Während ihrer fruchtbaren Tage waren die Frauen nicht nur kritischer in der Beurteilung ihrer Beziehung, sie gewichteten in dieser Zyklusphase auch bestimmte Merkmale anders als sonst. Das wohl Auffälligste ist die signifikante Verschiebung der Wichtigkeit der Säulen Sex und Unabhängigkeit. Während der fruchtbaren Tage ist Frauen Sex erheblich wichtiger als während der unfruchtbaren. Sie sind dann also umso zufriedener mit ihrer Beziehung, je besser der Sex ist. Umgekehrt verhält es sich mit dem Wunsch nach Unabhängigkeit. Er verliert gegenüber den unfruchtbaren Tagen in der fruchtbaren Phase des weiblichen Zyklus drastisch an Bedeutung. Dazu passt, dass sich auch die Bedeutung von Übereinstimmung ändert. Sie ist während der fruchtbaren Tage für Frauen wesentlich wichtiger als während der übrigen Zeit (s. Abb. 6.6).

Dass Frauen in den fruchtbaren Tage kritischer sind, bedeutet aber nicht, dass sie mehr Kritik üben oder gar schlechtere Laune haben. Das ist eher kurz vor der Menstruation der Fall, und unter dem Begriff «prämenstruelles Syndrom» (PMS) bekannt. Es bedeutet vielmehr, dass sie die eigene Beziehung und den Partner sorgfältiger und gründlicher betrachten. Dabei können sie durchaus auch die positiven Seiten des Partners klarer erkennen, die sie vielleicht ansonsten im Alltagsstress leicht übersehen.

Evolutionär betrachtet ist dieses Muster durchaus sinnvoll. All un-

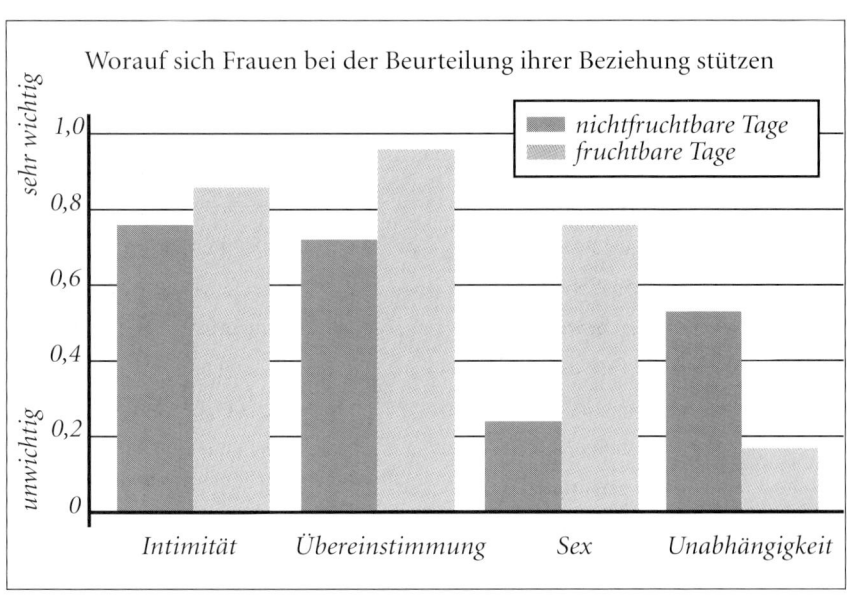

Abb. 6.6: Während der kritischen Tage ist alles anders: An fruchtbaren Tagen achten Frauen mehr auf Übereinstimmung und Sex als sonst, während der nicht fruchtbaren Tage ist ihnen ihre Unabhängigkeit wichtiger

sere weiblichen Vorfahren, die während der «gefährlichen» Tage ihres Zyklus nicht besonders wählerisch waren und den erstbesten Mann mit in die heimische Höhle nahmen, liefen eben auch Gefahr, auf Männer zu treffen, die krank, schwach oder weniger intelligent als andere waren. Oder auf solche, die sich am nächsten Morgen auf und davon machten und die möglicherweise geschwängerte Frau allein sitzen ließen. Viele der unter diesen Bedingungen gezeugten Kinder hatten in der Folge geringere Überlebenschancen. Mehr Glück hatten hingegen die Kinder von Frauen, die während der fruchtbaren Tage besonders kritisch waren. Ihre Männer waren nicht nur verlässlich und willens, sondern auch in der Lage, sich um Frau und potenzielle Nachkommen zu kümmern.

Heute verschafft das geschärfte Beurteilungsvermögen während der fruchtbaren Tage den Frauen keinen unmittelbaren evolutionären Vorteil mehr, gibt es doch genügend Möglichkeiten, den Zeitpunkt einer

Schwangerschaft zu beeinflussen. Solche psychologischen Programme entwickeln sich im Laufe von mindestens hunderttausend Jahren und ändern sich nicht innerhalb eines halben Jahrhunderts. Auch wenn sie früher einmal nützlich waren, heißt das nicht, dass sie es auch heute noch sind. Wie dysfunktional unser evolutionäres Erbe mitunter sein kann, zeigt sich an sinnlosen oder gar gesundheitsschädlichen Vorlieben für bestimmte Nahrungsmittel. Wie in den Zeiten, als der Mensch als bewegungsaktiver Jäger und Sammler auf der Suche nach fetter Beute durch die Savanne streifte und ständig mit Nahrungsmittelmangel konfrontiert war, bevorzugt auch der heutige Mensch fette, süße, eiweißhaltige Nahrung, die in Zeiten von Nahrungsüberangebot und mangelnder Bewegung nicht mehr gesund ist. Für unsere Vorfahren hatten diese Vorlieben aber durchaus ihren Sinn, und dieses Erbe steckt (leider) noch immer in uns.

Kapitel 7
LET'S TALK ABOUT SEX

Als Paul die bunte Wochenendbeilage der Tageszeitung am Samstagmorgen aufschlägt, ist er erschrocken – die meisten Menschen scheinen mehr Sex zu haben als er. Dabei gab es auch einmal andere Zeiten, erinnert er sich etwas wehmütig: «Weißt du noch, in unserem ersten Sommer, da haben wir so gut wie nichts anderes getan, und jetzt?», sagt er zu Sarah. Die empfindet das als Vorwurf und entgegnet verstimmt: «Wenn du nie Zeit hast – so zwischen Tür und Angel hab ich keine Lust.»

Etwa 1 – 2 Mal in der Woche schlafen Männer und Frauen im Durchschnitt miteinander. Diese Zahl schwankt jedoch beträchtlich zwischen den einzelnen Paaren. Tun es manche bis zu 45 Mal im Monat, belassen es andere bei durchschnittlich einer zärtlichen Zusammenkunft. Dabei zeigen sich große Unterschiede zwischen den einzelnen Ländern – die Deutschen sind im Vergleich mit anderen nicht gerade sehr sexfreudig.

Dauert der Akt bei den meisten immerhin mindestens eine viertel Stunde, so nehmen sich 20 Prozent sogar über eine Stunde Zeit. Doch mit zunehmendem Alter tun es die meisten kürzer. Im ersten Jahr ihrer Beziehung schlafen die meisten Paare noch recht häufig miteinander, vor allem Paare zwischen 25 und 29 Jahren haben oft Sex. Mit zunehmendem Alter und längerer Beziehungsdauer nimmt bei den meisten die Häufigkeit ab. Kinder, der Job, Haushalt und Finanzprobleme lassen oft nicht mehr viel Raum und Zeit für häufigen Sex. Auch wenn es offenbar ganz normal ist, dass Paare im Laufe der Zeit seltener miteinander schlafen, werten viele dies doch als Zeichen einer Verschlechterung ihrer Beziehung. Sex scheint dennoch bis ins hohe Alter seine Anziehungskraft nicht zu verlieren. Eine Studie an 200 Bewohnern eines Altersheims offenbarte, dass über 80 Prozent der Männer und über 60 Prozent der Frauen die eine oder andere Form von Sexualität noch in einem Alter von über 80 Jahren praktizieren.

Ihre erste Verabredung haben Jungen wie Mädchen heute mit etwas über 13 Jahren. Dann dauert es bei den meisten aber noch gut drei Jahre, bis sie – im Durchschnitt mit 16 – zum ersten Mal miteinander schlafen. Jungen beginnen damit etwas früher als Mädchen. Dabei beginnen Jugendliche aus Schleswig-Holstein am frühesten, Jugendliche aus Sachsen gut ein Jahr später. Doch generell scheinen Mädchen aus dem Osten etwas früher mit dem Sex anzufangen und auch mehr Spaß daran zu haben als ihre Altersgenossinnen aus dem Westen, die jedoch wiederum selbstbestimmter mit ihrer Sexualität umzugehen scheinen. Jungen aus dem Westen leben häufiger enthaltsam und verbinden Sex mehr mit Liebe und Treue, wie eine Untersuchung an ost- und westdeutschen Großstadt-Jugendlichen zeigt. Bei Jungen ist Sex immer noch weniger mit Angst und Schuld verbunden als bei Mädchen, obgleich beide bei Jugendlichen heute insgesamt eine geringere Rolle zu spielen scheint. Männer haben etwas häufiger homosexuelle Erfahrungen gesammelt als Frauen. Besonders deutlich unterscheiden sich die Geschlechter aber darin, wie häufig sie nach eigenen Angaben Sex mit sich selber haben: Männer masturbieren wesentlich häufiger, als Frauen dies tun, von denen etliche ganz darauf verzichten – oder es zumindest behaupten. Und so gibt es unter den Frauen auch beträchtliche Unterschiede in der autoerotischen Aktivität, während sich die Männer darin ziemlich ähnlich sind – fast alle haben sexuelle Phantasien und onanieren.

STATISTISCHE RÄTSEL

Am gravierendsten unterscheiden sich Männer und Frauen jedoch in einem Punkt, der gleichzeitig eine große, immerhin gut belegte statistische Kuriosität ist: in der Anzahl ihrer Sexualpartner. Männer geben im Durchschnitt 2–4 Mal so viele Sexpartnerinnen an wie Frauen, obwohl der Anteil von Männern und Frauen in der Bevölkerung doch nahezu gleich ist. Wie kann das sein, wenn doch jede neue Sexpartnerin eines Mannes gleichzeitig einen neuen Sexpartner für eine Frau bedeutet? Statistiker sind diesem Phänomen nachgegangen. Sie erfassten zunächst, wie oft Männer Kontakt mit Prostituierten hatten, und zogen diese Kontakte von der angegebenen Zahl an Sexpartnerinnen ab. Dies verringerte den merkwürdigen Unterschied zwischen Männern und Frauen jedoch nur geringfügig. Schließlich baten sie die Befragten anzugeben, für wie genau sie ihre eigene Schätzung halten. Und siehe da: Rechnet man die Ungenauigkeiten heraus, schrumpft der Unterschied noch einmal gehörig. Denn Männer neigen bei der Einschätzung der Zahl ihrer Sexpartnerinnen zu großen, runden Zahlen. Aus vier werden leicht zehn, aus zwölf einfach zwanzig, aus vielen hundert usw. Prahlen Männer eher mit einem ungebremsten Sexualtrieb, stellen Frauen sich gerne als sexuell weniger erfahren und «jungfräulich naiv» dar, besonders, wenn sie insgesamt recht konservativ eingestellt sind.

Ist es nun reine Großmäuligkeit, wenn Männer hinausposaunen, wie locker sie sind und wie viele «Kerben sie schon im Colt haben»? Oder werden Männer einfach in ihrem Tatendrang gebremst? Einiges spricht dafür, wie wir in einer eigenen Untersuchung feststellen konnten. Wir verglichen darin das Sexleben von Paaren mit dem von Singles. Angeblich haben Singles ja ein besonders bewegtes Liebesleben, sind sie doch niemandem Rechenschaft schuldig und können sich frei und unbeschwert mit wechselnden Liebhabern austoben. Daher vermuteten wir, dass bei den Singles der Unterschied zwischen Männern und Frauen auch im Verhalten offen zutage tritt. Das tut es auch: Männer sind zwar grundsätzlich freizügiger eingestellt, egal ob sie eine Beziehung haben oder nicht, freizügig verhalten tun sie sich allerdings nur, wenn sie Single sind. Dies trifft jedoch nicht auf alle Singles zu. Nur freiwillige männliche Singles haben ein abwechslungsreiches Sexleben. Mit durchschnittlich 22 Sexpartnerinnen, die sie im Alter von durchschnittlich 33 Jahren bisher hatten, sind die freiwilligen Single-Männer an der Spitze, die verheirateten Männer bilden mit nur durchschnittlich vier bisherigen Partnerinnen das Schlusslicht. Bei den Frauen spielt es hingegen kaum eine Rolle, ob sie in festen Händen sind oder nicht – egal ob Paar oder Single, sie alle hatten im Durchschnitt bisher neun verschiedene Sexualpartner. Im Vergleich zu anderen Frauen ver-

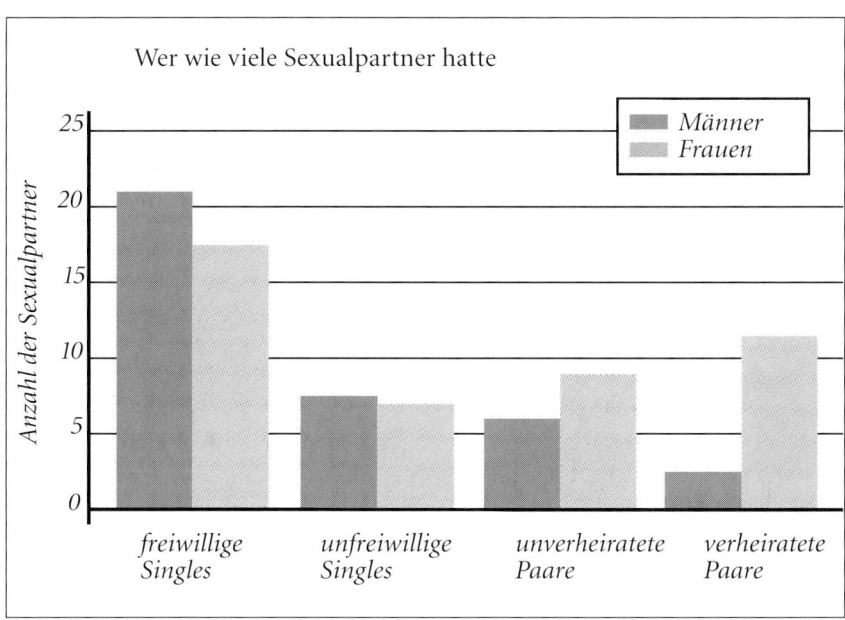

Abb. 7.1: Wer hat die meisten «Kerben im Colt»? Freiwillige Single-Männer hatten die meisten Partnerinnen, verheiratete Männer die wenigsten. Bei den Frauen sind es die freiwilligen Singles, aber auch die Verheirateten, die bisher die meisten Sexualpartner hatten.

halten sich jedoch auch die freiwilligen Single-Frauen am wenigsten zurückhaltend, dicht gefolgt übrigens von den verheirateten Frauen, worauf wir noch beim Thema Untreue zu sprechen kommen. Während gemeinhin die attraktiven Frauen im Schnitt mehr Sexualpartner haben als die weniger attraktiven, verhält es sich bei den verheirateten Frauen überraschenderweise umgekehrt: Verheiratete Frauen haben besonders dann viele Partner, wenn sie sich nicht sehr attraktiv fühlen. Bei allen anderen Frauen ist es so, dass mit der eigenen Attraktivität auch die Anzahl der Partner steigt – je attraktiver man sich findet, desto mehr (wobei es auch umgekehrt gelten kann: je mehr Sexualpartner, desto attraktiver fühlt man sich).

Sexuelle Normen, sexuelle Mythen

In allen Kulturen gibt es Normen, die das sexuelle Verhalten regulieren und beeinflussen. Sie umfassen oft auch die gesellschaftlichen Regeln der Fortpflanzung und der Sorge für die Kinder. In unserer abendländisch-christlichen Kultur glauben wir traditionellerweise, dies ginge am besten in einer Ehe, und auch der Sex solle auf diese beschränkt sein. Idealerweise sollte die Frau vor der Ehe «unberührt» sein, damit sicher gestellt ist, dass sie nicht vielleicht schon von jemand anderem schwanger ist und der Mann dann ein fremdes Kind großziehen muss. Für uns sind diese Normen so selbstverständlich, dass sie zumindest bis vor ganz kurzer Zeit geradezu naturgegeben schienen.

Aber es geht auch anders, wie uns das Beispiel der Mangaia, einer polynesischen Kultur, zeigt. Sexualität hat bei den Mangaia einen hohen Stellenwert. Daher wird auch in der Erziehung großen Wert darauf gelegt. Die Sprache ist reich an Beschreibungen der sexuellen Anatomie und an sexuellen Ausdrücken. Das Interesse an Sexualorganen sowie häufiger Geschlechtsverkehr werden kulturell belohnt. Dennoch unterliegt ihre für unsere westlichen Augen scheinbar so freie Sexualität strengen Regeln, nur eben anderen. In der Pubertät durchlaufen die jungen Männer eine Reihe von Initiationsriten, zu denen auch die sexuelle Unterweisung durch ältere Frauen gehört. Die gelernten Techniken versuchen sie anschließend anzuwenden. Dass viele westliche Frauen häufig keinen Orgasmus beim Sexualakt bekommen, ist für die Mangaia Anlass zu großer Besorgnis: Das müsse ja ungesund für die Frauen sein. Die jungen Männer der Mangaia wissen, dass Mädchen sie danach beurteilen, wie gut sie im Bett sind. Also strengen sie sich mächtig an, ihren Höhepunkt erst dann zu erreichen, wenn das Mädchen schon etliche Male so weit war. Die Eltern eines Mädchens sehen es gerne, wenn es viele Männer kennt, und dulden es wohlwollend, wenn nächtliche Besucher bei ihr vorbeischauen. Nach Ansicht der Mangaia reicht ein einziger Akt mit einem Mann nicht aus, um schwanger zu werden. Eine Frau muss daher mit mehreren Partnern experimentieren. Viele Paare heiraten erst, wenn jeder von beiden schon Babys hat. Da Ehen aber auf der

Grundlage von Besitz und sozialem Status geschlossen werden, ist der biologische Vater oft ein anderer als der, der die Kinder aufzieht.

Ganz anders sieht es bei uns mit der Sexualerziehung aus. Noch immer gilt: Was Männer dürfen, dürfen Frauen noch lange nicht. Und zwar trotz aller Erfolge von Emanzipationsbewegung und Gleichstellungsbemühungen, wie eine Studie noch Ende der 80er Jahre offenbarte. Die Teilnehmer dieser Untersuchung wurden gebeten, eine ihnen unbekannte Person zu bewerten. Ihnen wurde entweder mitgeteilt, diese Person hätte ihren ersten Geschlechtsverkehr bereits mit 16 oder erst mit 21 gehabt und hätte zurzeit nur eine lockere Affäre oder lebe in einer festen Beziehung. War die unbekannte Person eine Frau, dann wurden ihr ein früher Start und eine lockere Affäre eindeutig negativer angelastet, als wenn es sich um einen Mann handelte. Das alte Klischee, nach dem der Mann mit vielen Frauen ein Held, die Frau mit vielen Männern aber eine Hure ist, scheint offenbar noch immer in den Köpfen zu stecken.

Schon von klein auf gelten für Mädchen und Jungen unterschiedliche Regeln. Immer noch sind für Jungen Potenz und Aktivität das Ideal. Masturbation wird geduldet und deutlich geäußertes sexuelles Interesse als notwendig für die Entwicklung gefördert. Sexualität ist für Jungen eine Art Ritus, der sie zum Mann macht. Sie protzen untereinander mit ihren sexuellen Erfahrungen und Erfolgen, und sie bekommen Beifall dafür. Bei Mädchen wird Sexualität immer noch eher mit Schuld und Sünde assoziiert. Sie werden vor der männlichen Sexualität gewarnt. Ihre eigene wird tabuisiert oder gar unterdrückt. Sprüche wie «Lass die Röcke unten, und die Höschen oben» spiegeln das auch heute noch wider. Vom ersten Moment an ist weibliches Verlangen suspekt und muss lange auf seine «Berechtigung» geprüft werden. Stellt sich jedoch erst einmal die Frage «Ist es das wirklich wert?», dann wird Sex oft genug als zu kostspielig verworfen, wie es die Soziologin Carol Vance spöttisch formuliert. Auch wenn die Sexualerziehung bei Mädchen heute nicht mehr offen restriktiv gehandhabt wird, so ist es doch eine «Nicht-Erziehung», wie Sexualforscherinnen es ausdrücken. Vor allem lernen sie, dass Sex eng mit Liebe und Intimität verknüpft sein sollte und eher ein Ausdruck von Gefühl und Bindung ist als eine angenehme Sache an sich. Sex wird immer von der Angst vor einer Schwangerschaft begleitet und dem Risiko, den guten Ruf zu verlieren. Fühlt sich eine Frau doch einmal vor allem sexuell und nicht emotional von einem Partner angezogen, schiebt sie tiefere Gefühle sozusagen als nachträgliche Rechtfertigung oft hinterher.

Wie subtil soziale Normen die Sexualität beeinflussen, konnten wir selbst vor einiger Zeit in einem unserer Experimente feststellen. Männer und Frauen hatten die Aufgabe, jeweils ganz für sich allein und unbeobachtet erotische Fotos anzusehen und anzugeben, wie sie ihnen gefallen. Für sie unbemerkt registrierten wir, wie lange sie sich die Bilder ansahen.

Nicht weiter verwunderlich war zunächst, dass die Männer anscheinend mehr Spaß an den erotischen Bildern hatten und sie sich auch länger als die Frauen ansahen. Die Frauen blätterten sie eher im Schnelldurchgang durch. Einer Gruppe von zufällig ausgewählten Personen erklärten wir, es gehe in dieser Studie um die Wirkung von Sexualduftstoffen auf die Wahrnehmung erotischer Reize. Dazu wurden gut sichtbar für sie einige Tropfen eines «Pheromons» (tatsächlich war es aber reines Leitungswasser) auf einen Mundschutz geträufelt. Diese Versuchspersonen sollten nun die Fotos bewerten, während sie den Mundschutz trugen.

Überraschenderweise kehrte sich das Reaktionsmuster von Männern und Frauen jetzt völlig um. Die Frauen betrachteten die Fotos deutlich länger als die Männer. Sie hatten durch unsere kleine Manipulation eine Rechtfertigung für den Spaß an erotischen Bildern erhalten – sie konnten ihn auf die Wirkung des Pheromons schieben – und genossen sie. Die Männer brauchten diese zusätzliche Rechtfertigung nicht. Unter dem Einfluss des «Pheromons» gefielen ihnen die Bilder sogar weniger gut, denn nun führten sie ihre sexuelle Erregung nicht auf die erotische Qualität der Bilder zurück, sondern auf das Pheromon.

Sexualnormen können mitunter sogar tödliche Folgen haben. So hat die Aidsforschung festgestellt, dass Menschen, die Schuldgefühle und Angst beim Sex haben, zwar weniger oft neue Sexpartner haben, aber öfter ungeschützten Sex. Wird Sex als peinlich empfunden, spricht man eben auch ungern über Verhütung und Aids. Gerade Frauen befinden sich oft in der Zwickmühle, entweder als «gutes Mädchen» sexuell naiv zu sein und als solches den Mann nicht auf den Gebrauch eines Kondoms ansprechen zu dürfen oder, wenn sie darauf bestehen, als «schlechtes Mädchen» zu gelten. Zudem raubt rationales Abklären der Situation das Emotionale und Einzigartige. Wer ein Kondom benutzt oder benutzen will, zeigt, dass er entweder seine Gründe hat oder dem anderen misstraut.

Haben die sexuelle Revolution der 70er Jahre und die Erfindung der Pille dem Sex viel von seiner Belastung durch Angst und Schuld genommen, so ist gleichzeitig ein neuer Druck entstanden, und zwar der, auf jeden Fall und immer Spaß am Sex zu haben. Er darf auf keinen Fall langweilig, eintönig oder unbefriedigend sein. Hat jemand mal keinen Spaß am Sex, muss sofort etwas getan werden. Und so wird Sex zu Arbeit, die mit Leistungsdenken und Wettbewerb verbunden ist. Wer kann am längsten, wer tut es am häufigsten, wer ist der Beste? Das kann den Spaß zerstören, zumal das sexuelle Verlangen von Mensch zu Mensch sehr stark variiert. Die Messung an einer wie auch immer gearteten Norm dürften viele nicht bestehen.

Sich nicht mit anderen zu vergleichen ist leichter gesagt als getan. Allabendlich führen uns auf sämtlichen Kanälen im Fernsehen schöne, wohlgeformte Menschen vor, wie man Sex macht, und vor allem, wie man dabei auszusehen hat, nämlich perfekt. Auch sie setzen Normen, die unser eigenes Sexualleben nicht unbeeinflusst lassen. Denn wenn wir dann mit dem eigenen Partner nackt im Bett liegen und das Gesehene in die Tat umsetzen wollen, schießen uns plötzlich Gedanken durch den Kopf, die unsere Lust jäh dämpfen: «Gefalle ich ihm überhaupt, findet er meinen Körper attraktiv? Findet sie mich gut genug, bewege ich mich richtig? Ist mein Bauch zu weich?» Selbstzweifel können uns den Spaß gründlich verderben. Sexuelle Unzufriedenheit, Orgasmusstörungen oder gar das Vorspielen eines Höhepunkts können die Folge sein, wie eine neue Untersuchung ergeben hat. Und tatsächlich fühlen sich Männer, nachdem sie Bilder perfekter Frauenkörper im «Playboy»-Magazin betrachtet haben, weniger verliebt in ihre Frau als Männer, die sich derweil andere Bilder angeguckt haben. Der Vergleich bekommt der durchschnittlichen Frau schlecht.

Kasten 7.1 Zwei Anregungen für den Sex

Spaß für alle Beteiligten – dies ist das oberstes Gebot beim Sex, egal, wie man ihn dann gestalten will. Hier ein paar Anregungen für den etwas anderen Sex. Zur kleinen Erinnerung: Sex und Geschlechtsverkehr sind nicht das Gleiche, Sex muss nicht immer spontan sein, und auch geplanter Sex kann erfüllend sein!

1. Steigern Sie Ihre Sensibilität!

Legen Sie gemeinsam einen Termin fest, an dem Sie Sex miteinander haben wollen. Wählen Sie dafür einen Tag aus, an dem Sie viel Zeit und Muße haben und ungestört sind. Etwas zeitlichen Abstand zum Stress im Büro, die Kinder bei der Oma und das Telefon wenigstens für ein paar Stunden ausgestöpselt – schon sind Sie der einsamen Südsee-Insel ein ganzes Stück näher. Und auch der Sex versinkt nun nicht mehr im Alltag. Aber Achtung: Diesmal ist Geschlechtsverkehr verboten, und ein Orgasmus ist nicht erlaubt! Ungewohnt? Genau das soll es sein. Denn diesmal ist nicht die schnelle sexuelle Erregung und das Miteinander-Schlafen das Ziel. Es geht um Ihre Sinnlichkeit! Nehmen Sie genau wahr, was für Sie, was für Ihren Partner angenehm ist, und genießen Sie. Streicheln und berühren Sie sich abwechselnd auf verschiedene Art am ganzen Körper. Probieren Sie aus, seien Sie kreativ. Vereinbaren Sie vorher ein Signal, das dem gerade aktiven Partner anzeigt: «Das ist angenehm!», und eines für «Das ist weniger angenehm!». Wechseln Sie von Zeit zu Zeit die aktive und die passive Rolle.

Bleiben Sie so lange auf der Insel, wie Sie Lust dazu haben. Will einer von beiden nicht mehr, beenden Sie die Übung. Sie werden merken, wie Ihre Sensibilität für sich selbst und auch für den anderen wächst.

2. «Sex nach Plan»

Sie kommen einfach nicht dazu? Schon wieder ist eine Woche ohne Sex um, und auch am Wochenende sind so viele Termine. Bietet sich keine günstige Gelegenheit, fällt der Sex eben aus. Besonders Paare, die schon länger zusammen sind, haben sich oft in dieser stillschweigenden Übereinkunft eingerichtet. Dennoch steigt dann leicht die Unzufriedenheit, oder einer von beiden sucht sein Heil woanders. Diese Paare vergessen: Gelegenheiten lassen sich schaffen! «Sex nach Plan» kann helfen, eingeschlafenen Sex neu zu beleben. Schließen Sie mit Ihrem Partner einen Vertrag, in dem Sie genau festhalten, an welchen Tagen Sie Sex machen wollen, an welchen nicht. Schreiben Sie die Tage auf. Nicht vergessen, Verträge sind bindend! Halten Sie ihn für ein paar Wochen möglichst streng ein, und zwar sowohl in Bezug auf die Sex-Tage, aber auch auf die Nicht-Sex-Tage. Erscheint Ihnen dies zu formalisiert und nicht besonders leidenschaftlich? Egal, betrachten Sie es einfach als kleines Experiment. Oft hilft dieser Zeitplan, die alte Gewohnheit auszuhebeln, Gelegenheiten ungenutzt verstreichen zu lassen oder nicht zu suchen – der Sex hat eine Chance, wieder zum Leben zu erwachen.

Macht Sex glücklich?

Auch beim Sex zeigt sich: Die Masse macht's nicht. Viele verschiedene Sexpartner sind kein Garant für Zufriedenheit. Verheiratete Männer haben statistisch die wenigsten Sexpartnerinnen, sind aber gleichzeitig von allen am zufriedensten. Sie vergeben für ihr Sexleben ein knappes «gut», ganz im Gegensatz zu den unfreiwilligen Single-Männern, die es klar mit «mangelhaft» bewerten (vgl. Abb. 7.2).

Es ist nicht allein die Liebe, aber auch nicht nur der biologische Trieb

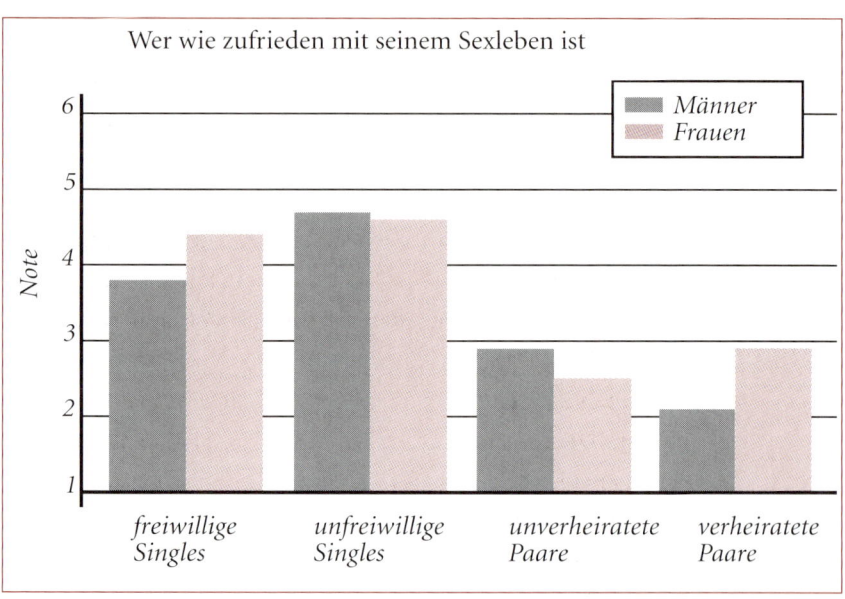

Abb. 7.2: Viel hilft nicht viel – allen voran geben die freiwilligen Single-Männer die höchste Anzahl von Sexualpartnerinnen an, bewerten ihr Sexualleben aber nicht mit besonders guten Noten. Ganz anders die verheirateten Männer – sie hatten nur wenige Partnerinnen, sind aber durchaus mit ihrem Sexleben zufrieden.

zur Vermehrung, die uns dazu motivieren, miteinander ins Bett zu gehen. Es gibt viele Gründe, Sex zu machen. Oft ist es der pure Spaß an den erregenden Gefühlen. Aber wir wollen auch sehen, wie wichtig wir für unseren Partner sind, und möchten ihm umgekehrt zeigen, wie wichtig er für uns ist. Vielleicht brauchen wir auch nur ein bisschen Erholung vom Alltagsstress und wollen durch Sex neue Kräfte schöpfen. Der eine oder andere möchte vielleicht auch ein Gefühl der Macht bekommen oder die Macht des anderen spüren. Aber stets erwarten wir, uns durch die Befriedigung unserer Bedürfnisse nach dem Sex besser zu fühlen.

Aber wie wichtig ist Sex eigentlich für eine gute Beziehung? Wie wir schon in Kapitel 6 berichtet haben, hängt die Zufriedenheit mit der Beziehung durchaus auch von der Sexualität ab, aber nicht nur. Und Sex ist auch nicht das wichtigste Barometer für partnerschaftliches Glück.

Allerdings sind sich Männer und Frauen höchst uneinig darüber, wie wichtig der Sex nun für eine gute Beziehung tatsächlich ist. Rangiert Sex bei Männern in seiner Wichtigkeit unmittelbar hinter den Faktoren Intimität und Übereinstimmung, nimmt er bei den Frauen die Schlussposition ein. Sogar die Bewahrung der eigenen Individualität und Unabhängigkeit vom Partner ist ihnen wichtiger als guter Sex.

Die Zufriedenheit mit der Beziehung und die Zufriedenheit mit dem Sex hängen aber auf jeden Fall sowohl bei Männern als auch bei Frauen miteinander zusammen. Die Frage ist nur: Macht Sex zufrieden oder haben Zufriedene mehr Sex? Diese Frage ist nicht leicht zu beantworten. Die erste Studie zur ehelichen Zufriedenheit und zum Sex wurde bereits 1938 von dem amerikanischen Forscherteam um Lewis Terman durchgeführt und offenbarte vor allem eines: Viel macht noch lange nicht glücklich. Die Sache scheint doch etwas komplizierter zu sein. Am zufriedensten waren diejenigen, bei denen die gewünschte und die tatsächliche Häufigkeit von Sex übereinstimmte, egal, ob dies nun häufig oder selten bedeutete. Interessanterweise hängt Sex offenbar auch mit Streit zusammen – die, die sich häufiger streiten, haben auch mehr Sex. Am zufriedensten sind dabei diejenigen, die öfter Sex haben, als dass sie sich streiten. Zufriedene Paare haben nicht nur häufiger Sex und streiten sich auch öfter als unzufriedene, sie unternehmen auch mehr gemeinsam. Egal, ob sie Tennis spielen, Sex haben und sich ab und zu mal streiten – sie beschäftigen sich und setzen sich miteinander auseinander. Das macht zufriedener. Ist man zufrieden, macht umgekehrt auch der Sex mehr Spaß. Das Fazit: Sex allein macht nicht glücklich, trägt aber zusammen mit anderen Faktoren auf jeden Fall zum Glücklichsein bei.

Wenn es nicht so klappt, wie es klappen soll

Die meisten Paare scheinen sich beim Sex einfach darauf zu verlassen, dass der Mann der Experte ist. Das erhöht den Druck auf ihn und bedeutet weniger Spaß für beide. Zudem verlassen sie sich oft vor allem auf den Geschlechtsakt an sich, der nun einmal besonders viel Koordination verlangt. Nicht nur für den amerikanischen Ex-Präsidenten Clinton, auch für die meisten anderen Menschen ist Sex aber gleichbedeutend mit Geschlechtsverkehr – schläft man nicht miteinander, dann war es auch kein richtiger Sex. Bernie Zilbergeld, ein amerikanischer Sexforscher, fasst diese und andere Annahmen im «Fantasy Model of Sex» zusammen (Kasten 7.2).

KASTEN 7.2 FANTASY MODEL OF SEX

Das Equipment:

Alles, was man braucht, ist ein Penis. Penisse kommen im Phantasieland in drei Größen vor – groß, gigantisch und so riesig, dass sie kaum durch die Tür passen.

Die Partnerin:

Die Frauen im Phantasieland sind alle umwerfend und perfekt geformt. Sie wollen immer Sex und möchten gerne hart angefasst werden, egal wie sehr sie auch um Sanftheit bitten.

Die Gefühle:

Männer sollten keine haben oder sie zumindest nicht zeigen. Aggressivität, Ärger, Konkurrenz und alles, was zeigt, dass sie alles unter Kontrolle haben, ist okay, aber Schwäche, Verwirrung, Angst, Verletzlichkeit, Weichheit, Mitgefühl oder Sensibilität sind nur Mädchen erlaubt.

Die Performance:

Beim Sex, wie überall sonst, ist es die Leistung, die zählt. Die drei Regeln des Mannes sind: Erfolg, Erfolg, Erfolg.

Die Verantwortung:

Der Mann ist immer der, der die Führung übernimmt, er dirigiert den Sex.

Das Verlangen:
Ein Mann will immer und kann immer. Männer sind wie Maschinen, sie gehen ab, wenn der Knopf gedrückt wird.

Das Ziel:
Jeder körperliche Kontakt muss zum Sex führen. Schmusen, umarmen, küssen und streicheln sind weder nötig noch angenehm; sie sind nur nützlich auf dem Weg zum Sex.

Die Hauptsache (Teil I):
Nur eins ist wichtig: der Geschlechtsverkehr. Alle anderen Formen des Sex sind nur Vorbereitungen. Oraler Sex ist kein Sex. Nur Geschlechtsverkehr ist Sex.

Die Hauptsache (Teil II):
Eine Erektion ist alles.

Die Tatkraft:
Sex muss hart gefahren werden. Die Frau bringt er zu anfallsartigem Vergnügen. Sex sollte nicht langsam oder gemächlich sein, Zeit zum Pausieren, Reden, Lachen ist überflüssig.

Die natürliche Erfahrung:
Es besteht keinerlei Notwendigkeit, etwa neue Fertigkeiten zu lernen, darüber zu sprechen oder irgendwelche anderen korrigierenden Maßnahmen zu ergreifen, weil es da nichts zu lernen und nichts zu korrigieren gibt.

nach Zilbergeld, 1978

Hat vielleicht deshalb mehr als die Hälfte aller Paare – und das sind nur die, die dies offen zugeben – Probleme beim Sex, selbst wenn sie noch jung sind und ihre Beziehung noch frisch? Eigentlich sind Schwierigkeiten im Bett nicht weiter verwunderlich, handelt es sich beim Sex doch um ein ziemlich kompliziertes «sensorisch-motorisch-neurohormonal-vaskulär-psychosozio-kulturelles interpersonales Ereignis». So formuliert es zumindest der jüngste Kinsey-Report, eine Neuauflage der wohl bekanntesten Umfrage zum Sexualleben der Amerikaner, die Alfred Kinsey in den 50er Jahren durchführte. Nur 61 Prozent der jungen Frauen, aber 94 Prozent der jungen Männer haben immer und regelmäßig einen Orgasmus beim Liebesspiel.

Frauen klagen vor allem darüber, keine Lust zu haben und schwer erregbar zu sein. Die meisten haben Schwierigkeiten, überhaupt einen Höhepunkt zu erreichen. 10 Prozent der sexuell aktiven Frauen haben noch nie in ihrem Leben einen Orgasmus erlebt, höchstens vielleicht im Schlaf bei einem erotischen Traum. Junge Männer haben ganz andere Probleme: Sie leiden vor allem unter vorzeitiger Ejakulation. Läuft die Beziehung schon eine ganze Weile, wird der Sex nicht nur seltener, sondern oft auch zur Routine. Immerhin ein Drittel der Männer und noch mehr Frauen beklagen dann, dass das Vorspiel zu kurz ist. Besonders im ersten halben Jahr nach der Geburt des ersten Kindes, aber auch noch danach haben mehr als ein Drittel der Frauen keine Lust auf Sex. Sie haben seltener und weniger befriedigenden Sex, und etliche klagen über Schmerzen dabei.

In den wenigsten Fällen haben sexuelle Störungen allein körperliche Ursachen, wie der neue Kinsey-Report feststellt. Meist sind auch Gedanken und Gefühle beteiligt. In der Therapie sexueller Dysfunktionen wird das berücksichtigt – neben medizinischen Hilfsmitteln wie Penisimplantaten wird auch trainiert, den eigenen körperlichen Reaktionen wieder mehr Aufmerksamkeit zu schenken. Darüber hinaus wird an der Verbesserung der Paarbeziehung gearbeitet. Der amerikanische Sexual- und Angstforscher David Barlow hat etwa festgestellt, dass Männer mit Erektionsstörungen offenbar eher damit beschäftigt sind, darüber nachzudenken, was passiert, wenn es nicht klappt, als auf die erotischen Reize ihrer Partnerin zu reagieren. Ganz subjektiv unterschätzen sie ihre sexuelle Erregung und können ihre Reaktionen schlechter kontrollieren.

Ähnliches wurde lange auch für Frauen vermutet. Man nahm an, dass bei ihnen Angst und die fordernden Ansprüche des Partners für einen ähnlichen Teufelskreis sorgen. In einem Experiment wurde diese Vermutung genauer überprüft: Frauen, die unter sexuellen Funktionsstörungen litten, und Frauen, die keine Probleme beim Sex hatten, wurde mit einem Video über eine grässliche Amputation Angst eingejagt. Anschließend sahen beide Gruppen einen erotischen Film. Dabei maß man das Blutvolumen in der Vagina – ein Indikator für sexuelle Erregung. Anders als vermutet, hatte die Angst jedoch bei beiden Gruppen von Frauen eher einen erregungssteigernden Effekt. Offenbar stimmen also die körperlichen Reaktionen nicht unbedingt mit den subjektiven (in diesem Fall negativen) Gefühlen überein. Wie wir in Kapitel 3 beim Thema Verliebtheit gesehen haben, haben wir oft auch Schwierigkeiten, unsere körperliche Erregung eindeutig zu interpretieren. Welches Gefühl wir «passend» finden, wenn wir merken, dass unser Herz höher schlägt, hängt eben ganz stark davon ab, was uns gerade nahe liegend erscheint.

Den Orgasmus selbst aber empfinden Männer und Frauen anscheinend recht ähnlich. Das ergab eine Umfrage unter männlichen und weiblichen College-Studenten. Sie wurden gebeten, genau aufzuschreiben, wie sich ein Orgasmus anfühlt. Anschließend sollten unabhängige Experten das Geschlecht des jeweiligen Schreibers bestimmen. Sie erzielten eine sehr niedrige Trefferquote. Das lässt vermuten, dass sich die Gefühle von Männern und Frauen beim Orgasmus nicht sehr unterscheiden.

Sexuelle Zufriedenheit hängt zwar mit einer problemlosen Sexualität durchaus zusammen, ist aber keinesfalls ein und dasselbe. Auch wenn der Sex an sich gut funktioniert, kann es vorkommen, dass einer von beiden unzufrieden ist, und umgekehrt haben auch sexuell Zufriedene durchaus hin und wieder Probleme beim Sex. Was sie von den Unzufriedenen unterscheidet, ist die Art und Weise, wie sie mit ihrer Sexualität und mit den Problemen umgehen. Für sie ist Sex ein Teil ihrer Persönlichkeit. Sie wissen um ihre Bedürfnisse und um die Bedingungen, unter denen sie Sex genießen, und sie setzen sich dafür ein, dass diese Bedingungen geschaffen werden. Sie glauben, dass man sexuelle Probleme nicht einfach hinnehmen muss, sondern etwas an ihnen ändern kann und sollte. Obwohl sie zufrieden sind, möchten sie sich im Hinblick auf Sex weiterentwickeln und dazulernen. Offenbar kommt es also vor allem darauf an, wie man die eigene Sexualität beurteilt und annimmt, nicht auf das Funktionieren an sich.

Eine der berühmtesten Studien über sexuelle Praktiken und sexuelle Probleme wurde in den 70er Jahren von Virginia Masters und William Johnson in den USA durchgeführt. Unter anderem verglichen sie das Sexleben von Heterosexuellen mit dem von Homosexuellen und fanden dabei heraus, dass Homosexuelle ihren Sex als befriedigender erleben. Sie schlossen, dass Schwule und Lesben ihren gleichgeschlechtlichen Partner nicht nur automatisch besser kennen. Darüber hinaus scheint wichtig zu sein, dass sie Sex seltener allein auf den Geschlechtsakt reduzieren und mehr miteinander sprechen. Gespräche über die Wünsche und Vorlieben des anderen scheinen umso mehr für Heterosexuelle ein Rezept für befriedigenden Sex zu sein, zumal sie ihren Partner nicht per se so gut kennen können wie sich selbst. Umso erstaunlicher war es für Masters und Johnson, festzustellen, dass die wenigsten Männer und Frauen in einer heterosexuellen Beziehung miteinander über Sex sprachen, um auf diese Weise ihr mangelndes Wissen vom anderen aufzubessern und ihn besser zu verstehen. Das heißt, ausgerechnet die, die es besonders nötig hätten, sind weniger geneigt und fähig, miteinander zu kommunizieren. Gerade wenn Probleme beim Sex auftreten, verhindern Ängste, offen über Sex zu kommunizieren und die Schwierigkeiten gemeinsam zu meistern. Und so könnten sie von den schwulen und lesbischen Paaren einiges lernen.

Sex mit und ohne Liebe

Unabhängig davon, wie häufig oder gerne sie miteinander ins Bett gehen, unterscheiden sich die Menschen darin, wie freizügig oder wie zurückhaltend sie in sexueller Hinsicht sind. Jeffrey Simpson und Steven Gangestad bezeichnen das als die «soziosexuelle Orientierung». Stellen Sie fest, welche soziosexuelle Orientierung Sie selbst im Vergleich zu anderen haben.

Test 7.1 Wie freizügig bin ich, wenn es um Sex geht?

Wenn Sie wissen möchten, ob Sie eher zu den «Freizügigeren» oder eher zu den «Restriktiveren» zählen, beantworten Sie einfach die folgenden Fragen so ehrlich wie möglich.

Tragen Sie hier bitte die entsprechende Zahl ein:

1. Mit wie vielen verschiedenen Partnern/innen haben Sie im letzten Jahr geschlafen? _____

2. Mit wie vielen verschiedenen Partnern/innen werden Sie voraussichtlich in den nächsten fünf Jahren schlafen? _____

3. Mit wie vielen verschiedenen Partnern/innen haben Sie nur ein einziges Mal geschlafen? _____

4. Wie oft stellen Sie sich vor, mit jemandem (anderem als Ihrem Partner) Sex zu haben? _____

1 = nie	5 = einmal in der Woche
2 = einmal alle 2–3 Monate	6 = ein paarmal in der Woche
3 = einmal im Monat	7 = fast jeden Tag
4 = einmal in vierzehn Tagen	8 = mindestens einmal am Tag

Kreuzen Sie die Zahl an, die Ihrer Meinung am ehesten entspricht:

ich stimme gar nicht zu   ich stimme voll zu

5. Sex ohne Liebe ist okay.   1   2   3   4   5   6   7   8   9

6. Ich kann mir vorstellen es zu genießen, gelegentlich Sex mit unterschiedlichen Partnern/innen zu haben.   1   2   3   4   5   6   7   8   9

7. Ich muss mich nicht besonders eng mit jemandem verbunden fühlen, um gerne Sex mit ihm/ihr zu machen.   1   2   3   4   5   6   7   8   9

AUSWERTUNG

Tragen Sie Ihre Antworten auf die Fragen 1 bis 7 unten ein. Zählen Sie alle Punkte zusammen und teilen Sie anschließend die Summe durch 7. Runden Sie das Ergebnis zur ganzen Zahl entsprechend auf oder ab. Sie erhalten dann Ihren persönlichen Index der soziosexuellen Orientierung.

Frage 1 _____ +
Frage 2 _____ +
Frage 3 _____ +
Frage 4 _____ +
Frage 5 _____ +
Frage 6 _____ +
Frage 7 _____ +
Summe =_____ _____ : 7 = (Index der soziosexuellen Orientierung)

> Haben Sie einen **Index von 0–3 Punkten**, dann gehören Sie zu denen, die in sexuellen Dingen im Vergleich zu anderen restriktiver sind. Ist Ihr **Index größer als 4 Punkte**, gehören Sie zu denen, die in sexuellen Dingen freizügiger als andere sind.

Sexuell Freizügige sehen Sex lockerer und finden es durchaus in Ordnung, Sex auch ohne Liebe zu genießen. Sie haben häufiger One-night-stands, hatten insgesamt schon mehrere Sexpartner und gedenken, auch in der Zukunft noch Affären zu haben. Sie sehen die Liebe eher spielerisch und fühlen sich von erotischen Dingen angezogen. Meist sind sie auch in anderen Lebensbereichen extrovertierter und offener. Sexuell eher Restriktive hingegen möchten Sex nur mit jemandem haben, dem sie sich auch emotional nahe fühlen. Sie fühlen sich stärker an ihre Beziehung gebunden. Die Zahl ihrer kurzfristigen Affären ist eher gering, und sie glauben auch nicht, dass sich das zukünftig ändern wird.

Wie aber kommt man zu seiner soziosexuellen Orientierung? Ist dafür das Erbe oder die Erziehung verantwortlich? Zur Beantwortung dieser Frage bietet sich die Zwillingsforschung an, denn Zwillinge haben etwas, was sonst keine zwei Menschen auf der Welt haben: identische Erbanlagen. Allerdings haben nur eineiige Zwillinge dasselbe Erbgut, denn wie der Name schon sagt, stammen sie aus einer Zelle mit ein und derselben genetischen Ausstattung. Die zweieiigen sind sich genetisch nicht ähnlicher als andere Geschwister auch, nur dass zwei Eizellen gleichzeitig befruchtet wurden. Sind sich eineiige (monozygote) Zwillinge bei gleicher Erziehung ähnlicher als zweieiige (dizygote), dann lässt sich daraus der Schluss ziehen, dass für diese Ähnlichkeit die Gene verantwortlich sind.

In einer großen australischen Zwillingsstudie stellte sich heraus, dass sich eineiige Zwillinge in ihrer soziosexuellen Orientierung tatsächlich ähnlicher waren als die zweieiigen. Dies lässt auf eine erbliche Komponente schließen. Gleichzeitig stimmte aber die soziosexuelle Orientierung der zweieiigen Zwillinge auch dann auffallend überein, wenn sie *verschiedenen* Geschlechts waren. Identische Erbanlagen können dafür natürlich nicht verantwortlich sein. Also scheint auch die Umwelt ihren Teil zur soziosexuellen Orientierung beizutragen.

Männer wollen Sex, Frauen Liebe

«Männer wollen Sex, Frauen Liebe» – dieses Klischee ist nicht ganz falsch. In der Tat haben die meisten Männer auch ohne Intimität und Nähe Spaß an Sex. Die meisten Frauen haben es lieber, wenn der Sex Teil einer engen emotionalen Beziehung ist. Dies spiegelt sich nicht nur in der Bereitschaft vieler Männer wider, Sex notfalls auch zu kaufen, sondern auch in der Motivation zum Fremdgehen. Wenn Männer fremdgehen, tun sie das nach eigenem Bekunden vor allem wegen des Sex, Frauen betonen ihre Gefühle. Sie suchen woanders Liebe, wenn sie in ihrer Beziehung unglücklich sind.

Auf den ersten Blick scheinen Männer tatsächlich sexuell freizügiger als Frauen zu sein; die Testergebnisse zur soziosexuellen Orientierung machen das deutlich. Männer sind ganz eindeutig lockerer eingestellt, denken häufiger an Sex und meinen im Gegensatz zu den meisten Frauen, es durchaus auch öfter mit verschiedenen Partnerinnen tun zu können. Interessant dabei: Bei den meisten Männern bleibt es offenbar beim Wunschdenken. In der Regel haben sie nicht häufiger One-night-stands als Frauen, und im Laufe eines Jahres hatten sie auch nicht mehr verschiedene Sexualpartnerinnen als Frauen umgekehrt Sexualpartner.

Können die Männer also nicht so, wie sie eigentlich wollen? Oder wollen sie sich in sexuellen Dingen gerne lockerer darstellen, als sie eigentlich sind, während Frauen umgekehrt das naive Mädchen spielen, um ihren guten Ruf zu bewahren? Für beides gibt es Argumente – evolutionspsychologische für das eine, soziokulturelle für das andere – und möglicherweise sind beide wahr. Ist es evolutionär gesehen für Männer sinnvoll, auf «Masse», für Frauen dagegen, auf «Klasse» zu setzen, helfen auch hier unsere kulturellen Normen etwas nach. Die statistischen Rätsel bei den unterschiedlichen Angaben zur Anzahl der Sexualpartner insgesamt haben ja bereits vermuten lassen, dass Männer in puncto Eroberungen eher übertreiben, Frauen eher untertreiben.

Wie schon erwähnt, stehen zum Beispiel die freiwilligen Single-Frauen den Männern wenig nach, was ihre recht lockere Einstellung zum Sex und ihr freizügiges Verhalten betrifft. Auf den ersten Blick macht dies – aus Sicht der Evolutionspsychologie – für Frauen eigentlich keinen Sinn. Sie sollten im Allgemeinen ja vor allem Sorge tragen, einen guten Investor zu finden, der sie und ihre Kinder versorgt, und daher auf Qualität statt auf Quantität setzen. In der Regel tun sie das auch. Es kann für Frauen jedoch auch Vorteile haben, sich dieser Regel zu widersetzen. Sexuelle Freizügigkeit verhilft nämlich im Wettlauf um den besten Partner zu einem Vorsprung vor der Konkurrenz. All jene Männer, die zwar Träger «ausgezeichneter» Gene sind, die also gesund, kräftig und durchsetzungsfähig sind, aber kein sonderliches Interesse daran haben, sich fest zu binden, können womöglich durch größere sexuelle Freizügigkeit überzeugt werden – wenigstens für eine Nacht. Es sieht so aus, als verlegte sich die kleine Gruppe der sexuell unrestriktiven Frauen auf diese zweite Strategie bei der Partnerwahl. So ergattern sie einen Mann mit «guten Genen», der sie zwar vermutlich nicht dauerhaft gut versorgt, im schlimmsten Fall auch gar nicht, dafür haben die Kinder von ihm möglicherweise bessere Überlebenschancen als der Nachwuchs anderer Frauen.

Eine kürzlich an der Syracuse University durchgeführte Studie hat die Vermutung bestätigt, dass sich Frauen, je nachdem, ob sie sich in sexuellen Dingen eher restriktiv oder weniger restriktiv verhalten, auch die Männer nach anderen Gesichtspunkten aussuchen. Die US-Wissenschaftler legten weiblichen Versuchspersonen Fotos von männlichen Models in Badehose vor. Außerdem erhielten sie ein paar Zusatzinformationen über die einzelnen Männer: wie viel sie verdienten, welchen sozialen Status sie hatten und inwieweit sie bereit waren, eine Beziehung einzugehen, vielleicht sogar zu heiraten. Nun sollten die Frauen entscheiden, mit wem sie bereit wären, eine sexuelle Affäre einzugehen. Wie auch schon in anderen Untersuchungen trafen die Frauen zunächst anhand der Kriterien Status und Karriereambitionen eine Vorauswahl. Grundsätzlich scheinen Frauen, egal wie freizügig sie sind und egal wie wenig sie einplanen, sich emotional zu engagieren, immer insgeheim die Investitionsmöglichkeiten eines Partners abzuschätzen. Es gab jedoch auch einen deutlichen Unterschied zwischen den Frauen mit einer restriktiveren und denen mit einer freizügigeren soziosexuellen Orientierung: Anders als den Restriktiven ist den Freizügigeren das Aussehen wesentlich wichtiger. Auf Informationen darüber, ob der Mann auch bereit wäre, eine feste Beziehung einzugehen, konnten sie verzichten. Aber es gibt auch bei den Männern Unterschiede in der soziosexuellen Orientierung, die nicht nur etwas mit dem Umstand zu tun zu haben scheinen, ob sie durch eine feste Partnerin am freien Ausleben ihrer ungezügelten Sexualität gehindert werden oder nicht. In einer neuen Untersuchung des Forscherteams um Jeffrey Simpson und Steven Gangestad wurde männlichen Versuchspersonen gesagt, sie würden mit einem anderen Mann um die Gunst einer attraktiven Interviewerin konkurrieren. Als Gewinn stand eine Einladung zum gemeinsamen Mittagessen mit der netten jungen Frau in Aussicht. Wie in der Sendung «Herzblatt» stellte ihnen die Interviewerin, die sie nur über einen Monitor sehen konnten, zunächst einige Fragen, z. B. was sie für ein Typ seien, was sie mögen, was nicht, wie sie eine Frau in der Kneipe ansprechen und wie sie dann versuchen würden, sie für sich einzunehmen. Zum Schluss sollten sie möglichst überzeugend argumentieren, warum die Interviewerin sie und nicht die Konkurrenz zum Mittagslunch erwählen sollte.

Die konkurrierenden Männer unterschieden sich in zwei wesentlichen Punkten: zum einen in ihrer soziosexuellen Orientierung, zum anderen in der Symmetrie ihres Aussehens. Diese war ganz zu Beginn durch exaktes Ausmessen der Handgelenke, der Ohrläppchen, der Fußknöchel und des angewinkelten Ellenbogens festgestellt worden. Wie in Kapitel 2 bereits erwähnt, ist die Symmetrie des Körpers ein Zeichen für die genetische Fitness – je asymmetrischer, desto weniger überlebensfähig und desto weniger erfolgreich bei der Reproduktion ist das

Individuum. Unbemerkt filmte man die Versuchspersonen während des Experiments mit einer Videokamera. So konnte ganz genau unterschieden werden, wer welche Taktik beim Wettbewerb um die attraktive Interviewerin anwandte. Was bisher vor allem bei Tierstudien nachgewiesen wurde, konnte nun auch für den Menschen bestätigt werden: Männer, bei denen die Maße der rechten und der linken Körperseite genauer übereinstimmen, die also symmetrischer gebaut sind, sind nicht nur attraktiver und erotischer, sondern auch dominanter. Und: Symmetrisch gebaute Männer und solche, die sexuell freizügig sind, werben – anders als weniger symmetrisch Gebaute und sexuell Restriktivere – ganz unverblümt um eine Frau. Sie zeigen sich wenig an einer netten Unterhaltung von gleich zu gleich interessiert, sondern sie versuchen zu beeindrucken. Ganz direkt geht es bei ihnen um den Wettkampf, den sie gegen die Konkurrenz gewinnen wollen. Die sexuell Restriktiven, die zumeist gleichzeitig auch weniger symmetrisch gebaut sind, bevorzugen die entgegengesetzte Taktik. Sie verkaufen sich selbst als «nice guys», als liebe Jungs, die keiner Fliege etwas zuleide tun und treu und zuverlässig sind. Sie preisen vor allem ihre guten Eigenschaften, wirken dabei allerdings offenbar auch etwas langweilig. So hat eine andere Untersuchung zum Thema gezeigt, dass Frauen die «nice guys» zwar potenziell als feste Partner bevorzugen, aber dennoch die «bad guys» mehr Erfolg bei den Frauen haben.

Macht Testosteron freizügig?

Dass Männer freizügiger sind als Frauen, könnte am Sexualhormon Testosteron liegen. Bei ihnen ist die Testosteronkonzentration drei bis zehn Mal so hoch wie bei Frauen. Testosteron kann beim Mann zur spontanen Erektion führen, ohne dass irgendeine andere Stimulation nötig wäre. Männer mit einem höheren Testosteronspiegel sind dominanter, häufiger in Raufereien verwickelt, überschreiten schneller Regeln und Gesetze. Sie lächeln weniger, und auf andere wirken sie weniger sympathisch. Sie haben mehr Sexualpartnerinnen, gehen häufiger fremd und lassen sich mit größerer Wahrscheinlichkeit scheiden. Offenbar fördert Testosteron bei Männern die Bereitschaft, wechselnde Partnerschaften einzugehen, und weckt in ihnen gleichzeitig den Drang zu «Dominanzduellen». Die echten Dominanzduelle von gestern sind die Sportwettkämpfe von heute. Wie Befunde bei Sportlern zeigen, steigt der Testosteronspiegel vor dem Wettkampf. Nach dem Wettkampf steigt er bei den Siegern weiter, sinkt aber bei den Verlierern. Dies funktioniert offenbar auch ohne jegliche körperliche Anstrengung: Dasselbe konnte man bei Schachwettbewerben nachweisen.

Testosteron ist zwar bekannt als «Männlichkeitshormon», doch scheint es auch bei Frauen den Sexualtrieb zu steuern. Sexuell aktive Frauen haben entsprechend einen höheren Testosteronspiegel als inaktive. Frauen mit erhöhtem Testosteronspiegel reagieren stärker auf erotische Reize, masturbieren häufiger und fühlen sich insgesamt wohler.

Es gibt Hinweise darauf, dass der Drang zum Sex – die Libido – durch Sexrezeptoren im Gehirn gesteuert wird. Man nimmt an, dass diese Sexrezeptoren auf Testosteron reagieren: Ist viel Testosteron da, steigt die Lust, und umgekehrt. Dies könnte sowohl die Unterschiede zwischen Männern und Frauen erklären als auch die Alltagserfahrung, dass Männer am liebsten morgens Sex haben, wenn ihr Testosteronspiegel, der sich über Nacht aufbaut, am höchsten ist. Allerdings steht der direkte Nachweis von Sexualrezeptoren bislang noch aus.

Wer geht fremd?

Auch wenn die überwiegende Mehrheit sexuelle Untreue meist aus moralischen Gründen ablehnt, ist Fremdgehen auch im Zeitalter von Aids an der Tagesordnung. Einer repräsentativen Befragung zufolge sind bereits 37 Prozent aller Deutschen schon einmal fremdgegangen – neben den Briten liegen damit die Deutschen in Europa ganz vorn, das Schlusslicht bilden die katholischen Spanier und Polen, wobei offen bleibt, ob sie es nicht tun oder nur nicht zugeben. Im Süden Deutschlands besteht eine etwas größere Tendenz zum Fremdgehen als in den anderen Gebieten der Bundesrepublik. Im Westen gehen die meisten Männer zu Prostituierten (immerhin 26 Prozent aller Männer). Das sind vor allem Männer aus kleinen Gemeinden, die aber im Einzugsbereich größerer Städte liegen. In Großstädten kommt es leichter zu flüchtigen Sexualkontakten, für die man nicht bezahlen muss.

Die meisten von uns wüssten gerne, ob auch ihr eigener Partner unter diesen Fremdgehern ist. Zunächst einmal sind Männer per se verdächtig, denn es gehen mehr Männer als Frauen fremd. Aber besonders, wenn sie eine höhere Schulbildung haben und berufstätig sind, sind auch Frauen einer Liebschaft neben ihrer eigentlichen Beziehung nicht abgeneigt. Gerade der Arbeitsplatz ermöglicht es vielen, heimliche Affären zu pflegen – 33 Prozent der Liebhaber von Frauen mit festen Beziehungen sind Arbeitskollegen, nur 15 Prozent eigene Freunde, immerhin 12 Prozent Freunde des Partners. Möglicherweise müssen sich besser gebildete und berufstätige Frauen weniger «zügeln», weil die Konsequenzen für sie, sollten sie erwischt werden, weniger dramatisch sind als für Nur-Hausfrauen – moralisch wie finanziell. Sie verlieren durch einen Seitensprung im schlimmsten Fall nur den Mann, nicht aber gleich ihre ganze Lebensgrundlage. Denn immerhin erfahren 60 Prozent der Männer im Gegensatz zu nur 40 Prozent der Frauen von außerehelichen Affären ihres Partners, 25 Prozent der in Beziehungen lebenden Männer und Frauen sagen, sie könnten dies ihrem Partner oder ihrer Partnerin nicht verzeihen.

Wie wir in einer eigenen Studie mit Studenten und Studentinnen feststellen konnten, schließen Frauen beim Thema Fremdgehen von sich auf andere. Sind sie selbst schon einmal fremdgegangen, dann halten sie es auch für durchaus wahrscheinlich, dass sie umgekehrt ebenfalls schon einmal betrogen wurden – wissentlich oder unwissentlich. Nur wenige Frauen, die selbst noch nie fremdgegangen sind, glauben, dass ihr Partner sie betrügt. Gleiches wird mit Gleichem vergolten, wie sie annehmen, und zwar im Guten wie im Schlechten. Anders die Männer: Egal wie sie selbst sich verhalten, ob sie schon einmal fremdgegangen sind oder nicht, stets halten sie es für wahrscheinlicher, ihre Partnerin sei ihnen treu.

Diejenigen, die generell sexuell lockerer sind, schon früh angefangen haben, aktiv zu sein, und bereits vor der Ehe viele sexuelle Abenteuer hatten, haben solche Affären auch häufiger dann noch, wenn sie verheiratet sind. Fühlt man sich sehr an eine Beziehung gebunden, ist die Wahrscheinlichkeit des Fremdgehens geringer – das liegt nahe. Umgekehrt neigen diejenigen, die enge Bindungen eher vermeiden – ob aus Angst vor Zurückweisung oder weil ihnen enge Bindungen nicht so wichtig sind –, eher dazu, den Partner zu betrügen. Die Wahrscheinlichkeit steigt, wenn man offen zugibt, dass man Fremdgehen nicht so tragisch nimmt, besonders, wenn die eigene Beziehung gerade schlecht läuft oder die Versuchung einfach so groß ist, dass man ihr nicht widerstehen kann.

Die Gründe für den Seitensprung

Es hängt vor allem von der Qualität der Beziehung ab, ob jemand fremdgeht oder nicht. Grundsätzlich steigt die Gefahr, je länger die Beziehung dauert. Ist der Sex mit dem eigenen Partner zur Routine geworden oder hat er ohnehin mit den Jahren abgenommen, lockt das Neue. Und so ist es für viele die pure Abenteuerlust, die sie zum Seitensprung verleitet. Gerade diejenigen, die von ihrer Persönlichkeit her extravertiert sind, gerne neue Anregungen aufnehmen und sich dann impulsiv auf Neues stürzen – Eigenheiten, die im Übrigen ebenfalls mit dem Testosteronspiegel zusammenhängen –, können Verführungen seltener widerstehen. Mit derselben Begeisterung, mit der sie sich an ein neues Hobby oder eine neue Arbeitsstelle machen, stürzen sie sich auch auf die Verlockungen eines neuen Partners. Nebenbei wird das eigene Selbstbewusstsein aufgewertet, wenn sich noch jemand anders für einen interessiert als der altgediente Partner. Gibt es zudem noch Stress in der eigenen Ehe, nörgelt der Partner ständig herum und widmet er der Beziehung wenig Aufmerksamkeit, kann das Selbstbewusstsein eine kleine Politur durchaus gebrauchen. Fremdgehen hat also sowohl etwas mit der individuellen Einstellung zum Fremdgehen und der eigenen Persönlichkeit zu tun als auch mit der Beziehung an sich.

Eintönigkeit – das scheint der wesentliche Grund zu sein, aus dem fremdgegangen wird. Die in Kasten 7.3 berichtete Anekdote macht aber deutlich, dass die Mehrheit dies noch immer eher den Männern unterstellt. Allgemein bekannt ist sie als der «Coolidge-Effekt».

> **Kasten 7.3 Der Coolidge-Effekt**
>
> Als Calvin Coolidge Präsident der Vereinigten Staat war, besuchten er und seine Frau eine Farm. Beide wurden getrennt über den Hof geführt. Als sie am Hühnerstall vorüberkam, bemerkte Mrs. Coolidge einen stolzen Hahn, worauf sie ihren Begleiter fragte, ob dieser Hahn denn häufiger als einmal am Tag Sex hätte. «Oh, ja, Dutzende von Malen», antwortete der. «Bitte erzählen Sie das dem Präsidenten», verlangte die Präsidentengattin herausfordernd. Ein wenig später kam auch der Präsident persönlich am Hühnerstall vorbei, wo man ihm von dem aktiven Hahn berichtete. «Die gleiche Henne jedes Mal?», fragte er erstaunt. «Oh, nein, Herr Präsident, jedes Mal eine andere.» Der Präsident nickte verständnisvoll und sagte: «Bitte erzählen Sie das Mrs. Coolidge.»

Aber es ist nicht nur Langeweile, die zum Fremdgehen verführt, wie eine Fragebogenaktion der Forschergruppe um Elaine Hatfield in der amerikanischen Zeitschrift «Psychology Today» ergab. Die Leser sollten angeben, wer wie viele außereheliche Affären zu welchem Zeitpunkt der Beziehung hatte. Über 62 000 Antworten wurden zurückgeschickt. Die Auswertung zeigt, dass außereheliche Affären besonders dann gesucht werden, wenn einer der Partner das Gefühl hat, in der Beziehung nicht gleichberechtigt zu sein. Diejenigen, die glaubten, in der Beziehung mehr zu geben als zu bekommen, waren unzufriedener mit ihrer Sexualität und suchten sich über kurz oder lang eine andere Beziehung nebenher. Sie taten dies zudem zu einem früheren Zeitpunkt als diejenigen, die meinten, mehr zu bekommen als zu geben. Letztere waren mit dem Sex in ihrer eigenen Beziehung hoch zufrieden, auch wenn sie vermutlich eine gleichberechtigte Partnerschaft als die bessere bewerten würden. In jedem Fall aber scheint die gleichmäßige Verteilung von Macht und Einfluss sehr wichtig für die sexuelle Zufriedenheit zu sein – bei den meisten Paaren, die eine Sexualtherapie besuchen, ist der Einfluss ungleich verteilt.

Für Frauen scheint aber nicht einmal beim Fremdgehen der Sex im Vordergrund zu stehen. Ähnlich wie bei einer Partnerschaft geht es ihnen nach eigenen Aussagen, aber auch nach Einschätzung anderer, eher um die besondere Intimität mit dem Affären-Partner. Nicht selten verstricken sie sich emotional tiefer in diese andere Beziehung, als sie es ursprünglich geplant hatten. Allerdings ist bei solchen Aussagen immer auch Vorsicht geboten, gelten doch für Männer und Frauen immer noch unterschiedliche Standards, die eben nicht nur dafür sorgen, dass Männer die Zahl ihrer Partnerinnen über- und Frauen die Zahl ihrer Partner unterschätzen, sondern die sich auch auf die Bewertung des Stellenwertes von Sex auswirken können. Und so ist es schwierig, zu sagen, ob Frauen auch beim Fremdgehen tatsächlich weniger als Männer an Sex und stärker an Liebe interessiert sind. Welche Frau möchte schon als Luder, welcher Mann als emotionaler Schwächling dastehen? Immerhin berichteten nahezu alle befragten Frauen, dass ihre Affäre ihre Freude am Sex verstärkt hätte und sie sich auch insgesamt stärker, autonomer und selbstbewusster fühlten.

Es gibt aber auch evolutionspsychologische Erklärungen dafür, warum Fremdgehen ein uraltes, trotz aller gesellschaftlichen Restriktionen immer und überall zu beobachtendes Phänomen ist (übrigens neigen nicht nur der Mensch, sondern auch die meisten anderen monogamen Spezies dazu, hin und wieder dem Partner untreu zu werden). Für Männer ist Fremdgehen schon auf den ersten Blick «biologisch sinnvoll». Wie schon in den vorherigen Kapiteln erwähnt, kann der Mann so seinen Reproduktionserfolg erhöhen. Doch auch für Frauen kann Fremdgehen durchaus von Vorteil sein. Getrieben von ihrer begrenzten Reproduktionskapazität – mehr als 24 Kinder pro Frau sind physisch kaum möglich – müssen sie besondere Sorge tragen, ihren Kindern die «besten» Gene mitzugeben. Ist der eigene Mann zwar nett und treu, aber ansonsten nicht unbedingt ein Held, was Kraft und Stärke betrifft, kann es für sie durchaus sinnvoll sein, einen kleinen Seitensprung zu wagen und dem treu sorgenden Ehemann das Kind eines genetisch besser ausgestatteten Mannes als eigenes unterzujubeln.

Blutuntersuchungen in Südengland haben gezeigt, dass mindestens 10 Prozent aller Kinder nicht von ihren offiziellen Vätern stammen, für ländliche Gebiete Nordhessens reichen die Schätzungen bis zu 17 Prozent an «Kuckuckseiern». Irgendwie scheinen dies auch die Verwandten zu ahnen, denn die Tanten und Onkel mütterlicherseits kümmern sich im Schnitt wesentlich intensiver um das Kind als die Verwandten väterlicherseits. Nur Erstere können sicher sein, dass sie wirklich das eigene Fleisch und Blut betreuen, während immer ein Quäntchen Unsicherheit über die Vaterschaft bleibt. Am meisten sorgen sich die Großmütter mütterlicherseits um den Nachwuchs; im Notfall wachsen die Enkel auch ganz bei ihnen auf. Die Eltern des Vaters indessen scheinen weniger Interesse an ihren Enkeln zu haben, am wenigsten der Großvater väterlicherseits. Wie viel sich die Großeltern kümmern, ist dabei ganz unabhängig von ihrem eigenen Alter und davon, wer leichter verfügbar ist.

Besonders vorteilhaft ist es für die Frau, sich auf so genannte Doppelkopulationen einzulassen, also so kurz hintereinander mit zwei Männern Sex zu haben, dass sie den Samen beider in sich trägt. Neuere Untersuchungen haben gezeigt, dass die Spermien der Konkurrenten dann einen harten Kampf untereinander ausfechten – «Killerspermien» greifen an, «Verteidigungsspermien» errichten ein Mauergeflecht um die begehrte Eizelle. Auf diese Weise kann die Frau den genetisch «Besten» das Ei befruchten lassen, ohne auf die Sicherheit der Versorgung durch den eigenen Ehemann verzichten zu müssen. Die Frauen der !Kung, eines westafrikanischen Volkes, sind sogar der Meinung, dass eine Frau gar nicht genug Liebhaber haben kann: «Bringt dir der eine Fleisch, bringt dir der andere Geld, der dritte vielleicht Schmuck.» Wie die Anthropologin Sarah Bluffer Hrdy meint, ist es für Frauen durchaus von Vorteil, mehrere Liebhaber im Unklaren über ihre Vaterschaft zu lassen – umso netter sind sie dann zu den Kindern, könnten es doch die eigenen sein. Diese Strategie kann aber auch gefährlich werden, wenn die Männer gemeinsam entscheiden, ein «vaterloses» Kind zu töten, wie es bei den Männern der Ache, einer Volksgruppe Indonesiens, vorkommt.

MUSS FREMDGEHEN SEIN?

Eine groß angelegte Untersuchung der Biologen Mark Bellis und Robin Baker Anfang der 90er Jahre in England ergab, dass Frauen besonders dann fremdgehen, wenn sie ihre fruchtbaren Tage haben. In der Zeit der größten Empfängniswahrscheinlichkeit kommt es auch am häufigsten zu Doppelpaarungen. Dies ist umso interessanter, da Frauen mit ihrem eigenen Mann vor allem im unfruchtbaren letzten Drittel des Zyklusmonats schlafen. Auch ihr Orgasmusverhalten ist in diesem Zusammenhang interessant: Frauen, die mit einem körperlich attraktiven Mann zusammen sind, haben häufiger einen Orgasmus beim Geschlechtsverkehr als die, deren Männer weniger attraktiv sind. Was passiert aber überhaupt mit dem Samen des Mannes? Haben Frauen keinen Orgasmus oder kommen sie mehr als eine Minute *bevor* der Mann ejakuliert, verbleibt so gut wie nichts vom Sperma in der Vagina. Kommt sie unmittelbar vor ihm oder bis zu 45 Minuten danach, behält sie die meisten Spermien in sich, und zwar umso mehr, je länger der letzte Orgasmus zurücklag. Umgekehrt enthält das Ejakulat des Mannes keineswegs einfach umso mehr Spermien, je länger das «letzte Mal» her ist. Wichtiger für die Spermienproduktion ist der Umstand, wie lange die Frau außer Sichtweite war, also gewissermaßen «außer Kontrolle». Dieses Phänomen wird auch als «sending in the troops»-Hypothese («die Truppen hineinschicken») bezeichnet. War sie lange unbeaufsichtigt, produziert er beim nächsten Zusammentreffen mehr Spermien, um auf Nummer Sicher zu gehen.

Normalerweise kommen 55 Prozent der Frauen nach ihrem Mann. Dies gilt aber nur für den Fall, dass sie treu sind. Gehen sie fremd, dann haben nur noch 40 Prozent der Frauen ihren Orgasmus nach ihrem eigenen Mann. Schlafen sie dann mit ihrem Liebhaber, kommen sie hingegen in 70 Prozent der Fälle nach ihm! Das bedeutet, auch wenn die Frauen viel häufiger mit ihrem eigenen Mann schlafen als mit dem Liebhaber, ist die Wahrscheinlichkeit, vom Liebhaber schwanger zu werden, deutlich größer.

Dreht sich tatsächlich alles um die Empfängnis, stellt sich die fundamentale Frage, woher die Frauen eigentlich wissen, wann sie empfängnisbereit sind. Dies sicher zu wissen, würde das Leben um einiges vereinfachen, und zwar sowohl das derjenigen, die auf keinen Fall Kinder bekommen möchten, als auch derjenigen, die sehnlichst darauf warten. Der 12. Tag nach Beginn der Monatsblutung sollte theoretisch der Tag mit der größten Empfängniswahrscheinlichkeit sein. Doch trotz aller medizinischen Fortschritte ist die genaue Bestimmung der fruchtbaren Zeit immer noch eines der wirklich großen Probleme. Weder das genaue Abzählen der Tage noch die Methode der Temperaturmessung, die penible Überprüfung der Beschaffenheit des Cervixschleims oder das Warten auf einen stechenden Schmerz in der linken oder rechten Seite des Unterleibs konnte bisher Schwangerschaften erfolgreich verhindern oder herbeiführen.

Evolutionspsychologisch bringt der versteckte Eisprung für die Frauen gleich zweierlei Vorteile mit sich: Zum einen hilft er, den Mann als Investor an sich zu binden. Weiß er nicht, wann die Frau empfängnisbereit ist, muss er eben vorsichtshalber ständig bei ihr sein und kann seine Anwesenheit (und Versorgung) nicht nur auf ein paar wenige Tage beschränken. Zum anderen ermöglicht die versteckte Ovulation der Frau, die tatsächliche Vaterschaft eines Kindes zu verschleiern und sich, statt vom eigenen Ehemann, der vielleicht ein guter Versorger, aber kein guter «Genlieferant» ist, lieber von einem genetisch besser Ausgestatteten schwängern zu lassen. Niemand weiß dann, wer der wirkliche Kindsvater ist. Interessanterweise meinen eher Frauen als Männer, bei ihrem Neugeborenen große Ähnlichkeiten mit dem Vater zu entdecken. Auch die übrige Verwandtschaft bestätigt diese Entdeckung und ruft beim Anblick des Kleinen oft spontan: «Ganz der Vater!» Soll ihn dies vorsichtshalber in Sicherheit wiegen?

So verborgen die Ovulation bei der Frau auch ist, die hormonellen Veränderungen während der fruchtbaren Phase scheinen doch eine Reihe bemerkenswerter, wenngleich bewusst kaum wahrnehmbarer Effekte zu provozieren. So ist beispielsweise die Schwelle der Wahrnehmung beim Sehen und Hören während der Ovulation heruntergesetzt. Frauen sind dann sensibler. Auch scheint der Eisprung ein Verhalten zu unterstützen, das die Wahrscheinlichkeit von Geschlechtsverkehr erhöht. Eine Untersuchung in Wiener Diskotheken offenbarte, dass Frauen, die nicht die Pille nahmen, in den empfängnisbereiten Tagen deutlich häufiger allein ausgingen, auch wenn sie einen festen Partner hatten. Sie zeigten mehr nackte Haut und waren dem Kontakt zu fremden Männern weniger abgeneigt als Frauen mit nicht empfängnisbereitem Hormonstatus. Sowohl physiologisch als auch subjektiv wurden sie von einem erotischen Film an den fruchtbaren Tagen stärker erregt. Und wie schon gesagt, finden Frauen Sexualität während ihrer fruchtbaren Phase wichtiger als zur unfruchtbaren Zeit.

Gefördert wird die Abenteuerlust offenbar durch eine echte «chemische Keule», das Hemmer-Enzym Monoaminooxydase (MAO-Enzym). Das MAO-Enzym kontrolliert die Selbstkontrolle des Menschen. Hohe MAO-Konzentrationen dämpfen das allgemeine Erregungsniveau des Organismus, niedrige Dosen des körpereigenen Hemmer-Enzyms erhöhen es: Man wird quirlig, umtriebig und impulsiv, sucht begierig nach neuen Anregungen und nimmt Risiken bereitwilliger in Kauf. Es ist klar, welche Auswirkungen eine solche Stimmung auf Sexualität und Partnerwahl hat. Wie es die Natur will, sinkt bei Frauen während der fruchtbaren Tage die Konzentration des MAO-Enzyms stark ab. Sie werden im wahrsten Sinne des Wortes «enthemmt», und zwar auf rein chemische Art und Weise.

Eine Signalwirkung für die Fruchtbarkeit scheint auch die Symmetrie unserer Körperhälften zu haben. Sie könnte dabei ein möglicher Indikator für gute Gene bzw. für größere Reproduktionsfähigkeit sein. In der Tat sind beispielsweise Frauen, deren Brüste sehr symmetrisch sind, fruchtbarer. Dabei ist der weibliche Körper in der Phase der größten Fruchtbarkeit, also während des Eisprungs, am symmetrischsten. Man vermutet, dass auch die Symmetrie indirekt über die Hormone gesteuert wird. Je nach Stand des Hormonspiegels ändert sich das Blutvolumen: Pumpt sich der Körper während der fruchtbaren Zeit auf, wirkt er gleichmäßiger geformt. Auch bei Männern scheint die Zeugungsfähigkeit mit der größeren Symmetrie zuzunehmen: Symmetrisch gebaute Männer haben eine größere Zahl Spermien im Ejakulat, und ihre Spermien bewegen sich mit größerer Geschwindigkeit, beides Zeichen ihrer Fruchtbarkeit.

Die Bedeutung des Geruchs

Zu den subtilen Signalen, die wir aussenden und empfangen, gehört auch unser Geruch. Für den Sex an sich und auch für das Fremdgehen spielt der Geruch eine ganz wesentliche Rolle. Anders als zum Beispiel Sehen und Hören wird das Riechen nicht zuerst im Gehirn gefiltert, bevor die Wahrnehmung weitergeleitet wird, sondern wirkt unmittelbar auf unsere Stimmung und die Emotionen. Sowohl Männer als auch Frauen senden so genannte Pheronome – Liebesdüfte – aus, die einen möglichen Partner anlocken sollen und ihm Signale über die eigene sexuelle Bereitschaft vermitteln. Zwar senden wir nicht wie einige Schmetterlingsarten unsere Sexualduftstoffe kilometerweit aus, und wir schnüffeln auch nicht wie andere Säugetiere offensiv am anderen, um festzustellen, ob er kopulationsbereit ist, aber auch wir verströmen Geruchssignale, die melden: «Hier bin ich, und ich bin bereit.»

So finden sich im Vaginalsekret von Frauen so genannte Kopoline, die leicht säuerlich riechen und schmecken. Männer finden diesen Geruch in hoher Konzentration zwar äußerst unangenehm, aber er verfehlt seine Wirkung nicht. Er macht Frauen attraktiver! Bedingung ist, dass die Konzentration so gering ist, dass sie unterhalb der bewussten Wahrnehmungsschwelle liegt. In einem Experiment, das der Verhaltensbiologe Karl Grammer beschreibt, wurden Männern Bilder unterschiedlich attraktiver Frauen gezeigt. Atmeten sie gleichzeitig unbewusst Kopoline ein, bewerteten sie die Frauen im Durchschnitt als attraktiver. Besonders die optisch als weniger attraktiv wahrgenommenen Frauen profitieren von dieser Aufwertung. Je nach Zyklusphase ändert sich die Zusammensetzung des Kopolins. Und so funktioniert der T-Shirt-Test nicht nur, wie schon beschrieben, bei Frauen, die die Attraktivität eines Mannes «erschnüffeln» können, sondern umgekehrt auch bei Männern: Den Geruch eines T-Shirts, das eine Frau während ihrer fruchtbaren Phase getragen hatte, empfanden Männer als deutlich angenehmer und erotischer als den eines T-Shirts, das dieselbe Frau in ihrer unfruchtbaren Zeit trug.

Riechen sie die Liebesdüfte einer gerade fruchtbaren Frau, reagieren Männer mit einer deutlichen Erhöhung ihres Testosteronspiegels. Testosteron macht Männer aber nicht nur sexuell erregbar, sondern auch streit- und angriffslustig. Dann haben auch unattraktivere Frauen leichteres Spiel. Diejenigen, die es auf dem auf Attraktivität ausgerichteten Partnermarkt sonst vielleicht etwas schwerer haben, können sich in dieser Zeit den Besten aussuchen. Denn blind vom Testosteronschub buhlen die Männer nun auch um die weniger Schönen – und das genau zur Zeit ihrer fruchtbaren Tage.

Umgekehrt reagieren Frauen während ihrer fruchtbaren Zeit auch anders auf die Duftsignale, die der Mann aussendet. Im Achselschweiß des Mannes bilden sich nach kurzer Zeit zwei gegensätzliche Duftstoffe: das nach Sandelholz riechende Androstenol und das nach Urin stinkende Androstenon, das schon nach kurzer Zeit den angenehmen Duft übertönt. Wer einmal die Umkleidekabine einer Fußballmannschaft betreten hat, kennt den Gestank – der reinste Tigerkäfig. In einem Geruchsexperiment wurde Frauen einmal Androstenol, einmal Androstenon auf die Oberlippe gestrichen und ihnen gleichzeitig Bilder von unterschiedlich attraktiven Männern gezeigt. Der angenehme Sandelholzgeruch des Androstenols färbte positiv auf die Bewertung der betrachteten Männer ab, der Uringestank des Androstenons negativ. Riechen sie Androstenon, halten Frauen also Abstand. Allerdings nicht immer, wie Karl Grammer feststellte, denn in der fruchtbaren Phase ändert sich ihre Haltung – sie bewerten nun den Geruch des sonst als so abschreckend wahrgenommenen Androstenons als neutral, ihre Assoziationen werden positiver. Finden sie also viele Männer normalerweise wenig anziehend, ändert sich ihre emotionale Haltung just dann zum Positiven, wenn ihre Empfängniswahrscheinlichkeit am höchsten ist. Für den viel Androstenon verströmenden Mann hat dies den Vorteil, dass sich für ihn nur die gerade fruchtbaren Frauen interessieren – der Duftstoff hilft ihm gewissermaßen die «Spreu vom Weizen» zu trennen. Ihre «lockerere Haltung» und ihre größere Sympathie für fremde Männer erleichtern es Frauen genau an den kritischen Tagen, die Einschränkungen der Monogamie hin und wieder zu durchbrechen.

Wenn eine nette Verabredung böse endet

Ein einfaches, kurzes Gespräch zwischen Mann und Frau kann Stoff für böse Missverständnisse liefern. Die US-Forscherin Antonia Abbey bat junge Männer und junge Frauen, sich jeweils fünf Minuten lang zu unterhalten. Anschließend sollten sie einschätzen, wie sie das Gespräch und ihr Gegenüber empfanden. Deutlich wurde vor allem eins: Für die Männer war die Atmosphäre sexuell aufgeladen, und die Frauen hielten das Gespräch einfach für eine nette Unterhaltung. So schätzten beispielsweise die Männer ihre jeweilige Gesprächspartnerin als wesentlich erotischer und verführerischer ein als umgekehrt die Frauen ihren männlichen Gesprächspartner. Die Männer fühlten sich wesentlich stärker von den Frauen sexuell angezogen als die Frauen von den Männern. Ein typisches Kommunikationsproblem: Sender und Empfänger sind sich vollkommen uneins über die Botschaft. Ist dies ein Grund dafür, dass manche Männer ein «Ja» zu hören glauben, obwohl die Frau tatsächlich «nein» sagt?

Über die Hälfte aller deutschen Männer hält es für nicht ganz ausgeschlossen, selbst einmal zum Vergewaltigungstäter zu werden. Und jeder 5. Mann findet es in manchen Situationen gerechtfertigt, wenn ein Mann eine Frau gegen ihren Willen zum Sex zwingt. Denn wie man weiß, haben Männer einen nur schwer zu zügelnden Sexualdrang. Und man weiß auch, dass Frauen dem Drängen des Mannes ja doch nur zum Schein widerstehen, ist ihr höchstes Ziel doch letztlich, den Mann für sich zu gewinnen – als Ehemann.

Diese überkommenen Vorstellungen begleiten mehr oder weniger subtil das Szenario, wenn ein Mann und eine Frau sich zum ersten Mal verabreden. Die Frau versucht – ganz nach Willen der Mama – den Mann in die Falle der Ehe zu locken. Sie vermittelt ihm, dass sie ihn mag und will, darf aber gleichzeitig ihren guten Ruf nicht verlieren. Wenn einer den ersten Schritt tut, dann ist es der Mann, denn er ist zuständig für das Sexuelle. Er muss versuchen, sie «rumzukriegen». Notfalls eben auch gegen ihren Willen. Bis zu 70 Prozent aller amerikanischen College-Studentinnen berichten, schon einmal Opfer sexueller Gewalt geworden zu sein, angefangen beim erzwungenen Küssen bis hin zur Vergewaltigung. In Deutschland sagen immerhin ein Drittel der befragten Jungen und Mädchen zwischen 15 und 24 Jahren, sie seien schon mindestens einmal sexuell unter Druck gesetzt worden, 4 Prozent zu sexuellen Handlungen gezwungen (in der überwiegenden Anzahl Mädchen). In 4 von 5 Vergewaltigungsfällen kennen sich Täter und Opfer gut, zumeist sind es die Ehemänner oder Freunde, nur in 3 Prozent der Fälle ist es der «fremde Mann auf der Straße», vor dem dennoch die größte Angst besteht. Obwohl die Opfer einer Vergewaltigung durch einen bekannten Täter eher mehr emotionalen Stress erleben – hier kommt schließlich noch der Vertrauensbruch hinzu – und oft größere Probleme haben, das Erlebte zu bewältigen, nehmen sich diese Frauen daher selbst weniger als Opfer einer kriminellen Tat wahr.

Besonders häufig kommt es zu den so genannten Date Rapes, wenn eine harmlose Verabredung eskaliert. Männer, die ein besonders großes Bedürfnis nach Macht und Kontrolle einer Beziehung haben, allgemein Gewalt gegen Frauen akzeptieren und überhaupt finden, dass die traditionelle Rollenverteilung zwischen den Geschlechtern in Ordnung ist, werden leichter zu Tätern. Je «traditioneller» das Date abläuft, desto größer das Risiko für die Frau. Übernimmt er die Planung, holt sie mit dem Auto ab, wählt das Restaurant, dominiert die Unterhaltung und übernimmt anschließend die Rechnung, dann hat sie nach seiner Interpretation schon «ja» gesagt. Dann wird es Zeit für eine Gegenleistung. Nimmt sie ihn dann noch mit in ihre Wohnung, sehen sie zusammen womöglich einen Film mit Sex-Szenen und trinken noch Alkohol, sinkt die Schwelle für eine Vergewaltigung frappant.

So genannte Vergewaltigungsmythen, die vereinfacht erklären sollen, warum Männer Frauen in solchen Situationen vergewaltigen, werden von den Tätern geglaubt. In der Regel dienen diese Mythen dazu, die Opfer ab-, und die Täter aufzuwerten. Es sind darin Vorwürfe enthalten («Die hat es ja gewollt» oder «Selber schuld, bei dem kurzen Rock»), die die Schuld vom Täter auf das Opfer schieben. Auch der Mythos von der ungezügelten männlichen Sexualität gehört dazu, nach dem Motto: «Männer können nicht anders, es liegt in ihrer Natur.» Und weil es für ihn so hart ist, sich selbst zu kontrollieren, darf sie ihn eben nicht herausfordern. Frauen sehen die Ursachen für eine Vergewaltigung in der generellen Dominanz der Männer, ihrer Feindseligkeit gegenüber Frauen und in sozialen Ursachen. Männer vertreten eher die These, die Frau hätte den Mann provoziert, vor allem, wenn es sich um eine Vergewaltigung durch den Partner oder einen guten Bekannten handelt. Zudem halten Männer Vergewaltiger schlicht für psychisch gestört. Sie finden ihr Verhalten pathologisch, aber nicht kriminell. Das impliziert die Überzeugung, und dass das Opfer rechtzeitig erkennen kann, wen es vor sich hat, und dass es mit gut bekannten Personen sicher ist. Eine «richtige Vergewaltigung» ist eben nur die durch einen psychisch gestörten Fremden. In dieses Bild passt der sonst so liebevolle Freund und Partner einfach nicht.

Wie leicht dem Vergewaltigungsopfer die Schuld in die Schuhe geschoben wird, nur weil es sich zur falschen Tageszeit, und das auch noch aus «dubiosen Gründen» auf die Straße wagt, konnten wir in einer eigenen Untersuchung feststellen. Wir gaben unseren Versuchspersonen einen fiktiven Zeitungsartikel zu lesen, in dem berichtet wurde, dass eine junge Frau auf dem Heimweg brutal vergewaltigt wurde. Wir bauten lediglich eine kleine Variation der Tatzeit ein. Einige

Versuchspersonen glaubten, die Frau sei um 16 Uhr überfallen worden, die anderen hingegen, die Tat sei um 23 Uhr verübt worden. Außerdem variierten wir auch den Umstand, warum sie allein unterwegs war: Einmal war sie auf dem Heimweg nach der Probe des Kirchenchors, ein anderes Mal kam sie gerade vom Rummelplatz. Wie wir feststellten, fanden die Befragten, dass die Frau irgendwie doch auch ein bisschen selbst schuld war, wenn sie um 23 Uhr im Dunkeln nach Haus ging, nicht aber, wenn sie schon um 16 Uhr unterwegs war. Für den Täter wurden hohe Strafen gefordert, wenn sie um 16 Uhr auf dem Weg vom Kirchenchor überfallen wurde, wesentlich niedrigere, wenn sie nachts vom Rummelplatz aus unterwegs war.

Homosexualität – kulturell oder biologisch?

Auf Grundlage der berühmten Kinsey-Studie sind schätzungsweise 3–4 Prozent der Bevölkerung homosexuell. Es ist jedoch ein Irrtum zu glauben, die meisten von uns seien eindeutig und ausschließlich so oder «andersrum» gepolt, denn die Grenzen der sexuellen Orientierung sind fließend. Wie die meisten menschlichen Gefühls- und Verhaltensweisen ist auch die sexuelle Orientierung eher ein Kontinuum als eine harte Kategorie. Die meisten Homosexuellen hatten auch schon Geschlechtsverkehr mit Personen des anderen Geschlechts, und eine ähnliche Uneindeutigkeit gilt – auch wenn es sicher einige entrüstet von sich weisen – für die «Heteros». Ein Drittel aller Männer und Frauen hatten in ihrem Leben mindestens ein gleichgeschlechtliches Erlebnis.

Der Mensch steht damit offenbar nicht allein. Bei mehr als 450 Spezies, darunter vor allem Säugetiere und Vögel, konnten Wissenschaftler homosexuelles Verhalten beobachten – mal als Seitensprung, mal als lebenslange Partnerschaft. Bisher wurde vermutet, die homosexuelle Aktivität sei aus der Not geboren: Mangelt es an Weibchen oder sind die jungen Männchen noch nicht reif und dominant genug, Weibchen zu begatten, «üben» sie stattdessen mit ihresgleichen. Das war ein Irrtum. Dickhornschafe, Delphine oder einige Straußenvögel bevorzugen männliche Partner selbst dann, wenn Weibchen zur Verfügung stehen.

Über das homosexuelle Verhalten der weiblichen Exemplare ist allerdings bisher noch weniger bekannt.

Obwohl sich bei uns in den letzten 30 Jahren seit Abschaffung des «Schwulenparagraphen», der Homosexualität noch bis 1976 unter Strafe stellte, die ablehnende Haltung gegenüber Schwulen und Lesben gelockert hat, halten sich Vorurteile bis heute. Über 90 Prozent der Schwulen und Lesben haben schon offene Diskriminierung oder gar tätliche Angriffe erleben müssen. Dabei hat es Homosexualität schon immer und überall als eine Facette der Sexualität gegeben. Griechische Vasen, römische Statuen, altägyptische Wandmalereien, chinesische Zeichnungen und indianische Überlieferungen zeigen dies deutlich. Nur die gesellschaftliche Akzeptanz, die Anerkennung als «normal» und die Möglichkeit, homosexuelle Liebe auszuleben, unterscheidet sich je nach Zeitgeist und Kultur. Eine Analyse von 76 schriftlosen Gesellschaften ergab, dass in 49 von ihnen Formen homosexueller Aktivität als normal oder akzeptabel betrachtet werden. Oft vergnügen sich die jungen Männer miteinander, wenn sie noch nicht alt genug sind, eine Frau haben zu dürfen.

Nicht alle gehen dabei aber so weit wie die Etoro, ein Stamm in Papua-Neuguinea, der homosexuelle Aktivitäten für Männer als geradezu notwendig betrachtet. Männer gelten bei ihnen als den Frauen weit überlegen. Dereinst waren die Verhältnisse umgekehrt, wie der Mythos erzählt: Alle Macht und Geheimnisse lagen bei den Frauen, bis die Männer sie ihnen stahlen. Nun müssen sie die Nähe der Frauen möglichst meiden, auf jeden Fall aber deren Blut, denn die Frauen sind angeblich ständig darauf bedacht, sich die Macht zurückzuholen. Die Etoro sehen den männlichen Samen als kraftvollen Lebenssaft, der für die Vitalität des Mannes verantwortlich ist. Ihrer Ansicht nach verfügt jeder neugeborene Junge nur über eine bestimmte, begrenzte Menge von dem begehrten Saft, also muss er sparsam damit haushalten. Wie Anthropologen berichten, ist daher an 260 Tagen im Jahr der Verkehr mit einer Frau verboten. Stattdessen müssen die heranwachsenden jugendlichen Männer zur Stärkung ihrer eigenen Kräfte den Samen älterer Männer empfangen, und zwar durch Oralverkehr. Um ein großer, starker Mann zu werden, müssen sie eine Menge Samen zu sich nehmen. Nur wenn sie genug davon bekommen, können sie später ihren eigenen Kindern genug Lebenskraft geben. Für die Etoro ist also gleichgeschlechtliches sexuelles Verhalten ebenso notwendig für die Reproduktion wie heterosexuelles Verhalten.

Nach der Ursache für Homosexualität wird weiterhin hartnäckig gesucht. Angeboren oder anerzogen ist auch hier die Hauptfrage. Vermutet wird, dass der Hormonspiegel, insbesondere des Testosterons, während der Schwangerschaft dafür verantwortlich sein könnte, dass das Kind später homo- oder heterosexuell wird. Wirklich beweisen lässt sich dies jedoch bis heute nicht. Eher scheinen genetische Faktoren eine Rolle zu spielen. Dafür spricht, dass in der Verwandtschaft von lesbischen Frauen Homosexualität relativ häufig vorkommt. Auch die große australische Zwillingsstudie, die schon im Zusammenhang mit der soziosexuellen Orientierung erwähnt wurde, hat durch den Vergleich der genetischen Ähnlichkeit von eineiigen und zweieiigen Zwillingen versucht, eine Antwort auf diese Frage zu finden. Die teilnehmenden Zwillingspaare wurden nach homosexuellen Phantasien oder Verhaltensweisen gefragt. Dabei kam heraus: Ist einer der beiden eineiigen Zwillinge homosexuell, dann ist es der andere in 20 Prozent der Fälle ebenfalls. Dies spricht für einen schwachen Einfluss der Vererbung. Die Zwillinge wurden zudem nach ihren Kindheitserinnerungen befragt, ob sie etwa lieber mit typischem Jungen- oder typischem Mädchenspielzeug spielten und wie sehr sie sich damals als Mädchen oder als Junge fühlten, wie sehr sie sich also mit ihrem eigenen Geschlecht identifizierten. Wichtiger als die Gene scheint tatsächlich die Auswahl des Spielzeugs gewesen zu sein. Allerdings lässt sich dabei schlecht beurteilen, ob sich Kinder von ganz allein für ein geschlechtstypisches Spielzeug entscheiden oder ob nicht auch hier die Präferenz der Eltern eine große Rolle spielt. Offenbar scheinen wie so oft auch bei der sexuellen Orientierung sowohl die Gene als auch die Sozialisation eine Rolle zu spielen.

Eine neue Theorie des Sozialpsychologen Daryl Bem versucht, beides – Genetik und Sozialisation – zu vereinen. Nach dem Motto «Exotisches wird erotisch» wird vermutet, dass unsere Gene zwar nicht unmittelbar unsere eher homo- oder eher heterosexuelle Ausrichtung steuern, aber doch beeinflussen, ob wir als Kinder geschlechtstypische oder -untypische Aktivitäten und Freunde bevorzugen. Je nachdem empfinden wir dann gegengeschlechtliche oder gleichgeschlechtliche Freunde jeweils als ungewöhnlich und damit als exotisch. Wie alles Fremde erzeugt dies dann eine gewisse Anspannung und Erregung in uns. Im Erwachsenenalter, wenn Sex wichtiger wird, interpretieren wir diese Anspannung dann als erotische Erregung. So wird Exotisches erotisch. Ob diese Theorie stimmt oder nicht, ist zurzeit noch heiß umstritten.

Die Frage bleibt, wieso und wozu es homosexuelles Verhalten gibt. Schließlich dient es nicht unmittelbar der Fortpflanzung, also hätte es sich nach evolutionsbiologischer Auffassung eigentlich von selbst erledigen müssen. Offenbar hat es also doch eine wichtige Funktion. Welche dies sein könnte, darüber wird noch immer diskutiert. Dient homosexueller Sex dem Frieden in der Gruppe, wie einige Biologen angesichts der sexuell in jeder Richtung sehr aktiven Bonobo-Schimpansen vermuten? Diese Menschenaffen lösen Spannungen in der Gruppe durch Sex, und zwar «jeder mit jedem». Hat Homosexualität eine Funktion bei der Aufzucht der Jungen, indem schwule und lesbische Brüder und Schwestern auf eigene Kinder verzichten und stattdessen ihren Verwandten zur Hand gehen? Oder ist es die reine Lust, und die Frage nach Sinn und Zweck ist einfach falsch gestellt? Viele Tiere (und Menschen) vergnügen sich offenbar aus purem Spaß an der Freud gleichgeschlechtlich miteinander. Die Antwort ist bisher noch nicht gefunden.

Kapitel 8
EIFERSUCHT, STREIT UND TRENNUNG

Sarah und Paul streiten sich immer öfter. Zank um die Hausarbeit, Diskussionen darüber, dass jeder auch mal etwas alleine unternehmen will, über fast alles liegen sie sich in den Haaren. Sarah fühlt sich eingeengt und möchte mehr Freiräume. Paul wird dadurch nur noch eifersüchtiger und kontrolliert Sarah immer mehr.

Viele Paare trennen sich, und es werden immer mehr. Heute wird im Durchschnitt jede dritte Ehe wieder geschieden, in Ballungszentren ist es sogar jede zweite. Das sind doppelt so viele wie noch vor 30 Jahren. Im Norden lässt man sich häufiger scheiden als im Süden Deutschlands. Es scheint wohl eher das vierte als das verflixte siebte Jahr zu sein, in dem die meisten Ehen in den Industrieländern in die Brüche gehen. Je jünger die Ehepartner, desto größer das Risiko, dass sie sich scheiden lassen. Und das sind nur die offiziell erfassten Trennungen. Unzählige Paare, die nie verheiratet waren, trennen sich, ohne je von der Statistik erfasst worden zu sein.

Aber auch wenn die Zahl der Scheidungen steigt, ist die Trennung an sich kein neues Phänomen. Wer über gestiegene Scheidungszahlen klagt, sollte gelegentlich bedenken, dass wir insgesamt noch nie so lange und stabile Beziehungen geführt haben oder überhaupt je führen konnten. Die Lebenszeit der Menschen in früheren Zeiten war absolut gesehen deutlich kürzer. Der etwas zynische Satz «Was heute die Scheidung, war früher der Tod» erinnert daran, dass es schon immer Trennungen gab – mal mehr, mal weniger freiwillige. Und ebenso wie früher die junge Witwe bald wieder heiratete, finden auch die Menschen heute neue Partnerschaften – 80 Prozent der Männer und 75 Prozent der Frauen suchen sich nach einer Scheidung einen neuen Ehepartner.

DIE ABWÄRTSSPIRALE

Oft gibt es Anzeichen dafür, dass in der Beziehung etwas verkehrt läuft. Die Partner reden immer seltener miteinander, und wenn, dann ist ihre

Stimme kühler, weniger freundlich und gefühlvoll, als es zu Beginn der Beziehung der Fall war. Sie sitzen dann zwar aus alter Gewohnheit noch beieinander, doch sie schweigen nur und schauen sich noch nicht einmal mehr an. Dann fangen sie an, sich immer seltener zu sehen, und das für immer kürzere Zeit. Dinge, die sie früher gemeinsam unternommen haben, tun sie nun getrennt, sie treten immer seltener als Paar auf, um schließlich schlecht über den anderen zu reden. Sie fühlen sich immer weiter voneinander entfernt, das Gefühl von Intimität, Wärme und Anziehung verschwindet. Nicht selten zerfällt die Beziehung sehenden Auges. Beide Parteien sind unfähig, etwas dagegen zu tun, beide verharren in Angst und Trauer. Wenn sie doch etwas tun, dann ist es nicht für, sondern gegen die Beziehung gerichtet. Sie beachten nicht mehr die Wünsche des anderen, akzeptieren die Meinung des anderen nicht mehr, widmen dem anderen keine Aufmerksamkeit, sehen ihm kleine Fehler nicht mehr nach. Jeder denkt nur noch an sich, an seine eigenen Bedürfnisse, interpretiert die Äußerungen des anderen fehl, klagt den anderen an. Beide schieben sich gegenseitig die Schuld in die Schuhe.

Das Verhalten des anderen wird misstrauisch hinterfragt. So wundert sich Paul: «Warum tut sie das, obwohl sie weiß, dass sie mich damit verletzt? Warum ist sie so selbstsüchtig, obwohl sie doch weiß, wie wichtig es für mich ist?» Manchmal veranlassen solche Fragen die Partner, sich ehrlich und konstruktiv Gedanken über die Beziehung zu machen, doch meist führen sie einfach in den Niedergang der Beziehung.

Unglücklicherweise ist auch unsere Urteilsfähigkeit beim Streiten nicht die beste. Sind wir mit unserem Partner einer Meinung, interessiert uns meist nicht, warum das so ist. Sind wir aber anderer Meinung oder passiert etwas Unerfreuliches in unserer Beziehung, wollen wir immer wissen, warum. Erklärungen für das eigene Verhalten und das des Partners werden gesucht. Leider werden wir in diesen Fällen leicht parteiisch – und zwar zu unseren Gunsten. Wir glauben nur zu gerne, dass unsere eigenen Motive ehrenwert und gut sind, sodass wir auch dann eine gute Entschuldigung für unser Verhalten haben, wenn es eigentlich nicht ganz richtig war. Dem anderen gegenüber sind wir im Konfliktfall weniger wohlwollend. Wir fangen an, uns über die Motive für unser Verhalten zu streiten – warum der eine dies, der andere jenes gesagt oder getan hat. Es geht dann oft gar nicht mehr darum, *was* der andere tatsächlich gesagt oder getan hat, sondern darum, *warum* er es getan hat.

Doch Streitigkeiten um das «Warum» sind nur sehr schwer zu lösen. Nicht nur, dass hier mit bloßen Unterstellungen gearbeitet wird und beide Seiten sich dabei selbst gegenüber nachsichtiger sind. Wir unterliegen auch dem, was Psychologen als die «Akteur-Beobachter-Differenz» bezeichnen. Was bedeutet das? Stellen Sie sich einmal vor, Sie selbst hätten sich am letzten Samstag mit Freunden verabredet, aber leider vergessen, dies vorher mit Ihrem Partner abzusprechen. Sie wissen genau, dass Sie so etwas normalerweise nicht tun würden, aber in dem Moment einfach nicht anders konnten, als «ja» zu dem Treffen zu sagen. Für Ihren Fauxpas war also eindeutig die Situation verantwortlich, nicht Sie als Person. Ganz anders sieht es aber aus, wenn Ihr Partner der Akteur ist, also derjenige, der handelt. Hat der Partner sich etwas zuschulden kommen lassen, nehmen wir viel leichter an, dass nicht die Situation ihn dazu gezwungen hat, sondern er ganz einfach unbedacht oder gar egoistisch gehandelt hat. Wir vermuten also, die Ursache für sein sträfliches Handeln liege in seiner Persönlichkeit, nicht an der Situation. Warum?

Verantwortlich für dieses Phänomen ist, dass die andere Person für uns im Fokus der Aufmerksamkeit steht. Als Beobachter achten wir auf die Person und übersehen die Situation. Wenn wir dagegen Akteur sind, dann steht keine Person sichtbar im Mittelpunkt – wir achten dann auf die Situation, die uns beeinflusst hat. Das führt schnell dazu, den anderen als egoistisch, streitsüchtig oder ignorant wahrzunehmen. «Der ist eben so», denken wir und übersehen dabei, dass es für das Verhalten des anderen auch andere Ursachen geben kann. Dieser «Akteur-Beobachter-Differenz» unterliegen natürlich beide Partner in gleicher Weise.

Wissenschaftler haben die unterschiedlichen Perspektiven von Akteur und Beobachter mit einem ebenso einfachen wie trickreichen Experiment nachgewiesen. Sie ließen ein Gespräch zwischen zwei Personen von Unbeteiligten beobachten und gleichzeitig aus zwei verschiedenen Kameraperspektiven aufzeichnen – aus der Sicht des Akteurs und aus der Beobachterperspektive. Hinterher baten sie die Gesprächspartner anzugeben, wie aufgeregt, freundlich, gesprächig oder auch dominant sie waren. Wie zu erwarten, erklärten die Akteure ihr Verhalten eher situationsbedingt, während die Beobachter meinten, es sei eher von Persönlichkeitseigenschaften des Handelnden bestimmt gewesen. Das ist nicht weiter verwunderlich und entspricht der besagten Akteur-Beobachter-Differenz. Nun bauten die Wissenschaftler aber eine Variation ein: Einige Beobachter sahen eine Videoaufzeichnung des Gesprächs aus der Perspektive des Akteurs, und einige Akteure sahen ein Video aus der Beobachterperspektive. Jetzt kehrte sich das Muster völlig um. Akteure, die ihr eigenes Verhalten aus der Beobachterperspektive sahen, erklärten ihr eigenes Verhalten eher als Ausdruck stabiler Persönlichkeitsmerkmale. Umgekehrt erklärten Beobachter, denen ein Video aus der Akteurperspektive vorgespielt wurde, jetzt dessen Verhalten situationsbedingt.

Ob wir unserem Partner, wenn er etwas in unseren Augen Falsches tut, grundsätzlich einen miesen Charakter unterstellen oder nicht, hängt auch davon ab, ob wir insgesamt mit unserer Beziehung glücklich sind oder nicht. Sind Paare glücklich, erklären sie das positive Verhalten des anderen als Zeichen seiner guten Eigenschaften, das negative Verhalten aber als zufällig, versehentlich oder nicht durch ihn verschuldet. Unglückliche Paare wählen die genau entgegengesetzten Erklärungen. Sie unterstellen dem anderen egoistische Motive und eine negative Absicht. Sie maximieren also das Negative, minimieren das Positive. So entwickelt sich ein Teufelskreis, in dem die Unglücklichen immer unglücklicher werden.

Doch scheint es eine Chance zu geben, aus diesem Teufelskreis auszubrechen, wie eine Untersuchung an glücklichen und unglücklichen

Paaren zeigt. Einer der beiden Partner eines jeden Paares wurde vom Versuchsleiter ins Vertrauen gezogen und gebeten, eine Beschreibung über den uneingeweihten Partner zu verfassen, die dessen negative Seiten besonders hervorhebt. Dieses unvorteilhafte Profil bekam der andere anschließend zu lesen. Dabei wurde die eine Hälfte der Uneingeweihten, die sich nun mit der negativen Beschreibung ihrer selbst konfrontiert sahen, im Glauben gelassen, der Partner hätte diese spontan von sich aus verfasst, der anderen Hälfte wurde gesagt, der Versuchsleiter selbst hätte den Text geschrieben. Es folgte jeweils eine fünfminütige Unterhaltung zwischen den Partnern (die heimlich beobachtet wurde), bevor auch der Uneingeweihte über den Versuch aufgeklärt wurde. Es stellte sich heraus, dass die Partner aus glücklichen Paaren eher unempfindlich gegenüber ihrem negativen Profil waren, egal, ob sie glaubten, der Partner oder der Versuchsleiter hätte dieses verfasst. Die Partner aus unglücklichen Beziehungen aber verhielten sich zur Überraschung der Wissenschaftler dem Partner gegenüber nicht nur negativer, wenn sie glaubten, der andere hätte sie so schlecht beschrieben, also z. B. mit starker Ablehnung oder gehässigen Bemerkungen, sondern zugleich auch positiver: Sie wandten sich dem Partner mit freundlichem Gesicht zu oder freuten sich über seine genaue Beobachtung. Offenbar reagierten sie grundsätzlich emotional empfindlicher. Bestätigt wurde diese Vermutung in einer anderen Untersuchung, in der die Reaktion auf positive und negative Tagesereignisse gemessen wurde. Wieder reagierten die unglücklichen Paare sensibler, und zwar sowohl auf gute wie auf schlechte Ereignisse: Ein kleines Unglück wirft sie aus der Bahn, eine kleine Freude versetzt sie geradezu in Euphorie. So besteht die Hoffnung, dass unglückliche Paare es schaffen, sich mit einem positiven Erlebnis selbst aus dem Teufelskreis herauszukatapultieren, sodass sie genug Schwung für einen Neuanfang bekommen.

Wenn Männer und Frauen miteinander reden

Damit sich zwei verstehen, ist es wichtig, dass sie miteinander reden. Dummerweise unterscheiden sich Männer und Frauen in der Art und

Weise, wie sie kommunizieren, wie die Soziolinguistin Deborah Tannen in ihrem Buch «Du kannst mich einfach nicht verstehen» eindrucksvoll analysiert hat. So kann schon der Versuch eines Gesprächs an sich Thema von Auseinandersetzungen sein. Nach Tannen beruhen typische Missverständnisse darauf, dass Männer und Frauen ganz unterschiedliche «Ziele» verfolgen, wenn sie sich mit anderen unterhalten. Sie verfolgen sie nicht bewusst oder mit Absicht, aber dennoch bilden diese Ziele den Hintergrund jeder Unterhaltung. So unterschiedlich, wie ihre Ziele sind, verlaufen auch die Gespräche von Männern und Frauen.

Ziel der Männer ist es, zu wissen und klarzustellen, wer die Macht hat, kurz, wer oben und wer unten ist. Um ihre Unabhängigkeit sicher zu stellen, versuchen sie, durch Kommunikation möglichst viele und möglichst klare Informationen zu bekommen, ganz nach dem Motto «Wissen ist Macht». Gleichzeitig möchten sie aber auch ihren sozialen Status festigen, wenn möglich sogar ausbauen. Sie sind daher bemüht, die Führungsposition im Gespräch zu übernehmen, indem sie aufregende Storys und Witze erzählen oder kluge Ratschläge erteilen. Dabei springen sie von Thema zu Thema. Sollte sich doch einmal eine Gesprächslücke ergeben, füllen sie diese mit einfachen Lautäußerungen wie «ach, nein» oder «jou». Auf diese Weise verhindern sie, dass der andere die Pausen nutzt, um die Gesprächsführung an sich zu reißen. Hören sie dem anderen doch einmal wirklich zu, signalisieren sie dies durch Schweigen. Dazu sitzen sie – sofern sie sich mit einem Mann unterhalten – vorzugsweise im rechten Winkel zueinander, die beste Position, direkten Augenkontakt zu vermeiden.

Ganz anders läuft nach Deborah Tannen eine Unterhaltung unter Frauen ab. Für sie ist Kommunikation vor allem Beziehungspflege. Im manchmal stundenlangen Gespräch über ein oder zwei große Themen wollen sie Gemeinsamkeiten ausloten und Erfahrungen austauschen. Sie interessiert, wie nah sie ihrer Gesprächspartnerin sind. Sie sitzen beim Gespräch mit anderen Frauen lieber einander gegenüber, sehen sich an und geben durch «hmms» und «ahhs» Rückmeldung, dass sie aufmerksam zuhören. Frauen sind die besseren «Decoder», wenn es darum geht, die Körpersprache des anderen zu lesen oder das zwischen den Zeilen Versteckte zu entschlüsseln.

Man kann sich leicht vorstellen, was passiert, wenn diese sehr unterschiedlichen «Kommunikationssysteme» aufeinander prallen – Missverständnisse sind vorprogrammiert, besonders wenn es darum geht, Probleme zu besprechen. Die Frau will das Thema gründlich diskutieren, für sie ist dies allein schon Teil der Beziehung und gilt ihr als Beweis, dass die Beziehung gerade «arbeitet». Für Männer ist das Thema nach einem kurzen Statement erledigt. Jedes weitere Wort darüber halten sie nicht nur für überflüssig – es ist doch alles Notwendige bereits gesagt –, sondern werten es sogar als Zeichen dafür, dass die Beziehung bröckelt. Während also Frauen der Meinung sind, Probleme müssen ausdiskutiert werden, denken Männer, Probleme würden nur schwerwiegender, wenn man sie anspricht und über sie redet.

Konstruktive und weniger konstruktive Gespräche

Aber wie soll man miteinander reden, wenn allein das Ansprechen eines Problems zum Streit führt? Leicht kommt es zu Wortgefechten wie dem folgenden, bei dem schon jeder Satz die Initialzündung zu einem dicken Streit sein kann:

«Du hörst mir nie zu, wenn ich etwas sage!», kritisiert Sarah Paul, der daraufhin beleidigt mit einer Gegenkritik reagiert und vor sich hin murmelt: «Kein Wunder, bei dem Redeschwall, wie deine Mutter.» «Du kannst ruhig auch mal dein dreckiges Geschirr wegräumen!», setzt Sarah nach. Sie stellt damit Anforderungen an Paul, die sie fair findet, er aber eigentlich als unzulässig betrachtet. «Das ist dein Job!», erwidert Paul, der sich ungerecht behandelt fühlt. Wenn Sarah dann nicht aufhört, rumzunörgeln und zu sticheln, wird Paul irgendwann wirklich ärgerlich: «Du gehst mir auf die Nerven, es reicht!»

Wenn dann keiner von beiden einlenkt und versucht, den sich anbahnenden Konflikt abzufangen, nehmen die Dinge ihren Lauf. Denn nur zu leicht lässt sich der Streit weiter aufschaukeln. Beliebte Methode ist die «Charakteranalyse», ganz im Sinne von «Ich kenne dich besser, als du dich kennst». Der andere wird heruntergesetzt und abqualifiziert und reagiert dann verständlicherweise beleidigt. Gerne werden dem anderen auch stereotype Eigenschaften einer besonders unangenehmen Art von Leuten unterstellt: «Du benimmst dich wie ein Psychopath» oder «wie eine Schlampe». Die meisten reagieren mit entsprechender Selbstverteidigung. Schuldzuweisungen, die den anderen für alles, sich selbst aber für nichts verantwortlich machen, tragen ebenfalls nicht zum Frieden bei. Eine besonders wirksame Methode zum Anfachen eines richtigen Krachs ist schließlich der so genannte Küchenabfluss-Kampf. Alles, was jemals in der Beziehung an Negativem passiert ist, egal ob es etwas mit dem aktuellen Thema zu tun hat oder nicht, wird wahllos zusammengerührt, bis die «giftige Brühe» nicht mehr abfließen kann, weil der «Abfluss verstopft ist». In Beziehungen, in denen etliche Konflikte ungelöst bleiben, kann auf diese Weise der kleinste Anlass jedes Mal in einen dicken Streit münden. Es empfiehlt sich daher, sorgsam auf frühe Anzeichen von Konflikten zu achten, wenn man nicht später alles auf einmal serviert bekommen will.

Es gibt also konstruktive und weniger konstruktive Arten, ein Problem anzusprechen. Erstere führen beide weiter, können sogar die Gemeinschaft stärken, Letztere enden nicht selten in Angriff, Verletzung und Streit. Wenn Sarah anfängt mit «immer bist du» oder «nie machst du» und Paul erwidert «du bist wirklich eine …» oder «du benimmst dich wie eine …», führt das selten zur Lösung des Problems. Doch leider ist es nur allzu leicht, auf diese Art in eine destruktive Auseinandersetzung zu verfallen.

Wie kommt man aus so einer aufgeschaukelten Situation heil heraus? Wichtig ist, dass zumindest einer der beiden Streithähne einlenkt und seinen Anteil am Streit eingesteht. Auf dieser Basis kann weitergearbeitet werden. Eine kurze Zeit der «Abkühlung» ist hilfreich – allerdings nur dann, wenn man nicht beim Rausgehen noch eine geknurrte Boshaftigkeit von sich gibt. Will man nach einer Weile doch wieder Frieden schließen, und sei es nur, um darin übereinzustimmen, dass man nicht übereinstimmt, sollte man sich das berühmte letzte Wort verkneifen. Wenn sie es schaffen, ein zufrieden stellendes Arrangement oder gar einen Kompromiss zu finden (der dann auch eingehalten wird), kann ein Streit die Partner sogar näher zusammenbringen. Leider verharren manche Paare aber in einem Dauerzwist, bei dem eigentlich niemand mehr so recht weiß, worüber sie sich eigentlich zanken. Streitereien mit psychologischer Kriegsführung sind dann an der Tagesordnung. Paradoxerweise halten sie manche Beziehungen sogar zusammen. Dennoch sind beide Partner über einen solchen Zustand meist sehr unglücklich. Um aus dieser Sackgasse herauszukommen, ist es oft hilfreich, sich selbst danach zu befragen, wie man überhaupt hineingeraten ist, was man von den ständigen Diskussionen eigentlich erwartet, und ob sich das, was man eigentlich wirklich will, nicht besser kommunizieren lässt.

«Weiß Paul überhaupt, dass er die wichtigste Person in meinem Leben ist?», fragt sich Sarah plötzlich. «Und was wäre eigentlich so schlimm daran, wenn ich mal nicht meinen Kopf durchsetzen kann? Wovor habe ich eigentlich Angst?»

Streit allein führt nicht unbedingt zur Trennung. Wichtig ist, wie man sich streitet, denn Streit ist nicht gleich Streit. In Kasten 8.1 finden sich daher ein paar Vorschläge, die Paartherapeuten empfehlen, damit ein Streit zu einem guten Ende führt.

Kasten 8.1 Die 15 «goldenen Regeln» eines guten Streits

1. Sei so präzise und konkret wie möglich!
2. Bleib beim Thema!
3. Bleib im Hier und Jetzt!
4. Stelle keine Gegenforderungen, bevor nicht die ursprüngliche Forderung geklärt ist!
5. Äußere deine Gefühle!
6. Äußere deine Gefühle nur auf dich bezogen!
7. Äußere auch positive Gefühle gegenüber dem Partner!
8. Melde deinem Partner zurück, wie du ihn verstanden hast!
9. Unterstelle ihm keine Vermutungen, sage ihm nicht, wie er denkt und fühlt!
10. Drücke deinem Partner keinen Stempel auf!
11. Sei nicht sarkastisch oder ironisch!
12. Überlade deinen Partner nicht mit Groll und Verdruss!
13. Schließe immer die Möglichkeit eines Kompromisses mit ein!
14. Entwerft zusammen mehrere Lösungen, entscheidet euch gemeinsam für einen Weg!
15. Denk dran: Es kann nicht nur einen Gewinner geben – beide gewinnen oder verlieren letztlich!

Alternativen zum Streit

Die meisten Paare streiten sich hin und wieder. Und diejenigen, die sich schon vor der Ehe viel gestritten haben, werden dies auch weiterhin tun. Gestresst vom Alltag wird sich früher oder später jeder seinem Partner gegenüber auch einmal schlecht benehmen, unachtsam oder gedankenlos sein, unbedachte oder verletzende Dinge sagen, sich falsch oder unfair verhalten. Das Ideal einer guten Beziehung und der normale Beziehungsalltag können daher manchmal meilenweit auseinander liegen. Doch gerade Frauen sind der Meinung, Diskussionswille und Konfliktbereitschaft gehörten zu einer guten Beziehung.

Streit ist bei Meinungsverschiedenheiten oder Problemen aber nicht vorprogrammiert. Es gibt grundsätzlich andere Möglichkeiten, sich zu Konflikten in einer Beziehung zu verhalten. Die Sozialpsychologin Carol Rusbult unterscheidet vier ganz unterschiedliche Arten, auf Konflikte zu reagieren: Gibt es Meinungsverschiedenheiten, lässt der eine ein großes Donnerwetter ab und droht damit, die Beziehung zu beenden, weil ja doch alles keinen Sinn mehr habe. Er reagiert also letztendlich mit dem *Verlassen* der Beziehung – real oder zumindest in Gedanken. Der andere zieht sich lieber schmollend in eine Ecke zurück, will am liebsten nicht mehr darüber sprechen, tut aber auch nichts dafür, die Probleme aus dem Weg zu räumen. Er reagiert mit dem *Vernachlässigen* der Beziehung. Wieder andere verhalten sich einfach still und hoffen, die Verhältnisse besserten sich schon von alleine. *Loyalität* gegenüber dem Partner und der Beziehung ist ihre bevorzugte Reaktion,

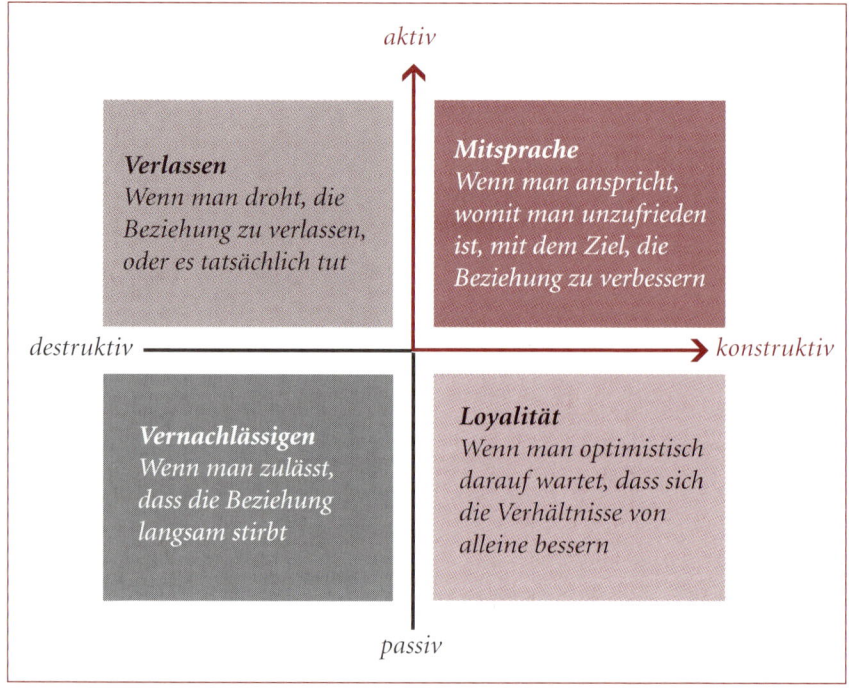

Abb. 8.1: Vier Arten, Konflikte zu lösen

wenn es Unstimmigkeiten gibt. Dann gibt es aber auch diejenigen, die zwar deutlich sagen, was ihnen missfällt, aber zugleich konstruktive Vorschläge machen, wie man beim nächsten Mal mit der vertrackten Situation besser umgehen könnte. Sie bemühen sich um die Beziehung, setzen auf *Mitsprache*. Diese vier ganz unterschiedlichen Arten der Problemlösung lassen sich danach unterscheiden, ob man sich eher konstruktiv oder destruktiv verhält und dabei eher aktiv oder passiv reagiert.

Wer wissen will, welchen Stil der Konfliktlösung er selbst pflegt, wenn es in der Beziehung einmal kracht, sollte Test 8.1 machen. Wichtig ist, daran zu denken, dass wir uns nicht immer so verhalten, wie wir uns eigentlich verhalten wollen oder vielleicht verhalten sollten. Ehrlichkeit sich selbst gegenüber ist gefragt, auch wenn wir dabei Seiten an uns entdecken, die wir nur ungern sehen.

TEST 8.1 WIE LÖSE ICH KONFLIKTE?

Wie verhalten Sie sich gewöhnlich, wenn Sie mit Ihrem Partner/Ihrer Partnerin eine Auseinandersetzung haben, oder wie würden Sie sich vermutlich verhalten? Hier gibt es keine richtigen und falschen Antworten, auch wenn Sie vielleicht selbst über Ihr eigenes Verhalten nicht immer ganz glücklich sind. Sie können wieder 1 bis maximal 7 Punkte vergeben, wobei 1 Punkt bedeutet «tue ich nie», 7 Punkte bedeuten «tue ich immer».

	tue ich nie						tue ich immer
1. Wenn ich mit meinem/r Partner/in unglücklich bin, überlege ich, die Beziehung zu beenden	1	2	3	4	5	6	7
2. Wenn mein/e Partner/in etwas sagt oder tut, was ich nicht mag, rede ich mit ihm/ihr über das, was mich stört	1	2	3	4	5	6	7

3. Wenn wir Probleme in unserer Beziehung haben, warte ich geduldig, bis die Dinge besser werden 1 2 3 4 5 6 7

4. Wenn ich mich über meine/n Partner/in aufrege, schmolle ich eher, als dem Problem gegenüberzutreten 1 2 3 4 5 6 7

5. Wenn ich mich wirklich über etwas aufrege, was mein/e Partner/in getan hat, kritisiere ich ihn/sie für Sachen, die nichts mit dem eigentlichen Problem zu tun haben 1 2 3 4 5 6 7

6. Wenn ich mich über etwas in der Beziehung aufrege, warte ich eine Weile, bevor ich etwas sage, um zu sehen, ob sich die Dinge von alleine bessern 1 2 3 4 5 6 7

7. Wenn mein/e Partner/in und ich Probleme haben, spreche ich mit ihm/ihr darüber 1 2 3 4 5 6 7

8. Wenn ich wütend auf meine/n Partner/in bin, spreche ich mit ihm/ihr darüber, Schluss zu machen 1 2 3 4 5 6 7

9. Wenn ich unzufrieden mit meinem/r Partner/in bin, sage ich ihm/ihr, was mich stört 1 2 3 4 5 6 7

10. Wenn mein/e Partner/in mich verletzt, sage ich nichts und vergebe ihm/ihr einfach 1 2 3 4 5 6 7

11. Wenn ich mich über meine/n Partner/in ärgere, beachte ich ihn/sie für eine Weile nicht 1 2 3 4 5 6 7

12. Wenn ich wirklich ärgerlich bin, behandle ich meine/n Partner/in schlecht (z. B. indem ich ihn/sie missachte oder gemeine Sachen sage) 1   2   3   4   5   6   7

13. Wenn wir ein Problem in unserer Beziehung haben, beachte ich die ganze Sache nicht und vergesse sie 1   2   3   4   5   6   7

14. Wenn die Dinge zwischen uns nicht so gut laufen, schlage ich vor, einiges in der Beziehung zu ändern, um die Probleme zu lösen 1   2   3   4   5   6   7

15. Wenn ich mich über meine/n Partner geärgert habe, denke ich darüber nach, die Beziehung zu beenden 1   2   3   4   5   6   7

16. Wenn ich mit unserer Beziehung unzufrieden bin, denke ich darüber nach, mich mit anderen Verehrern/Verehrerinnen zu treffen 1   2   3   4   5   6   7

Auswertung

Zählen Sie Ihre Punkte für jeden der vier Konfliktstile (siehe folgende Seite) zusammen. Machen Sie anschließend auf jedem der vier Konfliktstil-Pfeile dort ein Kreuz, wo Ihre Punktzahl liegt. Je näher Ihr Kreuz der Pfeilspitze ist, desto stärker ist Ihr jeweiliger Konfliktstil ausgeprägt. Fällt Ihr Kreuz in das schwarze Feld, streiten Sie sich genauso wie andere auch, fällt Ihr Kreuz in die Fläche davor oder dahinter, unterscheiden Sie sich deutlich von anderen Männern bzw. anderen Frauen.

Frage Nr. 2 ____ + Nr. 7____ + Nr. 9 ____ + Nr. 14 ____ = ____ **Mitsprache**
Frage Nr. 3 ____ + Nr. 6____ + Nr. 10 ____ + Nr. 13 ____ = ____ **Loyalität**
Frage Nr. 4 ____ + Nr. 5____ + Nr. 11 ____ + Nr. 12 ____ = ____ **Vernachlässigen**
Frage Nr. 1 ____ + Nr. 8____ + Nr. 15 ____ + Nr. 16 ____ = ____ **Verlassen**

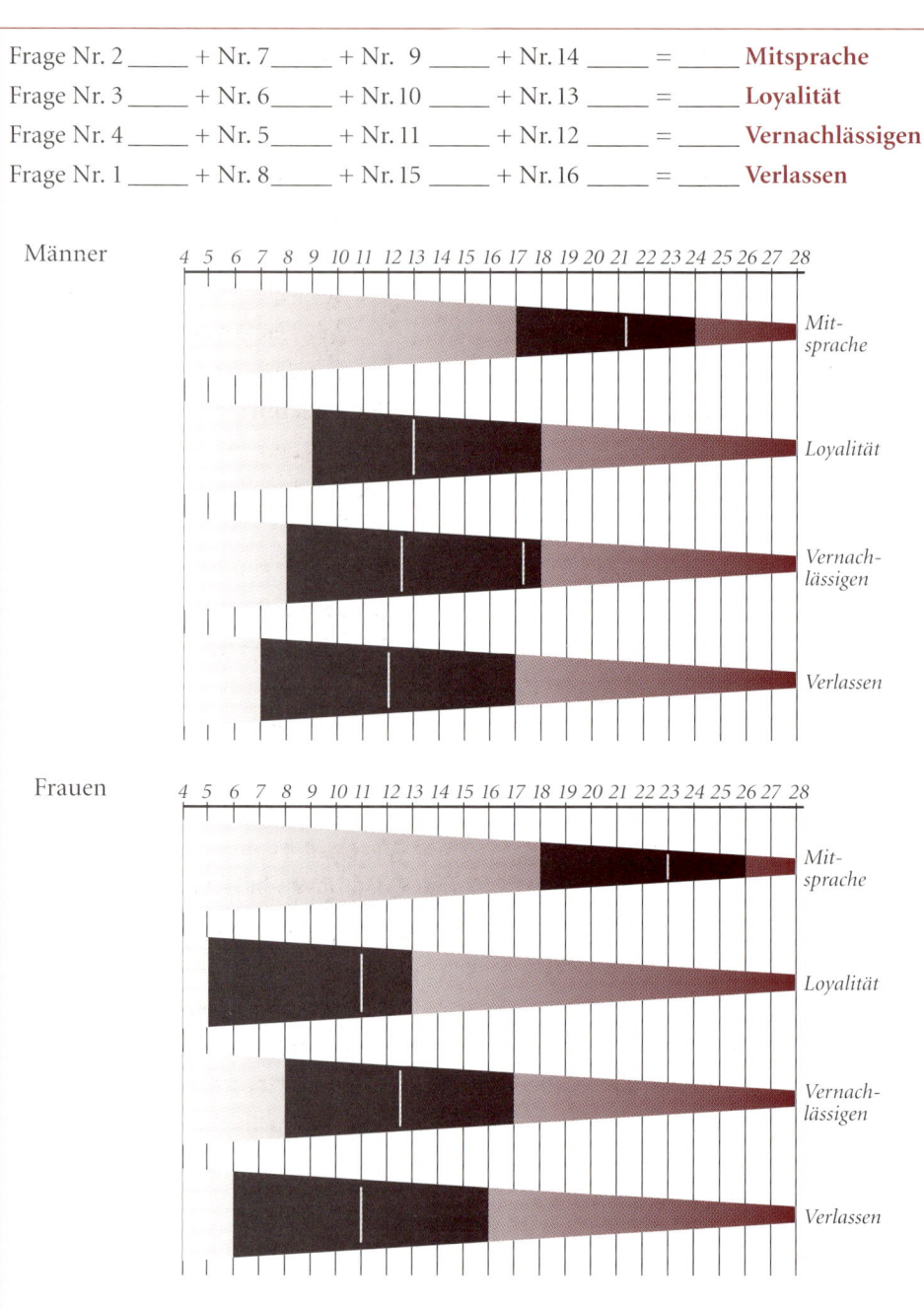

Nicht immer ist das, was für die Beziehung gut ist («gut» im Sinne von «beziehungserhaltend»), auch für jeden der beiden Partner gut. Wenn Sarah und Paul nun schon seit Monaten im Dauerclinch liegen, aber keiner von beiden die Initiative zur Trennung ergreift, kann das für beide eine ziemlich unerfreuliche Angelegenheit sein. Nun rafft sich Sarah doch endlich auf, etwas gegen diese grässliche Situation zu tun, und fährt erst einmal alleine in den Urlaub. Einmal angenommen, sie lernt dort eine neue Liebe kennen und verlässt Paul, dann ist dies zwar im Hinblick auf ihre Beziehung zu Paul destruktiv, für ihr eigenes Wohlergehen aber wohl doch eine kluge Entscheidung. Endlich haben damit beide die Chance, noch einmal neu zu beginnen. So berichten gerade Frauen, die es nach Jahren in einer quälenden Ehe geschafft haben, sich zu lösen, wie sehr sie ihre neu gewonnene Freiheit schätzen und wie positiv die Trennung für ihre eigene, persönliche Entwicklung war.

Die meisten reagieren vor allem dann mit dem Verlassen einer Beziehung, wenn sie selbst wenig zu verlieren haben und der Ansicht sind, dass das, was sie haben, nicht wert ist, bewahrt zu werden. Das ist der Fall, wenn sie unzufrieden mit ihrer Beziehung sind und echte Probleme zu erkennen glauben. Meist sind es in der Tat die Frauen, die entscheiden, ob eine Beziehung aufrechterhalten wird oder nicht. Ihr Verhalten bei Konflikten ist ein besseres Indiz als das der Männer dafür, ob die Beziehung hält oder nicht. Droht sie bei Konflikten, die Beziehung zu verlassen, dann tut sie es vermutlich auch irgendwann. Leichter wird es für sie, wenn sie wenig Persönliches und Materielles investiert hat und gute Alternativen zu ihrer jetzigen Beziehung sieht. Gerade auf jüngere Frauen, die selbst zwar ein geringeres Einkommen haben, aber über genug Bildung und Selbstvertrauen verfügen, um noch einmal einen Neuanfang zu wagen, trifft dies zu. Ihr Konfliktstil ist besonders häufig das *Verlassen*.

Allerdings kann ihnen dabei ihr Geschlecht im Wege stehen, denn von Frauen wird eher erwartet, sich passiv und loyal zu verhalten. So versuchen viele, um jeden Preis die Beziehung zu retten. Nach eigener Aussage neigen Frauen stärker zu den konstruktiven Reaktionsweisen.

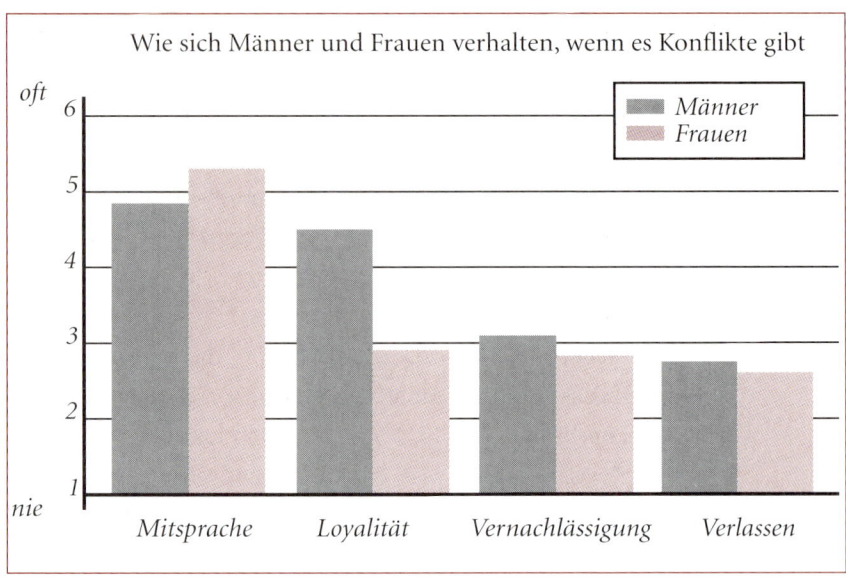

Abb. 8.2: Wie sich Männer, wie sich Frauen verhalten, wenn es Konflikte gibt.
Frauen setzen stärker als Männer auf «offenes Ansprechen», Männer mehr auf «geduldiges Abwarten». In Bezug auf Vernachlässigen oder Verlassen der Beziehung unterscheiden sie sich hingegen kaum.

Sehen Männer Konflikte heraufziehen, neigen sie nach eigenen Aussagen am ehesten zum *Vernachlässigen* der Beziehung. Wir haben unsere Studenten und Studentinnen gefragt, wie sie ihre Konflikte mit einem Partner lösen. Egal ob Männer oder Frauen – die meisten Menschen scheinen auf konstruktive Lösungen zu setzen. Frauen wollen «darüber reden», Männer vertrauen lieber optimistisch darauf, dass von alleine wieder bessere Zeiten kommen.

Wer trennt sich, wer bleibt zusammen?

Wie wird unsere Beziehung verlaufen? Sind wir nächstes Jahr noch zusammen? Diese Fragen möchten alle gerne beantwortet wissen. Es ist sehr schwierig, Trennungen vorherzusagen. Man muss eine große Zahl Paare über eine sehr lange Zeit begleiten, um diejenigen zu «erwischen», die sich irgendwann einmal trennen. Befragt man nur die, die sich bereits getrennt haben, nach den Gründen für das Scheitern ihrer

Beziehung, verdunkeln oft Trauer und Groll im Nachhinein die Erinnerungen. In einer großen Untersuchung an Paaren haben wir diejenigen, die sich im Verlauf eines halben Jahres getrennt hatten, nach den Gründen für ihre Trennung gefragt. Die Frauen nannten als häufigsten Trennungsgrund mangelnde Kommunikationsfähigkeiten des Partners, aber auch häufigen Streit. Zudem fanden viele, der Partner habe sie zu stark kritisiert und beide seien emotional zu unterschiedlich gewesen. Die Männer sahen den Grund für die Trennung eher in verschiedenen Interessen und Meinungen und im unterschiedlichen intellektuellen Niveau. Anders als etliche der getrennten Frauen sahen sie mangelndes Vertrauen nicht als Grund für die Trennung an.

Psychologen und Soziologen haben versucht, Indizien herauszufinden, die es ermöglichen, den Verlauf einer Beziehung über einen längeren Zeitraum vorherzusagen. Sie haben eine Reihe von so genannten Risikofaktoren herausgefiltert, die ein Ende der Beziehung wahrscheinlicher machen und die schon lange vor der Trennung erkennbar sind.

Ein ganz wichtiger Faktor, der oft zu einer späteren Trennung führt, ist eine bereits zu Beginn der Beziehung vorhandene Unzufriedenheit. Bei einer großen Untersuchung im Ruhrgebiet, in der 500 Paare über einen Zeitraum von 5 Jahren begleitet und immer wieder befragt wurden, hat sich herausgestellt, dass diejenigen, die sich im Laufe der 5 Jahre trennten, schon von Anfang an weniger glücklich in ihrer Beziehung waren. Gerade die Frauen beklagten mangelnde Unterstützung durch den Partner. Sie vertrauten ihm nicht voll. Fehlt es an Unterstützung durch den Partner, entsteht bei dem anderen der Eindruck, auf die Dauer mehr zu geben als zurückzubekommen. Hat man das Gefühl, der andere interessiert sich nicht mehr für die eigene Person, hört nicht zu, kümmert sich nicht und ist auch nicht bereit, darüber zu reden, was in ihm vorgeht, wächst ebenfalls die Unzufriedenheit.

Doch Unzufriedenheit und Trennung sind zwei verschiedene Paar Schuhe, wie ebenfalls in dieser Untersuchung deutlich wurde. Längst nicht alle, die unzufrieden sind, trennen sich auch, und umgekehrt trennen sich auch Paare, die noch bis kurz vor dem Ende der Beziehung sagen, sie seien höchst zufrieden, bis dann für alle überraschend plötzlich Schluss ist. Ob diese Paare ihre Unzufriedenheit wirklich erst dann bemerken, ihren Entschluss zur Trennung rasch treffen und umsetzen oder ob sie sich selbst (oder dem Interviewer) gegenüber nur nicht eingestehen wollten, dass die Beziehung schon seit geraumer Zeit nicht so lief, wie sie es sich wünschen, bleibt offen.

Grundsätzlich gilt: Glaubt man fest an die Beständigkeit der eigenen Beziehung und sind die Erwartungen hoch, mögliche Probleme in der Beziehung erfolgreich zu meistern, färbt das positiv auf den Verlauf der Beziehung ab. Hat man dann erst in die Beziehung investiert, fällt die Trennung immer schwerer. Dies gilt für Gefühle ebenso wie für materielle Investitionen: Auch eine gemeinsame Eigentumswohnung oder Kinder erschweren eine Trennung. Schätzt man dann noch die Aussicht, einen neuen Partner zu finden, als eher gering ein, bleibt man lieber in der alten Beziehung. Und dies selbst dann, wenn man eigentlich nicht mehr glücklich und zufrieden ist.

«Die Liebe ist einfach verschwunden» – das scheint eher ein Grund zu sein, mit dem sich Paare im Nachhinein ihre Trennung erklären. Die Wissenschaft kann nämlich keinen Zusammenhang zwischen mangelnder Liebe und Trennung feststellen. Vor ihrer Trennung liebten sich in der bereits erwähnten großen Bochumer Trennungsstudie des Arbeitskreises von Hans-Werner Bierhoff diejenigen, die sich später trennten, nicht weniger als die, die nach einigen Jahren noch zusammen waren.

Nichts mehr gemeinsam zu haben – auch das führen viele Menschen als Trennungsgrund an. Aber das, was Paare unzufrieden macht, muss andersherum noch lange nicht auch für die Stabilität der Beziehung verantwortlich sein. Paare, die finden, dass sie sich sehr ähnlich sind, sind glücklicher miteinander. Aber: Der Glaube allein hilft nicht. Auch wenn sie ganz subjektiv den Eindruck haben, gleiche Wertvorstellungen, gleiche Einstellungen und gleiche Erwartungen an die Partnerschaft zu haben, spielt dies keine Rolle dafür, ob ihre Beziehung auch tatsächlich hält. Denn ob sie sich letztlich trennen oder zusammenbleiben, wird davon bestimmt, wie ähnlich sich beide Partner tatsächlich sind, nicht davon, inwieweit sie lediglich glauben, einander ähnlich zu sein.

Die Sorgen und Nöte des Alltags dürfen nicht unterschätzt werden, wenn es um die Qualität und die Beständigkeit von Beziehungen geht. Gerade Phasen des Übergangs von einer Lebenssituation in eine andere bergen viel Potenzial für Stress. Er trifft zum Beispiel Paare, die plötzlich zu dritt sind. Junge Eltern sind von der neuen Situation mit dem kleinen Kind oft überlastet. Besonders hart wird es, wenn das Einkommen gering ist und Geldsorgen hinzukommen. Entsprechend haben Paare mit niedrigem Einkommen und geringer Bildung eine schlechtere Prognose, was die Zukunft ihrer Beziehung betrifft.

Stress hat jeder – ausschlaggebend ist, genau wie bei Konflikten, wie man damit umgeht. Wer konstruktiv und optimistisch mit stressigen Situationen umgeht, dessen Beziehung ist auf längere Sicht auch stabiler. Besonders ungünstig erweisen sich Vorwürfe (meist von seiten der Frau) und Passivität (meist von seiten des Mannes). Es hilft, das Problem ruhig anzugehen und gemeinsam zu lösen. Wer es schafft, in solchen Situationen ein «Wir-Gefühl» aufzubauen, bei dem kann Stress sogar die Beziehung vertiefen.

Eng mit Beziehungsproblemen und Trennungsabsichten verknüpft ist auch die Rollenverteilung zwischen Mann und Frau. Gerade Frauen fühlen sich in der klassischen Hausfrauenrolle oft eingeengt und gelangweilt. Haushalt und Kinder können doch nicht alles gewesen sein, finden viele. Frauen mit kleinen Kindern, die sich plötzlich in der neuen Rolle wieder finden, fühlen sich oft nicht wohl. Auch wenn Partnerschaften mit Kindern in der Regel länger halten als die ohne Kinder, machen Kinder insgesamt keineswegs glücklicher. Je mehr Kinder, desto unzufriedener sind beide Partner. Ebenso wie Frauen ist auch Männern die Familie manchmal eine Last. Auf der Suche nach Freiheit und Abenteuer entledigen sie sich ihrer dann manchmal ganz einfach.

Findet die Frau die althergebrachte Rollenverteilung durchaus in Ordnung, ist eine Trennung hingegen unwahrscheinlicher. Etliche Konflikte, die andere ausfechten müssen, bleiben «traditionellen» Paaren erspart. Streitereien darum, wer den Haushalt macht und auf die Kinder aufpasst, gibt es hier einfach nicht. Vielleicht halten traditionell orientierte Frauen auch um einen höheren Preis an der Ehe fest. Ganz anders sieht es allerdings aus, wenn nur der Mann traditionell eingestellt ist. Dann sind häufige Auseinandersetzungen vorprogrammiert und eine Trennung ziemlich wahrscheinlich.

Aber kann es nicht auch an der Persönlichkeit der Partner liegen, ob sie zusammenbleiben oder nicht? Diese Frage muss mit «jein» beantwortet werden. Intelligenz und auch körperliche Attraktivität haben nur geringe Aussagekraft, wenn es darum geht, eine mögliche Trennung vorherzusagen. Die Persönlichkeit erlaubt nur eine schlechte Prognose. Allerdings ist bei Personen, die gefühlsmäßig labiler sind, leichter aus dem seelischen Gleichgewicht geraten und insgesamt unbeständiger sind, das Risiko größer, dass ihre Beziehungen scheitern. Sie sind dann nicht nur in Bezug auf ihre eigenen Gefühle unbeständig, sondern auch hinsichtlich ihrer Gefühle und Verhaltensweisen in der Partnerschaft wankelmütig. Auf die Dauer halten das die wenigsten Beziehungen aus. So konnten amerikanische Wissenschaftler feststellen, dass Personen, die schon in den 30er Jahren des vergangenen Jahrhunderts weniger neurotisch als andere waren (die also als emotional stabiler, ausgeglichener und weniger ängstlich galten), 50 Jahre später die glücklicheren Beziehungen führten.

Mit der Frage nach der Persönlichkeit hängt auch die Annahme zusammen, dass diejenigen, die bereits Trennungen erlebt haben, anfälliger für weitere Trennungen sind. Tatsächlich scheint sich ein Scheidungsrisiko tendenziell zu «vererben». Die gilt gerade für Männer. Haben sich die Eltern eines Mannes scheiden lassen, ist sein eigenes Risiko, irgendwann einmal selbst geschieden zu werden, größer. Männliche Scheidungskinder heiraten ihre Frau oft rasch, manchmal schon kurz nach dem Kennenlernen. Das tun sie offenbar weniger aus dem

Gefühl großer Verliebtheit, sondern weil ihre Eltern es so wollten. Auch bei Frauen scheint die Scheidung der Eltern ein gewisses Risikopotential für eine eigene Trennung zu bergen. Haben sie selbst eine Scheidung der Eltern miterlebt, verhalten sie sich später im Umgang mit ihrem Partner negativer. Und diejenigen, die sich bereits einmal haben scheiden lassen, tun dies mit größerer Wahrscheinlichkeit auch ein zweites Mal.

Als Hauptgrund für eine Scheidung wird jedoch immer wieder die Untreue des Partners genannt. Im nächsten Abschnitt geht es daher ausführlich um Betrug und Eifersucht und darum, wie Männer und Frauen sich darin unterscheiden.

Eifersucht – häufiger Grund für Streit und Trennung

Paul weiß nicht mehr, wie er das aushalten soll. Er kann nur noch daran denken, dass Sarah ihn betrügen könnte. Eigentlich verabscheut er das, aber dennoch fängt er an, sie zu kontrollieren. Immer häufiger ruft er ganz unerwartet an. Ist sie dann nicht da, dreht er fast durch, ist sie da, verdächtigt er sie, nicht allein zu sein. «Wieso hat sie eigentlich gestern schon wieder das Bettzeug gewechselt, das war doch noch gar nicht nötig?», fragt er sich ständig. Gestern hat er sogar ihren Schreibtisch durchwühlt, nur um ein paar uralte Liebesbriefe aus ihrer Teenagerzeit zu finden, die ihn fast wahnsinnig gemacht haben – so albern es auch ist.

«Eifersucht ist eine Leidenschaft, die mit Eifer sucht, was Leiden schafft», sagte schon der Philosoph Friedrich Schleiermacher zu Beginn des 19. Jahrhunderts. Wer kennt das nicht – dieses beißende, stechende, alles vereinnahmende Gefühl brennender Eifersucht? Es beginnt oft als leise Ahnung, von der wir vielleicht zunächst noch glauben, sie unterdrücken und kontrollieren zu können. Doch dann fangen wir an, «Beweise» und «Gegenbeweise» zu sammeln, die unseren Anfangsverdacht erhärten («Schon wieder war sie nicht da, als ich im Büro angerufen habe») oder widerlegen sollen («Wir hatten doch so ein schönes Wochenende miteinander»). Auf den ersten Blick erscheint das ein vernünftiges Vorgehen zu sein. Leider geraten wir dann aber allzu leicht in einen Strudel der Katastrophen-Gedanken, und dann ist schnell Schluss mit dem sorgfältigen Abwägen «echter Beweise» und «purer Hirngespinste»: «Er war nicht da, ich bin mir sicher, er war mit der neuen Sekretärin unterwegs, er findet sie toll, er wird mich verlassen, ich kriege nie wieder einen neuen Mann, ich werde einsam sterben.» Irgendwann, wenn wir fest glauben, unser Verdacht sei tatsächlich berechtigt und unsere katastrophalen Gedanken entsprächen der Realität, geben wir unsere innersten Gefühle preis. Je nach Veranlagung beschimpfen wir unseren Partner oder ziehen uns tief verletzt und todtraurig von ihm zurück.

Die meisten sind in so einer Situation zwar sehr unglücklich, aber Eifersucht hat auch ihre positiven Seiten. Kaum je sind wir so voller Leidenschaft und Leben wie in den Phasen, in denen Sehnsucht und Eifersucht einander zu übertreffen versuchen. Das wissen viele Paare und nutzen die Eifersucht bewusst, um ihrer Beziehung neuen Schwung zu verleihen. Sie stellen gegenseitige Eifersucht gewissermaßen künstlich her. Halb flirtend, halb stichelnd konstruieren sie das Gefühl, um sich der Besonderheit ihrer Beziehung mit all ihren Rechten und Verpflichtungen zu vergewissern.

«Siehst du, wie der da hinten dich anguckt, der ist doch schon zum Sprung bereit», flüstert Paul auf der letzten großen Party Sarah ins Ohr. «Oh, da geh ich mir doch mal was zu trinken holen, Chancen soll man nicht vorüberziehen lassen», gibt sie herausfordernd zurück, beißt sich aber sogleich auf die Zunge, als sie Pauls etwas beleidigte Miene sieht. Hat sie den Bogen bereits überspannt?

Vorsicht! Selbst herbeigerufene Eifersucht kann leicht über das Ziel hinausschießen. Aus Spaß wird Ernst, wenn der eine – meist ist es die Frau – den anderen gezielt eifersüchtig zu machen versucht. Eigentlich wollte sie nur erreichen, dass er sich wieder mehr für sie interessiert. Das Ergebnis ist aber nicht selten ein dicker Streit.

Wer ist eifersüchtig?

Es gibt Menschen, bei denen der leiseste Verdacht oder der geringste Entzug von Aufmerksamkeit ausreicht, eifersüchtig zu werden. Bei ihnen gleicht Eifersucht einer chronischen Krankheit. Besonders anfällig scheinen dafür diejenigen zu sein, die schon von klein auf um die Gunst der Mutter ringen mussten – die jüngeren Geschwister. Anders als Erstgeborene und Einzelkinder waren sie nie allein im Zentrum der Aufmerksamkeit. Noch im Erwachsenenalter haben sie stärker mit Eifersucht zu kämpfen als ihre älteren Geschwister.

Generell sind diejenigen eifersüchtiger, die sich sehr von ihrer Beziehung abhängig fühlen. Hat man das Gefühl, nicht ohne den Partner existieren zu können, sieht man die Beziehung bei der kleinsten Kleinigkeit sofort bedroht – schließlich hat man alles zu verlieren. Gerade diejenigen, die immer ängstlich besorgt sind, ob der Partner sie auch genug liebt, sind am eifersüchtigsten. Doch anstatt ihre Verletztheit offen zu äußern, unterdrücken sie ihren Ärger gegenüber dem Partner. Stattdessen stellen sie den Partner mehr oder weniger heimlich unter besondere Beobachtung: Ab und zu ein Telefonanruf zur Kontrolle, ob er auch da ist, wo er hinzugehen behauptete, oder eine kleine Fangfrage, wer denn noch anwesend war, um seine Reaktion zu testen. Am liebsten würden sie ihn gar nicht mehr alleine ausgehen lassen. Ganz anders verhalten sich diejenigen, die in Bezug auf ihre Beziehung eigentlich recht sicher und selbstbewusst sind. Ein kleiner Flirt des Partners wirft sie nicht gleich aus der Bahn. Bietet er ihnen aber einen triftigen Anlass zur Eifersucht, machen sie ihrer Wut deutlich Luft. Sie richtet sich klar gegen den verantwortlichen Partner, nicht gegen den vermeintlichen «Störenfried». Ist das Gewitter verrauscht, versuchen sie dann, die Beziehung zu retten.

Doch dass einige anfälliger sind für Eifersucht als andere, liegt in den meisten Fällen weniger an der Persönlichkeit als vielmehr an der konkreten Situation und vor allem an der jeweiligen Beziehung.

WAS MACHT UNS EIFERSÜCHTIG?

Offenbar reagieren wir immer dann mit Eifersucht, wenn andere uns etwas wegzunehmen versuchen, was eigentlich uns gehört, wie wir glauben. Das kostbare Gut, um das es geht, kann der eigene Partner sein, den uns jemand ausspannen will, aber auch eine Freundschaft, in die sich ein anderer «hineindrängelt», oder eine Beförderung, die uns ein Konkurrent streitig macht. Die Schwestern der Eifersucht sind Neid und Rivalität, doch ist dabei der Blickwinkel ein anderer. Neidisch ist der Dritte, der auf unsere Beziehung schielt und sie gerne hätte. In Rivalität oder Konkurrenz stehen wir, wenn wir selbst mit diesem Dritten um etwas kämpfen – etwa um einen neuen Partner (Abb. 8.3).

Schon wieder ist Sarah lange im Büro geblieben, und schon wieder hat sie Berge von Akten mit nach Hause gebracht. Und dabei hatte sie Paul doch versprochen, mit ihm übers Wochenende nach Holland zu fahren! Stattdessen brütet sie nun hinter verschlossener Tür über ihrem

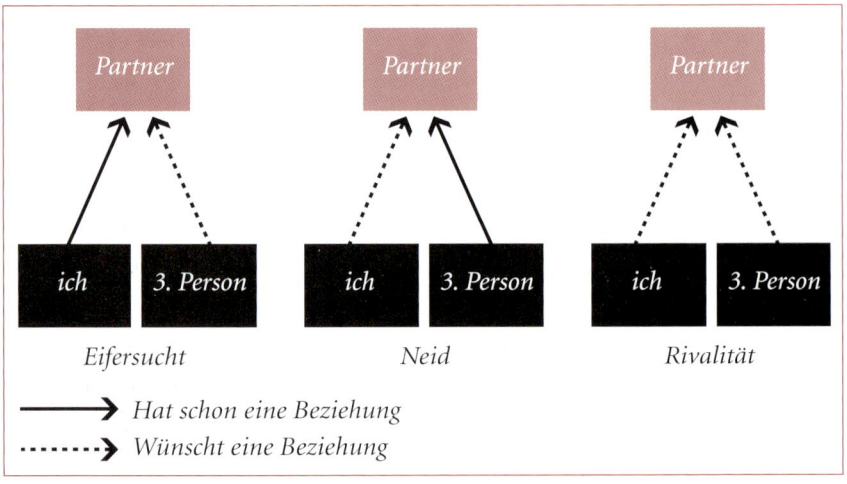

Abb. 8.3: Eifersucht, Neid und Rivalität
Eifersüchtig sind wir, wenn eine andere Person mit unserem Partner oder unserer Partnerin eine Beziehung haben möchte, neidisch sind wir, wenn jemand eine Beziehung mit einer Person hat, die wir selbst gerne hätten. Rivalität spüren wir, wenn wir beide um die Gunst eines anderen buhlen.

neuesten Projekt. Immer häufiger reagiert er geradezu allergisch, wenn sie ihm davon erzählt.

Es müssen nicht immer andere Menschen sein, auf die wir eifersüchtig sind. Eifersucht kann sich auch gegen abstrakte Dinge richten. Wenn unser Partner immer länger im Büro bleibt und immer mehr Akten mit nach Hause bringt, wächst allmählich die Eifersucht auf den Job. Doch am schlimmsten ist es für die meisten nach wie vor, wenn es nicht die Arbeit ist, die ihn oder sie so lange im Büro hält, sondern die attraktive neue Kollegin oder der charmante Abteilungsleiter.

DIE ATTRAKTIVE KONKURRENZ

Je attraktiver die (vermeintliche) Konkurrenz, desto leichter werden wir eifersüchtig. Schließlich bedroht sie unsere Beziehung, und zwar nicht irgendeine, sondern insbesondere unsere sexuelle. Und die soll unser Partner ganz allein und ausschließlich zu uns haben. Monogamie, das heißt die exklusive Beziehung zwischen nur einem Mann und nur einer Frau, steht in unserem abendländischen Kulturkreis ganz hoch im Kurs. Dennoch unterscheiden sich die Menschen sehr darin, wie monogam sie tatsächlich leben und wie wichtig sie sexuelle Exklusivität finden. Dies hat wiederum Einfluss darauf, wie eifersüchtig sie sind. Diejenigen, die wirklich davon ausgehen, dass sie nur mit ihrem Partner Sex haben und umgekehrt, neigen grundsätzlich weniger zur Eifersucht. Sie erwarten ganz einfach nicht, dass ihr Partner sie betrügt, nach dem Motto, «dass nicht sein kann, was nicht sein darf». Vermutlich liegen sie damit ganz richtig, denn meist finden sich solche Paare, deren Überzeugungen in diesem Punkt übereinstimmen. Die Ähnlichkeit der Einstellungen ist schließlich eine der wichtigsten Bedingungen für eine gute Beziehung (s. Kapitel 4).

Was aber passiert, wenn wir merken, dass wir uns doch getäuscht haben und der Partner uns betrügt? Psychologen haben diesen Fall in einem Experiment nachgestellt. Sie baten ihre Versuchspersonen, sich intensiv vorzustellen, dass ihr Partner mit einer Person des anderen Geschlechts heftig flirtet, sogar ernsthaftes Interesse an dem oder der anderen hat und sie vielleicht sogar betrügt. Und siehe da, die Gefühle der sonst so Entspannten schlugen plötzlich ins Gegenteil um. Sie reagierten mit besonders starker Eifersucht, ganz anders als diejenigen, deren Partner ohnehin öfter nebenher in Affären verwickelt ist. Diese gehen gar nicht erst davon aus, dass ihre Beziehung vollkommen frei von Betrug ist. Obwohl sie zwar grundsätzlich aus gutem Grund eifersüchtig sind, geraten sie im Experiment beim Gedanken an Betrug nicht gleich in Panik. Sie haben sich offenbar daran gewöhnt, dass ihre Beziehung so exklusiv nicht ist, aber dass sie von einem Seitensprung auch nicht unbedingt in ihren Grundfesten erschüttert wird.

Wenn Sie wissen möchten, ob Sie im Vergleich zu anderen mehr oder weniger stark zur Eifersucht neigen, beantworten Sie die Fragen in Test 8.2.

TEST 8.2: WIE EIFERSÜCHTIG BIN ICH?

Dieser Test verrät Ihnen, wie eifersüchtig Sie im Vergleich zu anderen sind und wie sich die Eifersucht bei Ihnen ausdrückt. Wählen Sie jeweils die Antwortmöglichkeit aus, die Ihren Gefühlen am ehesten entspricht bzw. – wenn Sie zurzeit keinen festen Partner haben – welche Antwort Ihren Gefühlen vermutlich entsprechen würde. Bitte beantworten Sie alle Fragen so ehrlich wie möglich.

	wenig bekümmert				**sehr bekümmert**		
1. Wie würden Sie sich fühlen, wenn Ihr Partner mit einer anderen Person sexuellen Kontakt hätte?	1	2	3	4	5	6	7
2. Wie würden Sie sich fühlen, wenn Ihr Partner persönliche Dinge mit jemand anderem besprechen würde?	1	2	3	4	5	6	7

	wenig bekümmert						sehr bekümmert

3. Wie würden Sie sich fühlen, wenn Ihr Partner mit einer anderen Person flirtete? 1 2 3 4 5 6 7

4. Wie würden Sie sich fühlen, wenn Ihr Partner mit einer anderen Person eng tanzte? 1 2 3 4 5 6 7

5. Wie würden Sie sich fühlen, wenn Ihr Partner eine andere Person küsste? 1 2 3 4 5 6 7

	nie						sehr oft

6. Ich bin besorgt, dass mein Partner eine andere Person attraktiver finden könnte als mich. 1 2 3 4 5 6 7

7. Die Vorstellung, dass mein Partner eine sexuelle Beziehung zu jemand anderem haben könnte, beunruhigt mich. 1 2 3 4 5 6 7

8. Ich habe Angst, dass mein Partner sexuell an jemand anderem interessiert sein könnte. 1 2 3 4 5 6 7

9. Ich habe Angst, mein Partner könnte mich für jemand anderen verlassen. 1 2 3 4 5 6 7

10. Ich sorge mich, wenn mein Partner Personen des anderen Geschlechts trifft. 1 2 3 4 5 6 7

	trifft nicht zu						trifft voll zu

11. Ich möchte nicht, dass sich mein Partner mit zu vielen Personen des anderen Geschlechts trifft. 1 2 3 4 5 6 7

	trifft nicht zu						trifft voll zu
12. Für mich ist es nicht akzeptabel, wenn mein Partner Personen des anderen Geschlechts auf freundschaftlicher Basis sieht.	1	2	3	4	5	6	7
13. Ich verlange von meinem Partner, dass er/sie keine/n andere/n Frau/Mann anschaut.	1	2	3	4	5	6	7
14. Ich bin sehr besitzergreifend in Bezug auf meinen Partner.	1	2	3	4	5	6	7
15. Es ist für mich schwierig, meinen Partner seinen eigenen Weg gehen zu lassen.	1	2	3	4	5	6	7

AUSWERTUNG

Zählen Sie nun wie angegeben alle Punkte zusammen und kreuzen Sie auf jedem der 3 Pfeile Ihre an entsprechende Punktzahl an. Je dunkler der Pfeil, desto stärker ist die jeweilige Komponente der Eifersucht bei Ihnen ausgeprägt.

Frage 1 – 5 = Eifersüchtige Gefühle
Frage 6 – 10 = Eifersüchtige Gedanken
Frage 11 – 15 = Eifersüchtiges Verhalten

5 6 7 8 9 10 11 12 13 14 15 16 17 18 19 20 21 22 23 24 25 26 27 28 29 30 31 32 33 34 35

Eifersüchtige Gefühle

Eifersüchtige Gedanken

Eifersüchtiges Verhalten

Eifersüchtige Männer, eifersüchtige Frauen

Mann und Frau stehen sich in der Heftigkeit ihrer Eifersucht in nichts nach. Allerdings unterscheiden sie sich darin, was ihre Eifersucht auslöst, wie sie ihre Eifersucht erleben und wie sie damit umgehen.

Frauen werden besonders leicht eifersüchtig, wenn sie glauben, es sei schwierig, einen neuen Partner zu finden. Sie geben dann eher zu, eifersüchtig zu sein, werden depressiv, weinen, und die Eifersucht raubt ihnen den Schlaf. Besonders schlimm finden sie es, wenn sie glauben, ihr Partner hege tiefere Gefühle gegenüber einer anderen Frau. Allerdings machen sie dafür meist nicht den Partner, sondern sich selbst verantwortlich. Das Ergebnis kann sein, dass sich eifersüchtige Frauen sehr an ihren Partner klammern – eine Reaktion, die das Gegenteil von dem bewirken kann, was beabsichtigt war, denn der Partner empfindet Klammern oft als lästig und unangenehm, wird sich seiner selbst immer sicherer und sucht sich möglicherweise tatsächlich eine bessere Alternative.

Männer werden besonders leicht eifersüchtig, wenn ihr Selbstbewusstsein sehr von der Bewertung ihrer Partnerin abhängt. Aber im Gegensatz zu Frauen verleugnen Männer ihre Eifersucht eher. Wenn sie dann doch hervorbricht, dann geschieht das manchmal sehr aggressiv. In Rage kann es dann zu Gewalttätigkeiten kommen, die sich gegen die Partnerin, aber auch gegen den Rivalen richten. Fühlen sich Männer durch die Untreue ihrer Partnerin verletzt, sinnen sie eher als Frauen auf Rache und versuchen ihrerseits, andere Frauen kennen zu lernen.

Vor allem unterscheiden sich die Geschlechter aber darin, was genau ihre Eifersucht auslöst. Überlegen Sie, bevor Sie weiterlesen, zunächst einmal selbst, welche der beiden in Test 8.3 genannten Situationen Sie persönlich verletzender finden.

TEST 8.3 WAS VERLETZT MICH MEHR – EMOTIONALE ODER SEXUELLE UNTREUE?

Bitte denken Sie an eine ernsthafte oder feste romantische Beziehung, die Sie in der Vergangenheit gehabt haben, die Sie gegenwärtig haben oder die Sie gerne hätten. Stellen Sie sich vor, Sie entdecken, dass Ihr Partner/Ihre Partnerin, mit dem/der Sie eine solche ernsthafte Beziehung führen, beginnt, sich für jemand anderen zu interessieren. Was würde Sie mehr verletzen oder aufregen? Bitte kreuzen Sie eine der Alternativen an:

a) Die Vorstellung, dass mein Partner eine tiefe gefühlsmäßige Zuneigung zu dieser Person entwickelt.

b) Die Vorstellung, dass mein Partner leidenschaftlichen Geschlechtsverkehr mit dieser anderen Person hat.

Sex mit einem anderen – wenn sie das tut, bricht für Männer eine Welt zusammen. Umgekehrt ist es für Frauen die Liebe – liebt er eine andere, ist ihre Eifersucht am größten, egal ob er mit ihr ins Bett geht oder nicht. Dieses Muster wird nicht nur in Deutschland beobachtet, auch in den USA und den Niederlanden gilt, dass Männer auf sexuelle Untreue, Frauen auf emotionale Untreue eifersüchtiger reagieren.

Man kann es auch so interpretieren: Männer sind besitzorientiert, Frauen beziehungsorientiert, wenn es um Eifersucht geht. Dies spiegelt sich auch in den Vermutungen darüber wider, warum der Partner untreu werden könnte: Männer und Frauen sollten sich in einer Studie vorstellen, ihr Partner würde sie betrügen, und dann mögliche Gründe nennen, warum er oder sie fremdgehen könnte. Die Männer glaubten, ihre Frauen suchten in diesem Fall nach einer innigeren Beziehung. Frauen vermuteten, ihre Männer würden vor allem aus sexuellen Gründen untreu werden.

Lange Zeit galten Ehe und Familie als *die* Erfüllung für eine Frau.

Daher war es ihr höchstes Ziel, sich einen Mann zu «angeln». So ist es nicht weiter verwunderlich, dass noch heute viele Frauen eine gehörige Portion ihres Selbstbewusstseins aus ihrer Beziehung ziehen. Umso tiefer der Fall, wenn er sie wegen einer anderen sitzen lässt: «Du kannst ja noch nicht mal einen Mann halten» ist ein Satz, den sich soeben verlassene Töchter immer noch von ihren Müttern anhören müssen. Daher ist es für viele Frauen offenbar bedrohlicher, dass er sich in eine andere verlieben könnte. Solange er nur mit ihr ins Bett geht, ohne größere Gefühle zu hegen, läuft sie nicht Gefahr, dass er sie verlässt.

Auch der Selbstwert vieler Männer hängt daran, ob sie eine Frau haben oder nicht. Aber egal wie gut oder schlecht die Beziehung läuft, peinlich wird es erst, wenn die Dinge zu Hause aus dem Ruder laufen. Wenn sie ihm Hörner aufsetzt, glaubt er, zum Gespött zu werden. Manche Männer greifen daher zum Äußersten, wenn sie Anstalten macht, ihn zu verlassen. Im Extremfall bringen sie ihre Frau lieber um, als sie an einen anderen zu verlieren. Das offenbaren die Untersuchungen von Tötungsdelikten in Familien: Fast immer tötet in diesen Fällen der Mann die Frau, selten ist es umgekehrt. In Paris wurden in den 90er Jahren alle Fälle analysiert, in denen auf einen Mord mehr oder weniger unmittelbar der Selbstmord des Mörders folgte. In 85 Prozent der Fälle waren die Ehemänner oder Freunde die Täter. Sie brachten ihre Frauen, nicht selten auch ihre Kinder und manchmal sogar noch die Haustiere um, bevor sie sich selbst töteten.

Wie Untersuchungen in Griechenland und Schweden bestätigen, ist Eifersucht der Hauptgrund für diese Morde, und zwar aufgrund eines begründeten Verdachtes oder auch nur der Vermutung, sie könne fremdgegangen sein. So endet der letzte Versuch, die Kontrolle über die Partnerin zurückzugewinnen, mit einem Mord. Wenn Frauen ihre Männer töten, tun sie das in der überwiegenden Zahl der Fälle aus Notwehr; oft ist die Tötung nach Jahren erduldeter Gewalt ein Akt der Selbstverteidigung.

Um noch einmal aufzugreifen, was wir bereits in den Kapiteln zuvor beschrieben haben: Der Evolutionspsychologie zufolge haben Männer und Frauen mit ganz unterschiedlichen Problemen bei der Partnerwahl und Fortpflanzung zu kämpfen. Frauen sind durch lange, anstrengende Schwangerschaft und die zehrende Stillzeit in ihrer Schaffenskraft gebremst und wollen daher vor allem einen Mann, der sie und ihre Kinder beschützt und unterstützt. Statushohe und ressourcenstarke (sprich reiche) Männer erscheinen ihnen dafür am geeignetsten. Für Frauen ist der Verlust der Beziehung daher ein Desaster, müssen sie doch von nun an ihren Nachwuchs allein durchbringen. Auch wenn er hin und wieder fremdgehen sollte – wirklich schlimm kommt es erst, wenn er sich in eine andere verliebt und sie verlässt. Männer hingegen sind mit dem Problem konfrontiert, eine fruchtbare Frau zu finden – Jugend und Attraktivität gelten hierfür als äußere Signale. Aber sie können nie ganz sicher sein, ob das Kind, in das sie viel Zeit und Kosten investieren, auch tatsächlich ihr eigenes ist. Sie sind daher sehr daran interessiert, dass ihre Frau sie sexuell nicht hintergeht und ihnen etwa ein fremdes Kind unterschiebt. Für sie ist daher sexuelles Fremdgehen die größere Katastrophe. Hat die Frau sie betrogen oder besteht auch nur der Verdacht, so ist es für den Mann durchaus klug, sie zu verlassen und sich eine andere zu suchen, deren Treue er sich sicher sein kann. Übrigens geben mehr Männer als Frauen Untreue des Partners als Grund für eine Scheidung an, und nach Untreue ist Unfruchtbarkeit der am häufigsten genannte Trennungsgrund, wie eine Erhebung in 160 Ländern zeigt.

Bestätigt wird diese evolutionspsychologische Erklärung durch folgendes Experiment: Männer und Frauen wurden mit einer Szene konfrontiert, in der ihr Partner offenbar mit jemandem flirtete. Anschließend wurde ihnen ein Foto des angeblichen Rivalen gezeigt, und zwar mit einer Beschreibung seiner bzw. ihrer Persönlichkeit. Nun wurde das Ausmaß der Eifersucht gemessen: Frauen reagierten besonders eifersüchtig, wenn die Konkurrentin attraktiv war, Männer auf Rivalen, die eine dominante Persönlichkeit hatten. Männer legen bei Frauen besonderen Wert auf das gute Aussehen, weil sie dies als Zeichen ihrer Fruchtbarkeit werten, also empfinden Frauen eine attraktive Konkurrenz als besonders gefährlich. Umgekehrt legen Frauen bei Männern besonders viel Wert auf Dominanz, weil sie dann eher davon ausgehen können, dass diese in der Lage sind, sie und ihren Nachwuchs zu verteidigen und zu unterstützen. Also reagieren Männer bei dominanter Konkurrenz besonders eifersüchtig. Offenbar «wissen» Frauen wie Männer um das evolutionäre Erbe ihrer Partner und reagieren entsprechend allergisch auf die Konkurrenz, die sie mit Recht als besonders gefährlich einschätzen.

Wo bleibt die Kultur?

Verschiedene Forscher meinen, Männer und Frauen unterschieden sich weniger darin, was sie schlimmer finden – emotionale oder sexuelle Untreue –, sondern darin, für wie wahrscheinlich sie es halten, dass das eine nicht ohne das andere geht. Frauen gehen davon aus, dass Männer zwar Sex ohne Liebe machen können, nehmen aber an, dass, wenn der Partner sich in eine andere verliebt, er dann wohl auch mit ihr schläft. Männer vermuten umgekehrt, dass Frauen nur Sex haben, wenn sie auch verliebt sind. Wenn also Frauen emotionale Untreue schlimmer finden, dann setzen sie stillschweigend voraus, dass er sowieso mit der anderen ins Bett geht. Wenn Männer sexuelle Untreue schlimmer finden, dann gehen sie davon aus, dass ihre Partnerin auch verliebt ist. Es ist also letztlich jeweils die doppelte Untreue, die Männer wie Frauen gleichermaßen entsetzt.

Wir haben den weiter oben dargestellten Eifersuchtstest geringfügig verändert und unsere Studenten und Studentinnen gefragt, was sie denn schlimmer fänden:

- Die Vorstellung, dass der Partner eine tiefe gefühlsmäßige Zuneigung zu einer anderen Person entwickelt *(jedoch ohne mit ihr zu schlafen)*.
- Die Vorstellung, dass der Partner leidenschaftlichen Geschlechtsverkehr mit dieser anderen Person hat *(jedoch ohne in sie verliebt zu sein)*.

Durch die Einschränkung «jedoch ohne mit ihr zu schlafen» bzw. «jedoch ohne in sie verliebt zu sein» haben wir die implizite doppelte Untreue ausgeschaltet. Dennoch verletzt auch nach unseren Ergebnis-

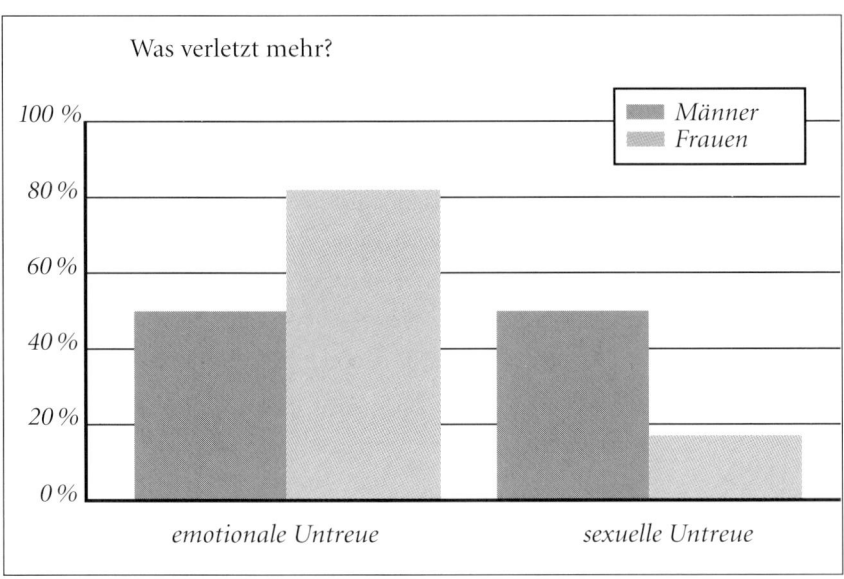

Abb. 8.4: Frauen finden emotionale Untreue verletzender als Männer. Umgekehrt finden Männer sexuelle Untreue verletzender als Frauen

sen emotionale Untreue Frauen mehr als Männer, und umgekehrt finden Männer sexuelle Untreue schlimmer als Frauen.

In einer neueren Untersuchung wurden anders als in bisherigen Studien die Befragten nicht einfach nach ihrer Eifersucht gefragt, sondern ihre Gefühle «objektiver» erfasst. Die Wissenschaftler maßen ihre psychophysiologischen Reaktionen, etwa die Pulsrate und die Leitfähigkeit der Haut, die als gute Indikatoren für die Heftigkeit von Emotionen gelten. Und das Ergebnis verblüffte: So klopfte zwar in der Tat das Herz der Männer schneller, es erhöhte sich ihr Blutdruck und der Hautwiderstand verringerte sich, kurz, sie wurden erregt bei der Vorstellung, dass ihre Partnerin Sex mit einem anderen hat. Das war jedoch auch der Fall, wenn es gar nicht um Untreue, sondern lediglich um Sex an sich ging. Die Tatsache, dass Männer bei sexueller Untreue ihrer Partnerin mit erhöhter Erregung reagieren, liegt also offensichtlich weniger an der Untreue an sich, als vielmehr am sexuellen Inhalt ihrer Phantasie. Ebenso reagierten Frauen auf die Vorstellung, ihr Partner liege mit einer anderen im Bett, mit erhöhter Erregung. Stellten sie sich hingegen vor, ihr Partner sei heftig in eine andere verliebt, schlug ihr Herz nicht schneller. Misst man also statt der subjektiven Gefühle die objektive körperliche Erregung, verliert sich das bekannte Reaktionsmuster der Geschlechter.

Dieses Ergebnis macht misstrauisch. Geben es Frauen vielleicht ungern zu, wie sehr sie sich über das Fremdgehen ihrer Männer aufregen? Wollen Männer glauben, es sei die Untreue, nicht der Sex, der sie wild macht? Wollen Frauen glauben, Emotionales sei bedeutender als Sexuelles? Wir wissen es nicht genau, doch deutet vieles darauf hin, dass der Kultur beim Erleben von Eifersucht eine wichtige Rolle zukommt.

In den Ergebnissen der bereits erwähnten Untersuchung in den USA, den Niederlanden und Deutschland finden sich ebenfalls interessante Hinweise dafür, dass die Geschlechtsunterschiede in den Reaktionen auf Eifersucht so unverrückbar gar nicht sind. So findet sich zwar in allen drei Ländern das Ergebnis, dass Männer es schlimmer finden, wenn ihre Frau sie sexuell betrügt, als wenn sie sich in jemand anderen verliebt, jedoch ist der Unterschied zwischen Männern und Frauen in den Niederlanden und in Deutschland deutlich geringer als in den USA. Es liegt nahe, die Ursache in der unterschiedlichen Art und Weise zu suchen, wie mit dem Thema Sex umgegangen wird. Deutschland und besonders die Niederlande zeichnen sich durch einen wesentlich lockereren Umgang damit aus, die USA sind für ihre ausgeprägte Prüderie berüchtigt. Noch immer wird Sex vor der Ehe in weiten Kreisen Amerikas nicht akzeptiert, und dementsprechend lehnen 80 Prozent der US-Bürger außereheliche Sexualkontakte als falsch und schlecht ab. Teenagern wird im Aufklärungsunterricht nicht der Gebrauch eines Kondoms, sondern Keuschheit nahe gelegt. Untreue gilt nahezu als Kapitalverbrechen, auf jeden Fall aber, wie die verblüfften Mitteleuropäer bei der Lewinsky-Affäre erkennen konnten, als Anlass, die Amtsenthebung eines Präsidenten zu fordern. Zudem ist die Idee der Gleichberechtigung in sexuellen Dingen in Amerika längst nicht so verbreitet wie bei uns. Man stelle sich nur vor, der Präsident wäre eine Frau gewesen und Monica ein Mike!

Kulturelle Unterschiede zeigen sich auch darin, wem beim Treuebruch die Schuld zugeschoben wird und welche Reaktionen im Falle des Ehebruchs als gerechtfertigt erscheinen. Verprügelt ein Mann aus Eifersucht seine Frau, ist man sich in den verschiedenen Ländern keineswegs einig, wer die Gewalttätigkeit zu verantworten hat. Die Briten finden, der Mann, also der, der schlägt, trage die Schuld. Die Spanier hingegen finden, eigentlich habe die Frau mehr Schuld an der Sache und würde also zu Recht verprügelt.

In Kulturen, in denen persönlicher Besitz und eine enge, intensive Bindung zwischen einem Paar hoch im Kurs stehen und sexuelle Monogamie und die Ehe als wichtig für das ökonomische und soziale Bestehen erachtet werden, ist bei Männern eifersüchtiges Verhalten stärker ausgeprägt. Deutschland zählt wie auch die meisten anderen abendländischen Kulturen dazu. Anders ist das in Kulturen, in denen der Besitz einer größeren Familiengruppe gemeinsam gehört, Sexualität vor und neben der Ehe toleriert und in denen die Ehe als nicht so wesentlich betrachtet wird; hier ist Eifersucht weniger ausgeprägt. Die Aborigines Australiens, zumindest sofern sie noch auf traditionelle Weise leben, gehören zu einer solchen Kultur. Je nach Kultur ist Eifersucht also eine mehr oder weniger übliche Reaktion.

Epilog

Sarah hat nun endgültig die Nase voll. Immer dasselbe Theater, jeden Tag der gleiche Streit: «Wo bist du gewesen? Warum kommst du so spät? Du hast bestimmt wieder mit Marc geflirtet. Und, war er gut?» Pauls Eifersucht nervt sie, und sie wundert sich, was sie je an ihm gefunden hat. Freitagabend ist es dann so weit – sie packt einen Notkoffer und zieht erst einmal zu ihrer besten Freundin. Paul ist erschüttert. Klar haben sie sich nur noch gestritten, aber dass sie einfach so geht ... Er kann es nicht fassen. Besser nicht darüber nachdenken, sagt er sich, geht in die Kneipe und betrinkt sich bis zur Besinnungslosigkeit. Keine Ahnung, wie er nach Hause gekommen ist, ein mitleidiger Kumpel muss ihn aufgelesen und ins erstbeste Taxi bugsiert haben. Das nächste, was er nach dem lauten Knall, mit dem Sarah die Tür hinter sich zugeschlagen hatte, wahrnimmt, ist sein schmerzender Brummschädel.

«Alkohol hilft auch nicht», sagt sich Paul, als er wieder klar denken kann. «Vielleicht habe ich doch was falsch gemacht? Mal sehen, was Beziehungsexperten in solchen Fällen empfehlen.» Auf in die nächste Buchhandlung! Angesichts der überwältigenden Menge an Beziehungsratgebern will er schon wieder gehen. Da fällt sein Blick auf ein Buch mit dem Titel «Warum wir aufeinander fliegen – Die Gesetze der Partnerwahl» ...

Literatur

Wir haben uns unter anderem auf die folgende Literatur gestützt.

Abbey, A. (1982). Sex differences in attributions for friendly behavior: Do males misperceive females' friendliness? Journal of Personality and Social Psychology, 42, 830–838.

Aron, A., Dutton, D. G., Aron, E. N. & Iverson, A. (1989). Experiences of falling in love. Journal of Social and Personal Relationships, 6, 243–257.

Bailey, J. M., Dunne, M. P. & Martin, N. G. (2000). Genetic and environmental influences an sexual orientation and its correlates in an Australian twin sample. Journal of Personality and Social Psychology, 78, 524–536.

Bailey, J. M., Kirk, K. M., Zhu, G., Dunne, M. P. & Martin, N. G. (2000). Do individual differences in sociosexuality represent genetic or environmentally contingent strategies? Evidence from the Australian twin registry. Journal of Personality and Social Psychology, 78, 537–545.

Banfield, S. & McCabe, M. P. (2001). Extra relationship involvement among women: Are they different from men? Archives of Sexual Behavior, 30, 119–142.

Baron, R. A. (1987). Effects of negative ions an interpersonal attraction: Evidence for intensification. Journal of Personality and Social Psychology, 52, 547–553.

Bartholomew, K. & Horowitz, L. (1991). Attachment styles in young adults: A test of a four-category model. Journal of Personality and Social Psychology, 61, 226–244.

Baucom, D. H., Sayers, S. L. & Duhe, A. (1989). Attributional style and attributional patterns among married couples. Journal of Personality and Social Psychology, 56, 596–607.

Baumeister, R. F., & Bratslavsky, E. (1999). Passion, intimacy, and time: Passionate love as a function of change in intimacy. Personality and Social Psychology Review, 3, 49–67.

Baxter, L. A. (1986). Gender differences in the heterosexual relationships rules embedded in breakup accounts. Journal of Social and Personal Relationships, 3, 289–306.

Baxter, L. A. (1996). Relating: dialogues and dialectics. New York: Guilford Press.

Bellis, M. A. & Baker, R. R. (1990). Do females promote sperm competition? Data for humans. Animal-Behaviour, 40, 997–999.

Bem, D. J. (1996). Exotic becomes erotic: A developmental theory of sexual orientation. Psychological Review, 103, 320–335.

Berscheid, E. & Walster, E. (1974). Physical attractiveness. In L. Berkowitz (Ed.), Advances in experimental social psychology (Vol. 7, S. 157–215). New York: Academic Press.

Bierhoff, H. W., Ambrosy, B. & Schmohr, M. (1997). DFG-Projekt: «Freundschafts- und Liebesbeziehungen in Abhängigkeit von der Personenwahrnehmung» und unveröffentlichte Folgeuntersuchungen (1997–2001).

Bierhoff, H. W. & Grau, I. (1996). Zur Vorhersage der Trennung in romantischen Beziehungen. Zeitschrift für Differentielle und Diagnostische Psychologie, 1996, 17, 251–261.

Bluffer Hrdy, S. (2000). Mutter Natur. Die weibliche Seite der Evolution. Berlin: Berlin Verlag.

Borkenau, P. (1993). Reicher Mann und schöne Frau? Zwei Studien zu Geschlechtsunterschieden in der Partnerpräferenz. Zeitschrift für Sozialpsychologie, 24, 289–297.

Bower, G. H. (1981). Mood and memory. American Psychologist, 36, 129–148.

Bowlby, J. (1969/1975). Bindung. Frankfurt: S. Fischer.

Bringle, R. G. & Boebinger, K. L. G. (1990). Jealousy and the «third» person in the love triangle. Journal of Social and Personal Relationships, 7, 119–133.

Buss, D. M. (1998). Sexual strategies theory: Historical origins and current status. Journal of Sex Research, 35, 19–31.

Buss, D. M. (1989). Sex differences in human mate preferences: Evolutionary hypotheses tested in 37 cultures. Behavioral and Brain Sciences, 12, 1–49.

Buss, D. M. (1999). Evolutionary psychology: The new science of the mind. Englewood Cliffs, NJ: Prentice Hall.

Buss, D. M., Shackelford, T. K. & LeBlanc, G. J. (2000). Number of children desired and preferred spousal age difference: context-specific mate preference patterns across 37 cultures. Evolution and Human Behavior, 21, 323–331.

Buunk, B. (1982). Anticipated sexual jealousy. Its relationship to self-esteem, dependency, and reciprocity. Personality and Social Psychology Bulletin, 8, 310–316.

Buunk, B. P., Angleitner, A. & Oubaid, V. et al. (1996). Sex differences in jealousy in evolutionary and cultural perspective: Tests from the Netherlands, Germany, and the U. S. Psychological Science, 7, 359–363.

Byrne, D. (1971). The attraction paradigm. New York: Academic Press.

Chapdelaine, A., Kenny, D. A. & LaFontana, K. M. (1994). Matchmaker, matchmaker, can you make me a match? Prediction liking between two unaquainted persons. Journal of Personality and Social Psychology, 67, 83–91.

Chimbos, P. D. (1998). Spousal homicides in contemporary Greece. International Journal of Comparative Sociology, 39, 213–223.

Clark, R. D. & Hatfield, E. (1989). Gender differences in receptivity to sexual offers. Journal of Psychology and Human Sexuality, 2, 39–55.

Clore, G. L. & Byrne, D. (1974). A reinforcement-affect model of attraction. In T. L. Huston (Ed.), Foundations of interpersonal attraction (S. 143–170). New York: Academic Press.

Cunningham, M. R. (1986). Measuring the physical in physical attractiveness: Quasiexperiments on the sociobiology of female facial beauty. Journal of Personality and Social Psychology, 50, 925–935.

Cunningham, M. R. (1989). Reactions to heterosexual opening gambits: Female selectivity and male responsiveness. Personality and Social Psychology Bulletin, 15, 27–41.

Cunningham, M. R., Barbee, A. P. & Pike, C. L. (1990). What do women want? Facialmetric assessment of multiple motives in the perception of male facial physical attractiveness. Journal of Personality and Social Psychology, 59, 61–72.

Darwin, C. (1871). The descent of man and selection in relation to sex. London: Murray.

Davila, J., Karney, B. R. & Bradbury, T. N. (1999). Attachment change processes in the early years of marriage. Journal of Personality and Social Psychology, 76, 783–802.

de Waal, F. (1991). Wilde Diplomaten: Versöhnung und Entspannungspolitik bei Affen und Menschen. München: Hanser.

DeCherney, A. H. (2000). Hormone receptors and sexuality in the human female. Journal of Womens Health and Gender-based Medicine, 9, 9–13.

Dijkstra, P. & Buunk, B. P. (1998). Jealousy as a function of rival characteristics: An evolutionary perspective. Personality and Social Psychology Bulletin, 24, 1158–1166.

Downs, A. C. & Lyons, P. M. (1991). Natural observations of the links between attractiveness and initial legal judgements. Personality and Social Psychology Bulletin, 17, 541–547.

Driscoll, R., Davis, K. & Lipetz, M. (1972). Parental interference and romantic love: The Romeo and Juliet effect. Journal of Personality and Social Psychology, 24, 1–10.

Dutton, D. G. & Aron, A. P. (1974). Some evidence for heightened sexual attraction under conditions of high anxiety. Journal of Personality and Social Psychology, 30, 510–517.

Edgardh, K. (2000). Sexual behaviour and early coitarche in a national sample of 17 year old Swedish girls. Sexually Transmitted Infections, 76, 98–102.

Feingold, A. (1992). Good-looking people are not what we think. Psychological Bulletin, 111, 304–341.

Felmlee, D. H. (1995). Fatal attractions: Affection and disaffection in intimate relationships. Journal of Social and Personal Relationships, 12, 295–311.

Festinger, L. (1954). A theory of social comparison processes. Human Relations, 7, 117–140.

Fincham, F. D., Beach,. S. R. & Nelson, G. (1987). Attribution processes in distressed and nondistressed couples: III. Causal and responsibility attributions for spouse behavior. Cognitive Therapy and Research, 11, 71–86.

Fincham, F. D. & Bradbury. T. N. (1988). The impact of attributions in marriage: An experimental analysis. Journal of Social and Clinical Psychology, 7, 147–162.

Folkes, V. S. (1982). Forming relationships and the matching hypothesis. Personality and Social Psychology Bulletin, 8, 631–636.

Ford, C. S. & Beach, F. A. (1951). Pattern of sexual behavior. New York: Harper & Row.

Frijda, N. H. (1986). The emotions. New York: Cambridge University Press.

Galton, F. (1952). Hereditary genius: An inquiry into its laws and consequences. (originally published 1870). New York: Horizon.

Grammer, K. (1998). Signale der Liebe. Die biologischen Gesetze der Partnerwahl (3. Aufl.). München: dtv.

Griffitt, W. & Veitch, R. (1971). Hot and crowded: Influences of population density and temperature on interpersonal affective behavior. Journal of Personality and Social Psychology, 17, 92–98.

Harris, C. R. (2000). Psychophysiological responses to imagined infidelity: The specific innate modular view of jealousy reconsidered. Journal of Personality and Social Psychology, 78, 1082–1091.

Harris, C. R. & Christenfeld, N. (1996). Gender, jealousy, and reason. Psychological Science, 7, 364–366.

Harris, M. (1992). Menschen: Wie wir wurden, was wir sind (3. Aufl.). Stuttgart: Klett-Cotta.

Hassebrauck, M. (1983). Die Beurteilung der physischen Attraktivität: Konsens unter Urteilern? Zeitschrift für Sozialpsychologie, 14, 152–161.

Hassebrauck, M. (1986). Verantwortungszuschreibungen nach Vergewaltigungen: Der Einfluß von Tatwahrscheinlichkeit, sozialem Ansehen und physischer Attraktivität. Gruppendynamik, 17, 421–428.

Hassebrauck, M. (1990). Wer sucht wen? Eine inhaltsanalytische Untersuchung von Heirats- und Bekanntschaftsanzeigen. Zeitschrift für Sozialpsychologie, 21, 101–112.

Hassebrauck, M. (1991). ZIP – Ein Verfahren zur Erfassung der Zufriedenheit in Paarbeziehungen. Zeitschrift für Sozialpsychologie, 22, 256–259.

Hassebrauck, M. (1993). Die Beurteilung der physischen Attraktivität. In M. Hassebrauck & R. Niketta (Eds.), Physische Attraktivität (S. 29–59). Göttingen: Hogrefe.

Hassebrauck, M. (1998). The visual process method: A new method to study physical attractiveness. Evolution and Human Behavior, 19, 111–123.

Hassebrauck, M. (2000, 21. März). Das Maß aller Dinge: Wer ist schön? Bild der Wissenschaft: special «Leben, Liebe, Partnerschaft», 12–17.

Hassebrauck, M. (1990). Die Betrachtung erotischer Stimuli: Der Einfluß von Fehlattributionen. Gruppendynamik, 21, 213–220.

Hassebrauck, M. & Fehr, B. (2002). Dimensions of relationship quality. Personal Relationships. In Druck.

Hassebrauck, M. & Küpper, B. (2000, 21. März). Die Asse im Beziehungsspiel. Bild der Wissenschaft: special «Leben, Liebe, Partnerschaft», 70–77.

Hassebrauck, M. & Niketta, R. (Hrsg.) (1993). Physische Attraktivität. Göttingen: Hogrefe.

Hatfield, E. & Sprecher, S. (1986a). Measuring passionate love in intimate relations. Journal of Adolescence, 9, 383–410.

Hatfield, E. & Sprecher, S. (1986b). Mirror, mirror …: The importance of looks in everyday life. Albany, NJ: State University of New York Press.

Hazan, C. & Shaver, P. (1987). Romantic love conzeptualized as an attachment process. Journal of Personality and Social Psychology, 52, 511–524.

Heider, F. (1958). The psychology of interpersonal relations. New York: Wiley.

Hendrick, C. & Hendrick, S. S. (1986). A theory and method of love. Journal of Personality and Social Psychology, 50, 392–402.

Hendrick, S. S. & Hendrick, C. (1992). Liking, loving and relating (2. Aufl.). Pacific Grove, Calif.: Brooks/Cole.

Herold, E. S. & Milhausen, R. R. (1999). Dating preferences of university women: An analysis of the nice guy stereotype. Journal of Sex and Marital Therapy, 25, 333–343.

Hill, R. (1945). Campus values in mate selection. Journal of Home Economics, 37, 554–558.

Hougen, H. P., Rodge, S. & Poulsen, K. (1999). Homicides in two Scandinavian capitals. American Journal of Forensic Medicine and Pathology, 20, 293–299.

Houston, V. & Bull, R. (1994). Do people avoid sitting next to someone who is facially disfigured? European Journal of Social Psychology, 24, 279–284.

Kenrick, D. T. & Gutierres, S. E. (1980). Contrast effects and judgments of physical attractiveness: When beauty becomes a social problem. Journal of Personality and Social Psychology, 38, 131–140.

Kenrick, D. T. & Keefe, R. C. (1992). Age preferences in mates reflect sex differences in human reproductive strategies. Behavioral and Brain Sciences, 15, 75–91.

Kephart, W. (1967). Some correlates of romantic love. Journal of Marriage and the Family, 29, 470–479.

Kiesler, S. & Baral, R. (1970). The search for a romantic partner: The effects of self-esteem und physical attractiveness on romantic behavior. In K. Gergen & D. Marlowe (Eds.), Personality and social behavior. Reading, MA: Addison-Wesley.

Kümmerling, A. & Hassebrauck, M. (2000). Schöner Mann und reiche Frau? Die Gesetze der Partnerwahl unter Berücksichtigung gesellschaftlichen Wandels. Zur Veröffentlichung eingereicht.

Küpper, B. (in Druck). Sind Singles anders? Göttingen: Hogrefe.

La Cerra, M. M. (1994). Evolved mate preferences in women: Psychological adaptations for assessing a man's willingness to invest in offspring. Unpublished doctoral dissertation, Department of Psychology, University of California, Santa Barbara.

Leakey, R. E. & Lewin, R. (1993). Der Ursprung des Menschen: Auf der Suche nach den Spuren des Humanen. Frankfurt am Main: S. Fischer.

Lecomte, D. & Fornes, P. Homicide followed by suicide: Paris and its suburbs, 1991–1996. Journal of Forensic Sciences, 43, 760–764.

Levine, R., Sato, S., Hashimoto, T. & Verma, J. (1995). Love and marriage in eleven cultures. Journal of Cross-Cultural Psychology, 26, 554–571.

Lydon, J. E., Meana, M., Sepinwall, D., Richards, N. & Mayman, S. (1999). The commitment calibration hypothesis: When do people devalue attractive alternatives? Personality and Social Psychology Bulletin, 25, 152–161.

Masters, J. & Johnson, V. (1980). Homosexualität. Berlin: Ullstein.

Masters, J. & Johnson, V. (1992). Human sexuality (4. Aufl.). New York: HarperCollins.

Masters, J. & Johnson, V. (1993). Liebe und Sexualität. Frankfurt/Main: Ullstein.

Newcomb, T. M. (1961). The acquaintance process. New York: Holt, Rinehart and Winston.

Palace, E. M & Gorzalka, B. B. (1990). The enhancing effects of anxiety on arousal in sexually dysfunctional and functional women. Journal of Abnormal Psychology, 99, 403–411.

Pearson, K. and Associates. (1903). Assortative mating in man. A cooperative study. Biometrika, 2, 481–498.

Pennebaker, J. W., Dyer, M. A., Caulkins, R. S., Litowitz, D. L., Ackreman, P. L., Anderson, D. B. & McGraw, K. M. (1979). Don't the girls get prettier at closing time: A country and western application to psychology. Personality and Social Psychology Bulletin, 5, 122–125.

Reinisch, J. M. & Beasley, R. (1990). Der ‹neue Kinsey Institut Report›. Sexualität heute. München: Heyne.

Rusbult, C. E. (1987). Responses to dissatisfaction in close relationships. The exit-voice-loyality-neglect model. In: D. Perlman & S. Duck (Eds.), Intimate relationships (S. 209–237). Newbury Park, CA: Sage.

Schachter, S. (1959). The psychology of affiliation. Stanford, CA: Stanford University Press.

Sharpsteen, D. J. & Kirkpatrick, L. A. (1997). Romantic jealousy and adult romantic attachment. Journal of Personality and Social Psychology, 72, 627–640.

Simpson, J. A., Campbell, B. & Berscheid, E. (1986). The association between romantic love and marriage: Kephart (1967) twice revisited. Personality and Social Psychology Bulletin, 12, 363–372.

Simpson, J. A. & Gangestad, S. W. (1991). Individual differences in sociosexuality: Evidence for convergent and discriminant validity. Journal of Personality and Social Psychology, 60, 870–883.

Simpson, J. A., Gangestad, S. W., Christensen, P. N. & Leck, K. (1999). Fluctuating asymmetry, sociosexuality, and intrasexual competitive tactics. Journal of Personality and Social Psychology, 76, 159–172.

Simpson, J. A., Gangestad, S. W. & Lerma, M. (1990). Perception of physical attractiveness: Mechanisms involved in the maintenance of romantic relationships. Journal of Personality and Social Psychology, 59, 1192–1201.

Singh, D. (1993). Adaptive significance of female physical attractiveness: Role of waist-to-hip ratio. Journal of Personality and Social Psychology, 65, 293–307.

Singh, D. (1995). Female judgment of male attractiveness and desirability for relationships: Role of waist-to-hip ratio and financial status. Journal of Personality and Social Psychology, 69, 1089–1101.

Smith, S. M., McIntosh, W. D. & Bazzini, D. G. (1999). Are the beautiful good in Hollywood? An investigation of the beauty-and-goodness stereotype on film. Basic and Applied Social Psychology, 21, 69–80.

Snyder, M., Tanke, E. & Berscheid, E. (1977). Social perception and intrapersonal behavior: On the self-fulfilling nature of social stereotypes. Journal of Personality and Social Psychology, 35, 656–666.

Spitz, R. (1992). Die Entstehung der ersten Objektbeziehungen (5. Aufl.). Stuttgart: Klett-Cotta.

Statistisches Bundesamt (1999). Datenreport 2000: Fakten & Daten über die Bundesrepublik Deutschland. München-Landsberg: Verl. Bonn Aktuell.

Statistisches Bundesamt (2000). Statistisches Jahrbuch.

Stephan, W., Berscheid, E. & Walster, E. (1971). Sexual arousal and heterosexual perception. Journal of Personality and Social Psychology, 20, 93–101.

Sternberg, R. J. (1986). A triangular theory of love. Psychological Review, 93, 119–135.

Storms, M. D. (1993). Videotape and the attribution process: reversing actors' and observers' points of view. Journal of Personality and Social Psychology, 27, 165–175.

Stroebe, W. & Stroebe, M. S. (1998). Lehrbuch der Gesundheitspsychologie: Ein sozialpsychologischer Ansatz. Eschborn bei Frankfurt am Main: Klotz.

Tannen, D., (1998). Du kannst mich einfach nicht verstehen: warum Männer und Frauen aneinander vorbeireden. München: Goldmann.

Terman, L. M., Buttenweiser, P., Ferguson, L. W., Johnson, W. B. & Wilson, D. P. (1938). Psychological factors in marital happiness. New York: McGraw Hill.

Thornhill, R. & Gangestad, S. W. (1993). Human facial beauty. Averageness, symmetry, and parasite resistance. Human Nature, 4, 237–269.

Thornhill, R. & Gangestad, S. W. (1999). The scent of symmetry: A human sex pheromone that signals fitness? Evolution and Human Behavior, 20, 175–201.

Townsend, J. M. & Wasserman, T. (1998). Sexual attractiveness: Sex differences in assessment and criteria. Evolution and Human Behavior, 19, 171–191.

Trivers, R. L. (1972). Parental investment and sexual selection. In B.

Campbell (Ed.), Sexual selection and the descent of man: 1871–1971 (S. 136–179). Chicago: Aldine.

Vance, C. S. (1992). Pleasure and danger: Exploring female sexuality. London: Pandora. Walster [Hatfield], E., Aronson, V., Abrahams, D. & Rottman, L. (1966). Importance of physical attractiveness in dating behavior. Journal of Personality and Social Psychology, 4, 508–516.

Walster [Hatfield], E. & Walster, G. W. (1978). A new look at love. Reading, MA: Addison-Wesley.

Walster [Hatfield], E., Walster, G.W., Piliavin, J. & Schmidt, L. (1973). «Playing hard to get»: Understanding an elusive phenomenon. Journal of Personality and Social Psychology, 26, 113–121.

Walster, E., Walster, G. W. & Traupmann, J. (1978). Equity and premarital sex. Journal of Personality and Social Psychology, 36, 82–92.

Wiederman M. W. (1997a). The truth must be in here somewhere: Examining the gender discrepancy in self-reported lifetime number of sex partners. Journal of Sex Research, 34, 375–386.

Wiederman, M. W. (1997b). Extramarital sex: Prevalence and correlates in a national survey. Journal of Sex Research, 34, 167–174.

Winch, R. F. (1958). Mate-selection: A study of complementary needs. New York: Harper and Row.

Woll, S. (1986). So many to choose from: Decision strategies in video-dating. Journal of Social and Personal Relationships, 3, 43–52.

Zajonc, R. B. (1968). Attitudinal effects of mere exposure. Journal of Personality and Social Psychology Monograph Supplement, 9 (2, Part 2), 1–27.

Zajonc, R. B., Adelman, P. K., Murphy, S. T. & Niedenthal, P. M. (1987). Convergence in the physical appearance of spouses. Motivation and Emotion, 11, 335–346.

Zilbergeld, B. (1994). Die neue Sexualität der Männer: Was Sie schon immer über Männer, Sex und Lust wissen wollten. Tübingen: Dgvt-Verlag.

Die Autoren

Manfred Hassebrauck ist Professor für Sozialpsychologie und beschäftigt sich schon seit beinahe 20 Jahren mit Paarbeziehungen. Er hat untersucht, wen wir attraktiv finden, welche Rolle die Attraktivität bei der Wahl eines Partners spielt und was passiert, wenn der eine in der Beziehung mehr gibt, als er zurückbekommt. Zurzeit interessiert ihn besonders, was denn eigentlich eine «gute Beziehung» ist, ob sich Männer und Frauen in ihrer Meinung darüber unterscheiden und ob uns nicht auch hier unser evolutionäres Erbe mehr beeinflusst, als wir glauben. Beate Küpper hat in ihrer Dissertation untersucht, was Personen mit einer festen Beziehung von denen ohne eine Beziehung unterscheidet, welche Rolle die Art Konflikte zu lösen, dabei spielt und ob außergewöhnliche Lebensereignisse die Art unserer Bindung verändern.